Ilya Prigogine
Isabelle Stengers

ENTRE LE TEMPS ET L'ÉTERNITÉ

Fayard

Des mêmes auteurs :

La Nouvelle Alliance. Métamorphose de la science, Gallimard, 1979.

Ce livre a été publié avec le concours de Jacqueline Raoul-Duval

Introduction

Ce livre a une histoire curieuse. A l'origine, il devait servir d'introduction à un recueil d'articles de l'un d'entre nous. Il s'agissait de décrire en quelques pages la manière dont se sont précisées et développées les perspectives ouvertes par *La Nouvelle Alliance.* Progressivement, il a fallu nous rendre à l'évidence : l' « introduction » était devenue l'ouvrage dont nous avions souligné la nécessité dans la préface à l'édition de poche de *La Nouvelle Alliance.* « A tous les niveaux, écrivions-nous, la science redécouvre le temps. Et peut-être cette problématique du temps nous permettra-t-elle de voir se dessiner un nouveau type d'unité de la connaissance scientifique. » Mais, regrettions-nous, « un autre livre devrait être écrit pour brosser le tableau de ce renouveau [1] ».

Cependant, l'histoire se répète. Dans *La Nouvelle Alliance,* nous avertissions nos lecteurs : « Nous avons choisi de présenter les choses en l'état actuel, tout en sachant combien incomplètes sont nos réponses, combien imprévisibles encore sont les problèmes que susciteront les théories actuelles. » Cela est plus vrai que jamais. Au cours de ces dernières années, certains des problèmes théoriques essentiels dans la perspective qui est la nôtre ont connu des développements majeurs. Nous avons choisi de les décrire « en direct », avant même que certains de ces développements aient pu faire l'objet de publications dans des revues scientifiques spécialisées. Ce sont ces nouveaux problèmes, aujourd'hui en pleine évolution, qui font de ce livre non pas une « suite » de *La Nouvelle Alliance,* mais une reprise plus radicale du problème qui était déjà son fil conducteur, celui du temps.

Dans sa majeure partie, *La Nouvelle Alliance* était consacrée au renouvellement de la phénoménologie du temps suscité par le développement de la thermodynamique des systèmes loin de l'équilibre. Nous y exposions le renversement du paradigme classique qui identifiait la croissance de l'entropie et l'évolution vers le désordre. Nous y décrivions le rôle constructif des phénomènes irréversibles et les phénomènes d'auto-organisation qui se produisent loin de l'équilibre. Nous y discutions le rôle que peuvent jouer les « structures dissipatives » dans la compréhension de la vie. Les dix années qui nous séparent de ces travaux ont vu un développement extraordinaire de la nouvelle science du non-équilibre.

La Nouvelle Alliance portait également le débat au cœur de la dynamique classique. Nous montrions comment le « renouveau » de la dynamique, lié à la découverte des systèmes dynamiques instables, remettait en question l'idéal déterministe qui avait guidé la dynamique depuis l'origine. Nous montrions que ces systèmes instables menaient à une nouvelle description marquant le passage du déterminisme vers les probabilités, de la réversibilité vers l'irréversibilité. A l'époque, ces conclusions pouvaient apparaître à certains comme révolutionnaires. Aujourd'hui, elles sont acceptées sinon par la majorité, du moins par un nombre sans cesse croissant de physiciens.

Mais c'est dans les domaines de la mécanique quantique et de la cosmologie, auxquels *La Nouvelle Alliance* ne faisait que des allusions rapides, que se pose désormais de manière pressante la question du temps. La mécanique quantique et la cosmologie, fondées sur la théorie de la relativité générale, sont les « sciences de pointe » de ce XXᵉ siècle, celles qui se sont substituées à la dynamique classique en tant que « sciences fondamentales ». Ce sont ces disciplines qui nous confrontent aujourd'hui aux questions qui, depuis l'origine, sont celles de la physique : l'espace, le temps, la matière. C'est donc par rapport à elles que se joue aujourd'hui la question du temps comme elle se jouait, à la fin du XIXᵉ siècle, par rapport à la dynamique classique. Or, la mécanique quantique et la relativité générale, quel que soit leur caractère révolutionnaire, sont, du point de vue de la conception du temps, les héritières directes de la dynamique classique. Comme cette dernière elles sont, nous le verrons, porteuses d'une négation radicale du temps irréversible.

La formulation d'une interprétation dynamique de l'irréversibilité ne remet pas en question la dynamique classique, mais bien le modèle d'intelligibilité qui, jusqu'à ces dernières années, l'a accompagnée, celui de la trajectoire déterministe et réversible. En revanche, la question de la signification du temps irréversible en mécanique quantique et en cosmologie nous conduira à proposer des modifications de ces structures conceptuelles.

Heisenberg définit un jour devant l'un d'entre nous ce qui pour lui était la différence entre un peintre abstrait et un physicien théorique. Le peintre, disait-il, cherchera à être aussi original que possible alors que le physicien, lui, tentera de rester aussi fidèle que possible à sa tradition théorique ; ce n'est que contraint et forcé qu'il entreprendra de la modifier. C'est bien dans une telle situation que nous nous trouvons aujourd'hui. Comme nous le verrons, ce sont des contraintes internes à la physique et non la conviction, aussi profonde soit-elle, que l'irréversibilité doit avoir une signification fondamentale à l'intérieur de la physique, qui nous permettent de proposer une modification des perspectives fondamentales de la physique.

Pourtant une telle démarche est audacieuse : il s'agit de mettre en question les deux sciences dont la fécondité a transformé l'image de la physique contemporaine. D'autre part, comme nous l'avons dit, elle implique des recherches qui sont encore en cours et connaîtront sans doute des développements inattendus. Mais nous sommes convaincus que, quels que soient ces développements, un retour en arrière est exclu. Le caractère illégitime de l'idéal d'intelligibilité qui avait guidé jusqu'ici la physique moderne, y compris la mécanique quantique et la relativité, nous semble un acquis. Une page de l'histoire de la physique est définitivement tournée.

Du point de vue des mutations conceptuelles fondamentales qu'a connues la physique, ce XXIe siècle n'est comparable qu'au XVIIe siècle qui vit la naissance de la science moderne. Notre siècle a commencé par un double coup d'éclat, par la création des grands schémas conceptuels qui prévalent encore aujourd'hui, la relativité et la mécanique quantique. Curieusement nous pouvons mieux comprendre aujourd'hui en quoi ces schémas, malgré leur caractère révolutionnaire, participaient encore à la tradition de la physique classique qui les a nourris, car cette continuité cachée a été mise en question par les découvertes expérimentales inattendues qui ont marqué la physique à partir des années 50 : instabilité des particules élémentaires, structures de non-équilibre, évolution de l'Univers. Ces trois types de découvertes pointent en effet dans la même direction : vers la nécessité de dépasser la négation du temps irréversible qui constitue l'héritage légué par la physique classique à la relativité et à la mécanique quantique. Aujourd'hui, une nouvelle cohérence se dégage : à tous les niveaux de la physique nous retrouvons ce temps que niait la tradition classique.

Le terrain couvert par ce livre est donc bien plus étendu que celui de *La Nouvelle Alliance.* Cette extension reflète la singularité de la physique, caractérisée tout à la fois par la diversité de ses approches théoriques et par la solidarité profonde qui les unit. C'est cette singularité de la physique qui constitue le vecteur essentiel de notre livre, et non plus son histoire comme dans *La Nouvelle Alliance.*

Notre livre n'est pas, cependant, une introduction à la physique contemporaine. Le lecteur ne trouvera pas, dans les chapitres qui suivent, d'exposé général de la dynamique, de la thermodynamique, de la mécanique quantique ou de la relativité. Il ne trouvera pas non plus d'examen de certains thèmes importants de la physique d'aujourd'hui, tel celui de la symétrie et de l'unification des interactions fondamentales. D'autre part, et notamment dans le cas de la science des systèmes dissipatifs loin de l'équilibre, nous ne procéderons pas à un tour d'horizon complet mais nous nous inspirerons principalement de problèmes traités par notre groupe. Tenter de nous substituer aux ouvrages généraux qui initient le public cultivé aux différents champs de la physique aurait été une entreprise aussi vaine que démesurée. Elle aurait été de plus facteur de malentendu : notre livre n'est pas une présentation de la physique mais la poursuite d'une question unique à travers la multiplicité de ses champs. Cette question nous mènera donc à aborder certains domaines, celui de la mécanique quantique et de la cosmologie notamment, selon une approche peu usuelle, quoiqu'accessible, nous le croyons, aux lecteurs qui s'intéressent au développement des idées scientifiques de notre temps. A l'intention de ceux qui voudraient approfondir quelques aspects essentiels de notre ouvrage, nous avons ajouté trois appendices qui, sans entrer dans le détail des déductions, demandent quelques connaissances techniques.

Le lecteur, à travers la puissance provocatrice de l'interrogation qui nous mène tout comme elle a inspiré la vie scientifique de l'un d'entre nous, découvrira, nous l'espérons, combien les théories physiques sont étrangères à l'image presque impérialiste que l'on en propose souvent. C'est leur caractère d'invention, audacieuse et risquée, de création de signification, que révéleront ces théories confrontées à la question du temps. C'est lui qui nous permettra de comprendre comment, jusqu'ici, elles ont pu nier le temps qu'affirment pourtant nos descriptions phénoménologiques de la nature, et comment elles peuvent aujourd'hui l'inclure au niveau le plus fondamental de la physique.

La Nouvelle Alliance avait pour fil conducteur l'histoire de la physique. *Entre le temps et l'éternité* explore la confrontation entre les schémas conceptuels de la physique et le problème du temps. C'est pourquoi nous avons pris pour point de départ l'œuvre de Boltzmann. Il s'agit du premier acte de cette confrontation, du moment où les physiciens ont compris le caractère radical des contraintes que la dynamique classique faisait peser sur la manière dont nous pouvions penser le devenir.

Pour la plupart des physiciens depuis Boltzmann, la vérité du temps physique doit être définie au niveau des théories fondamentales, et c'est de ces théories que doit découler le statut du temps de nos descriptions phénoménologiques. Notre démarche suit une direction inverse. En ce sens, elle est quelque peu parallèle à celle de Bergson, pour qui le point de départ de toute pensée en quête de la réalité devait être notre expérience la plus intime, le « sentiment que nous avons de notre évolution et de l'évolution de toutes choses dans la durée pure [2] ». Notre point de départ ne sera cependant pas l'évidence de notre « expérience intime », mais une évidence immanente à la physique elle-même : que non seulement l'ensemble des descriptions physiques phénoménologiques affirment la flèche du temps, mais qu'elles nous conduisent aujourd'hui à comprendre un monde en devenir, un monde où l' « émergence du nouveau » revêt une signification irréductible. Au lieu de chercher à « déduire » le temps phénoménologique du temps « fondamental », nous mettrons en question la conception du temps physique dans les théories fondamentales à partir de l'évidence phénoménologique.

Notre démarche, dans la mesure où elle inverse le rapport usuel entre « fondamental » et « phénoménologique », qui menait à juger l'évidence phénoménologique à partir des théories fondamentales, pose immédiatement la question de l'autorité qui a été historiquement conférée à ces théories. Comment comprendre que d'un problème apparemment « technique » — l'impossibilité de définir une fonction que l'évolution d'un système dynamique fasse croître au cours du temps comme l'entropie — ait pu naître cette affirmation aux conséquences quasi inconcevables : la différence entre passé et futur n'a pas de réalité objective? Comment comprendre la singularité culturelle qui a permis à la physique de nier une évidence à ce point contraignante qu'aucune culture ne l'avait jusque-là mise en question ? C'est à cette question que sont consacrés les deux premiers chapitres de notre essai.

Le troisième et le quatrième chapitre d'*Entre le temps et l'éternité* explorent le développement contemporain de cette science des processus dissipatifs, producteurs d'entropie, qui fut, après Boltzmann, interprétée comme seulement relative au caractère approximatif de nos observations et de nos calculs. Nous montrerons que cette science est devenue aujourd'hui science du devenir, non pas au sens où elle donnerait un modèle général du devenir auquel les autres sciences devraient se soumettre, mais au sens où elle découvre à partir de ses propres objets les contraintes sans lesquelles aucune science, qu'elle soit biologique ou sociale, ne peut définir le devenir : l'irréversibilité, les probabilités, la cohérence.

Nous avons donné une large place, dans ces chapitres, aux concepts nouveaux d'attracteur, d'horizon temporel, de chaos, dont l'importance s'affirme chaque jour toujours plus clairement. Il s'agit véritablement de nouveaux outils de pensée, qui engendrent des questions et des perspectives inattendues et induisent des rapprochements entre champs à priori disparates. D'ores et déjà, ces outils renouvellent ce que nous entendons par « expliquer » dans les sciences de la nature. Nous montrerons en particulier comment ils sont susceptibles d'ouvrir le chemin qui pourrait nous mener à une compréhension non réductrice de l'apparition de la vie à partir du monde des processus physico-chimiques.

Le cinquième chapitre revient au problème de Boltzmann et à la conception selon laquelle l'irréversibilité ne serait qu'une propriété phénoménologique, déterminée par les approximations que nous introduisons par notre mode de description de la nature. La fécondité de la physique des systèmes dissipatifs rend une telle conception intenable. Cependant, le fait que les lois de la dynamique semblent ignorer la flèche du temps pose un problème qui sera le leitmotiv de notre livre : le temps irréversible ne peut « naître » au sein d'une réalité réversible. Ou bien nous arriverons à identifier le temps irréversible à tous les niveaux, ou bien nous ne pourrons le comprendre nulle part.

Nous montrerons comment le renouveau de la dynamique classique, centré autour de la notion d'instabilité, permet de définir les systèmes dynamiques réversibles comme cas limites particuliers et non plus comme modèles représentatifs du comportement dynamique.

C'est dans cette perspective que nous reprendrons le problème de Boltzmann, c'est-à-dire le problème du lien qu'entretient la dynamique avec la théorie cinétique, la science à partir de laquelle Boltzmann avait construit son modèle microscopique de l'entropie. Comme nous le verrons, non seulement les objections qui furent opposées à Boltzmann ont aujourd'hui perdu leur validité, mais nous pouvons donner un caractère plus radical à l'interprétation qu'il proposait. En effet, les collisions au sein d'un système formé par un grand nombre de particules, telles que les étudie la théorie cinétique, ne constituent pas seulement le mécanisme microscopique de l'évolution irréversible de ce système vers l'équilibre. L'irréversibilité n'est pas « créée » par des conditions macroscopiques de non-équilibre ; ce sont les conditions macroscopiques d'équilibre qui empêchent la flèche du temps, toujours présente au niveau microscopique, de se manifester par des effets macroscopiques.

C'est au sixième chapitre que nous aborderons la question de la mécanique quantique, la science qui, au XXe siècle, s'est substituée à la dynamique classique en tant que voie d'accès au monde microscopique. Ici, comme nous l'avons déjà souligné, il n'est pas possible de nous limiter à une nouvelle interprétation de la signification et de la portée des équations fondamentales. Celles-ci supposent en effet la validité générale du modèle dont le renouveau de la dynamique a montré les limites, le modèle du système dynamique « intégrable » au comportement déterministe et réversible. Comme nous le montrerons, c'est ce modèle qui est à l'origine de la structure dualiste de la théorie quantique : d'un côté une équation de base, l'équation de Schrödinger, qui est déterministe et réversible ; de l'autre, sa « réduction » irréversible, qui permet de prédire en termes de probabilités les résultats possibles de nos mesures. La conséquence de cette structure est que la mécanique quantique semble conférer un rôle essentiel à l'acte d'observation et indiquer que ce serait nous, observateurs, qui, par nos mesures, introduirions les probabilités et l'irréversibilité dans un monde qui, sans nous, serait déterministe et réversible.

La structure très particulière de la mécanique quantique a suscité bien des controverses. Notre recherche nous a conduits à donner un sens précis à ce que Karl Popper avait exprimé comme un « rêve métaphysique » : « Il est probable que, même s'il n'y avait pas de " sujet observateur " qui expérimente et interfère avec lui, notre monde serait tout aussi indéterministe qu'il l'est[3]. »

La première formulation de la théorie quantique, due à Bohr,

Sommerfeld et Einstein, avait conféré à l'événement aléatoire un rôle central. Le « saut » de l'électron d'une orbitale à une autre n'y répondait pas à une loi déterministe, mais à une description probabiliste, comme les collisions dans la théorie cinétique classique. Nous montrerons que ce sont ces événements quantiques qui imposent une limite à la validité de la mécanique quantique actuelle. Comme les collisions, ces événements impliquent l'abandon du modèle de « système intégrable ». La nouvelle formulation à laquelle nous avons abouti leur rend la signification intrinsèque qui était la leur dans la première théorie quantique et permet d'affirmer que le plus simple des objets quantiques, l'atome d'hydrogène, est déjà marqué par la flèche du temps.

La théorie quantique est aujourd'hui la théorie physique la mieux confirmée par l'expérience. Aussi, nous semble-t-il particulièrement intéressant que la nouvelle formulation que nous décrirons ici permette de prévoir des écarts par rapport aux prédictions de la théorie quantique usuelle. Etant donné le développement actuel des techniques expérimentales, ces écarts éventuels devraient pouvoir être observés dans les prochaines années. Quoi qu'il en soit, l'enjeu est clair : la notion d'événement a-t-elle un sens au niveau fondamental de la physique ? La mécanique quantique permet-elle de définir une irréversibilité intrinsèque, indépendante de l'acte d'observation ? Cet enjeu n'est autre que celui qui habitait déjà *La Nouvelle Alliance* : devons-nous reconnaître que le temps sépare l'homme de la nature, ou bien pouvons-nous construire un mode d'intelligibilité qui s'ouvrirait à l'idée du temps humain comme expression exacerbée d'un devenir que nous partageons avec l'Univers ?

Nous venons de parler de l'Univers. L'un des traits les plus marquants de la physique du xxe siècle est d'avoir fait de l'Univers un objet de science. Dès lors, c'est également à propos de l'Univers que peut et doit se poser la question du temps. Le septième chapitre de ce livre montrera le lien entre cette question et ce que John Wheeler a appelé « la plus grande des crises de la physique » : la nécessité, découlant des modèles cosmologiques contemporains, de concevoir à l'origine de l'Univers une singularité, le « Big Bang », qui échappe à nos théories physiques.

La relativité générale, à la base du modèle cosmologique aujourd'hui dominant, le modèle « standard », a introduit la conception révolutionnaire d'une relation entre l'espace-temps et la matière. Mais cette relation est conçue comme essentiellement symétrique : la présence de matière détermine une courbure de l'espace-temps, et celle-ci détermine le mouvement de cette matière. Pas plus que la théorie newtonienne du mouvement dont elle est l'héritière, la relativité générale ne donne donc de sens à l'irréversibilité, et ne peut en particulier permettre d'expliquer la gigantesque production d'entropie qui, comme on le sait aujourd'hui, a marqué la naissance de notre Univers. Selon la perspective que nous présenterons ici, c'est cette production d'entropie qui constitue le véritable « prix » du passage à l'existence de notre Univers, et qui fait donc la différence entre cet Univers matériel et un Univers vide. Comme nous le verrons, la possibilité de définir cette différence et ce passage à l'existence nous a menés à une généralisation des équations d'Einstein qui permet de décrire un processus irréversible de *création* de matière. A la singularité initiale qu'impose le modèle standard pourrait ainsi se substituer une *instabilité* conduisant à une création simultanée de la matière et de l'entropie de notre Univers.

Le rêve d'Einstein a toujours été l'unification de la physique, la découverte du principe unique qui donnerait son intelligibilité à la réalité physique. Ce rêve vouait le devenir à n'être, pour la physique, qu'un obstacle, une illusion à dépasser. Aujourd'hui, le devenir fait irruption là même où ce rêve avait trouvé son expression la plus grandiose, dans la symétrie des relations instituées par la relativité générale entre la matière et l'espace-temps. L'instabilité initiale que nous avons invoquée fait de l'Univers le produit d'un brisement de symétrie entre l'espace-temps d'une part, la matière de l'autre. La naissance de notre Univers matériel se trouve alors située sous le signe de la plus radicale irréversibilité, celle de la déchirure du tissu lisse de l'espace-temps engendrant à la fois la matière et l'entropie.

Le temps irréversible a donc aujourd'hui pénétré à tous les niveaux de la physique et permet d'entrevoir la possibilité d'une cohérence nouvelle articulée autour de ce devenir que la physique d'hier définissait comme un obstacle. C'est cette transformation conceptuelle radicale que traduit le titre de notre livre *Entre le temps et l'éternité*. Depuis l'origine, la physique a été déchirée par l'opposition entre temps et éternité : entre le temps irréversible des descriptions phénoménologiques et l'éternité intelligible des lois qui devaient nous permettre d'interpréter ces descriptions phénoménologiques. Aujourd'hui, devenir et intelligibilité ne s'opposent plus, mais la question de l'éternité n'a pas pour autant déserté la physique. Bien au contraire, elle resurgit, comme nous le verrons, sous un jour nouveau, dans la possibilité d'un éternel recommencement, d'une série infinie d'univers traduisant l'éternité inconditionnée de cette flèche du temps qui confère à notre physique sa cohérence nouvelle.

Cette réinvention de l'articulation entre temps et éternité manifeste la fécondité de la tradition physique, hier porteuse d'une négation radicale du temps, aujourd'hui susceptible de se renouveler pour donner un sens au devenir. Elle nous semble également marquer l'appartenance de cette tradition à la culture occidentale, elle aussi hantée par la question des rapports entre temps et éternité.

Comme nous l'avons souligné dans *La Nouvelle Alliance,* l'idéal d'éternité dont était porteuse la physique a semblé imposer un face à face tragique entre l'homme, dont la liberté suppose et affirme le temps, et un monde passif, maîtrisable et transparent à la connaissance humaine. Le développement des sciences a ainsi contribué à figer en oppositions indépassables les tensions qui marquent, depuis l'origine, la culture occidentale, c'est-à-dire aussi à tarir le dialogue, si fécond en idées et en problèmes jusqu'à la fin du XVIIIe siècle, entre sciences et philosophies.

La reprise de ce dialogue nous semble essentielle. Il est frappant de constater à quel point il est aujourd'hui courant que les scientifiques, lorsqu'ils cherchent les moyens de réfléchir à la signification existentielle de leur activité, se tournent vers les philosophies de type oriental. Ainsi Schrödinger, l'un des plus grands physiciens du XXe siècle, exposa une « conception du monde » essentiellement inspirée par les Veda [4]. Les concepts et les connaissances créés par la science n'avaient, affirma-t-il, aucune relation avec une « conception philosophique du monde ». D'autres, tel David Bohm, cherchent au contraire à montrer qu'au-delà du langage dualiste que les sciences ont hérité de la tradition occidentale, leur développement, en particulier celui de la physique quantique, nous mène à découvrir les chemins de la mystique orientale. Nous ne pensons certes pas quant à nous que les sciences modernes soient vouées à entretenir des rapports avec la seule tradition occidentale. Cependant, nous pensons que la physique n'a pas à se « libérer » de cette tradition que marque, au-delà de telle ou telle doctrine, la recherche risquée et passionnée des relations entre connaissance et signification, entre savoir et expérience.

Il ne s'agit pourtant pas, pour nous, de proposer une « vision scientifique du monde » qui pourrait unifier science et philosophie, supprimer les différences et les tensions. Une « vision scientifique du monde », quel qu'en soit le contenu, est par définition close, porteuse de certitudes, privilégiant les réponses par rapport aux questions qui les ont suscitées. Ce n'est pas une « vision du monde » que nous voudrions faire partager, mais une vision de la science. Au même titre que l'art et que la philosophie, celle-ci est avant tout expérimentation, créatrice de questions et de significations. Pas plus que la philosophie, elle ne pourra nous dire ce qu' « est » le temps, mais, comme la philosophie, elle a pour problème le temps, la création d'une cohérence entre notre expérience la plus intime, qui est celle du temps, et nos manières de décrire le monde, et nous-mêmes qui avons émergé de ce monde.

Cette vision de la science a bien sûr une portée utopique, tout comme la « nouvelle alliance » entre les savoirs à laquelle appelait notre précédent ouvrage. Elle traduit la nécessité que nous ressentons de nous libérer de l'image, aujourd'hui encore dominante, d'une rationalité scientifique neutre, destinée à détruire ce qu'elle ne peut comprendre et contre laquelle devraient être défendues les questions et les passions qui donnent son sens à la vie humaine. Elle traduit aussi la conviction profonde, qui a guidé l'œuvre scientifique de l'un d'entre nous, selon laquelle ce sont des généralisations hâtives, et non sa vérité, qui ont conduit la science à opposer l'homme et le monde qu'il cherche à comprendre. Le livre que nous présentons aujourd'hui est le fruit d'un long chemin qui n'aurait pas été possible sans un engagement nourri par une question qui était à la fois et indissolublement scientifique, philosophique et existentielle. Que ce chemin mène aujourd'hui à intégrer au cœur de la physique une problématique qui en semblait par définition exclue, suffit à témoigner de ce que la science est œuvre humaine, et non destin implacable — une œuvre qui ne cesse d'inventer le sens de la double contrainte qui la provoque et la féconde, l'héritage de sa tradition et le monde qu'elle interroge *.

* Au moment de clore cette introduction, nous voudrions dire notre reconnaissance à Octave Landuyt pour le merveilleux témoignage d'amitié que constitue la création de la couverture de ce livre. Nous sommes également heureux de remercier nos collègues de Bruxelles et d'Austin qui ont contribué de manière essentielle aux recherches exposées dans notre livre, et en particulier I. Antoniou, J. Géheniau, E. Gunzig, M. Mareschal, F. Mayné, B. Misra, G. Nicolis, S. Pahaut et T. Petrosky. Notre gratitude va aussi à Madame Raoul-Duval pour la patience et l'intérêt inlassables dont elle a fait preuve à notre égard.

CHAPITRE PREMIER

Le temps en question

Il y a quatre-vingts ans paraissait un livre qui a marqué l'histoire des rapports entre science et philosophie et qui suscite aujourd'hui encore discussions et controverses, *L'Evolution créatrice* de Henri Bergson. Contrairement à beaucoup de philosophes face à la science, Bergson ne s'intéressait pas à des problèmes abstraits tels que la validité des lois scientifiques, les limites ultimes de la connaissance..., mais à ce que cette science nous dit du monde qu'elle prétend comprendre. Et son verdict sonne le glas de cette prétention. La science, montre-t-il, a été féconde chaque fois qu'elle a réussi à nier le temps, à se donner des objets qui permettent d'affirmer un temps répétitif, de réduire le devenir à la production du même par le même. Mais, lorsqu'elle quitte ses objets de prédilection, lorsqu'elle entreprend de ramener au même type d'intelligibilité ce qui, dans la nature, traduit la puissance inventive du temps, elle n'est plus que la caricature d'elle-même.

Le jugement de Bergson fit scandale. On pouvait bien admettre que jamais la science ne pourrait pénétrer les domaines traditionnellement réservés à la philosophie, tels l'esprit humain, la liberté, l'éthique. Mais, à le suivre, c'est le domaine où la science est féconde, et non pas celui réservé à la philosophie, qui se réduit comme une peau de chagrin. C'est en effet à partir de notre expérience la plus intime, qui est celle de la durée, et non à partir des objets privilégiés par notre science, que nous pouvons espérer comprendre la nature dont nous sommes solidaires.

Le temps vécu, le temps qui est notre vie même, ne nous oppose donc pas, selon Bergson, à un monde « objectif », il traduit au contraire notre solidarité avec le réel. « Un des objets de *L'Evolution créatrice* est de montrer que le Tout est de même nature que le moi, et qu'on le saisit par un approfondissement de plus en plus complet de soi-même [1]. »

Dans la mesure où il entendait proposer une démarche qui puisse se constituer comme rivale de la connaissance scientifique, Bergson a échoué. Le « sentiment que nous avons de notre évolution et de l'évolution de toutes choses dans la durée pure [2] » n'a pu se transformer, contrairement à ce qu'il espérait, en méthode d'investigation capable de devenir aussi précise et certaine que celle qui guide les sciences [3]. Et pourtant, justement parce que nous ne croyons plus à la solution qu'il voyait se dessiner, à la possibilité d'une « autre » science qui prenne pour point de départ l'intuition de la durée concrète, le problème posé par Bergson habite ce livre, comme il a habité l'œuvre scientifique de l'un d'entre nous. Pouvons-nous faire appel au jugement de Bergson selon lequel la connaissance scientifique, et en particulier la connaissance physique, est vouée à opposer l'un à l'autre le monde décrit et celui qui le décrit ?

Le jugement de Bergson méconnaissait, pensons-nous, le fait que la physique n'est pas une donnée, à partir de laquelle pourrait être posé le problème de la nature de la connaissance scientifique, mais une *œuvre* unissant, comme toute œuvre créatrice, la liberté de l'imagination et l'exploration rigoureuse et exigeante du monde nouveau de possibles qu'implique l'invention. On peut même dire que, procédant de l'alliance entre invention théorique et expérience, la physique porte à un degré extrême ces deux aspects complémentaires que sont la liberté et la contrainte. Sa puissance d'invention se manifeste dans la création de langages nouveaux, en particulier de langages mathématiques qui permettent d'introduire des distinctions inaccessibles au langage naturel. Et sans cesse elle est relancée par la découverte de phénomènes inattendus, défiant l'imagination, imposant aux théories et aux anticipations des physiciens la découverte de leurs limites. Comme nous le verrons, ceci est particulièrement vrai pour la physique du XXe siècle, qui a été, pour les physiciens, le siècle des surprises.

C'est dans cette perspective, qui fait de la physique non un modèle, mais une « interface » inventive entre les hommes et le monde des phénomènes, que nous nous situerons. Nous tenterons de montrer comment la physique a pu aujourd'hui — sans trahir les contraintes qui ont conféré à l'exploration qu'elle mène sa rigueur et son exigence — créer de nouvelles significations, de nouvelles questions qui l'ouvrent à l'expérience humaine du temps que Bergson la pensait vouée à ignorer. Nous tenterons, au long de cet essai, de décrire non pas la naissance d'une « autre » science, en rupture dramatique avec la tradition qui est la sienne, mais une transformation profonde tout à la fois de l'idéal d'intelligibilité qui oriente le développement de cette science et de la lecture que nous pouvons faire de sa tradition.

Les origines de la physique sont marquées par une irréductible contingence qui ne renvoie pas seulement à l'histoire des hommes, mais aussi à la nature, au fait qu'elle a donné sens, jusqu'à un certain point, aux idéaux d'intelligibilité qui habitaient ceux qui l'ont interrogée. Prenons le mouvement de la Terre autour du Soleil. L'histoire de notre physique a dépendu du fait que les forces d'interaction entre la Terre, la Lune et les autres planètes peuvent être négligées en première approximation, c'est-à-dire que l'orbite terrestre peut répondre à l'idéalisation d'un système à deux corps (Terre-Soleil). Si cela n'avait pas été le cas, le ciel n'aurait pas offert aux hommes le spectacle des mouvements périodiques réguliers qui a donné son impulsion à l'astronomie classique. Peut-être une science probabiliste serait-elle née, à la place de la « mécanique céleste », pour rendre compte de la complexité des mouvements planétaires ? De même, la physique de Galilée renvoie au fait que nous vivons dans un milieu où les forces de frottement sont souvent faibles. Si, tels les dauphins, nous avions vécu dans un milieu plus dense, la science des mouvements aurait pris une forme différente. De tels exemples peuvent être multipliés : nous ne devons pas la création de nos grands schémas théoriques à notre seule intelligence, mais aussi au fait que, dans ce monde complexe, certains « objets » se découpent naturellement et ont captivé l'attention des hommes, suscité le développement de techniques et la création de langages qui rendent intelligible leur régularité.

Aujourd'hui, la physique est capable de dépasser la contingence qui a présidé à sa naissance. Nous pouvons admirer la simplicité du mouvement des planètes sans nous laisser envoûter par elle, parce que nous sommes mieux à même de situer son caractère particulier, presque singulier. C'est cette transformation du regard du physicien que nous voudrions décrire dans cet essai, afin de partager avec le lecteur le sentiment que nous vivons un moment privilégié. Non seulement la physique nous ouvre aujourd'hui un monde qui n'est plus étranger à notre expérience, à nos savoirs, à nos pratiques, mais elle nous permet aussi de mieux comprendre son passé, la simplicité singulière des objets qui guidèrent ses premiers pas, les limites de l'idéal d'intelligibilité qu'ils purent inspirer.

Cependant, avant de nous engager dans cette exploration de la physique contemporaine, nous voudrions consacrer quelques pages à un retour en arrière. Ce n'est pas un hasard si c'est au début du XXe siècle que Bergson et tant d'autres ont pu faire du temps le problème crucial à partir duquel un jugement global pourrait être prononcé à propos de la science et de ses limites. Pour la première fois venaient en effet de s'affronter de manière directe et explicite la question du temps et l'idéal d'intelligibilité de la tradition physique.

Dans *La Nouvelle Alliance* déjà, nous avons présenté un tableau de l'histoire de la physique axé sur cette question du temps. Nous avons montré comment, au cours de la seconde moitié du XIXe siècle, se sont dégagées deux grandes conceptions du devenir physique, issues respectivement de la dynamique née au XVIIe siècle, et de la thermodynamique du XIXe siècle. Curieusement ces deux conceptions correspondaient à des visions opposées du monde physique. Du point de vue de la dynamique, devenir et éternité semblaient s'identifier. Tout comme le pendule parfait oscille autour de sa position d'équilibre, le monde régi par les lois de la dynamique se réduit à une affirmation immuable de sa propre identité. En revanche, l'univers thermodynamique est l'univers de la dégradation, de l'évolution progressive vers un état d'équilibre défini par l'uniformité, le nivellement de toutes les différences. Le pendule, ici, a cessé d'être parfait, et le frottement le voue irrévocablement à l'immobilité de l'équilibre.

A l'éternité dynamique s'oppose donc le « second principe de thermodynamique », la loi de croissance irréversible de l'entropie formulée par Rudolf Clausius en 1865 ; au déterminisme des trajectoires dynamiques, le déterminisme tout aussi inexorable des processus qui nivellent les différences de pression, de température, de concentration chimique et qui mènent irréversiblement un système thermodynamique isolé à son état d'équilibre, d'entropie maximale.

Nous avons souligné combien l'idée de définir une activité par la destruction qu'elle opère des inhomogénéités qui l'engendrent, c'est-à-dire de ses propres conditions d'existence, de la définir en somme comme menant irrévocablement à sa propre disparition, avait marqué le XIXe siècle d'une anxiété presque eschatologique. Notre monde est condamné à la mort thermique. Nos sociétés épuisent leurs ressources, elles sont condamnées à la déchéance.

Cependant, ce serait une erreur de penser que le second principe de thermodynamique fut seulement source de pessimisme et d'angoisse.

Pour certains physiciens, tels Max Planck et surtout Ludwig Boltzmann, il fut aussi le symbole d'un tournant décisif. La physique pouvait enfin décrire la nature en termes de devenir ; elle allait pouvoir, à l'instar des autres sciences, décrire un monde ouvert à l'histoire.

Il est en effet frappant de constater qu'à l'époque où la physique, grâce au second principe de thermodynamique, annonce l'évolution irréversible là où semblait régner l'éternité, les sciences et la culture découvrent partout la puissance créatrice du temps. C'est l'époque où tous les traits de la culture humaine, les langues, les religions, les techniques, les institutions politiques, les jugements éthiques et esthétiques, se perçoivent comme produits d'histoire, et où l'histoire humaine se lit comme la découverte progressive des moyens rationnels de maîtriser le monde. C'est l'époque où la géologie et la paléontologie nous apprennent que notre Terre et tout ce qui semblait le cadre fixe de notre existence, les océans, les montagnes, les espèces vivantes, sont le fruit d'une longue histoire marquée par des destructions et des créations.

Pour le physicien viennois Ludwig Boltzmann, le XIXe siècle fut « le siècle de Darwin », de celui qui montra que l'invariance des espèces vivantes n'était qu'une apparence. Et pourtant, pour la plupart des physiciens, le nom de Boltzmann évoque une réussite en quelque manière antithétique de celle de Darwin : c'est lui qui aurait montré que l'irréversibilité n'était qu'une apparence au-delà de laquelle règne l'éternité invariante des lois de la dynamique. C'est tout le drame de Ludwig Boltzmann qui tenta en physique ce que Darwin avait accompli en biologie — donner un sens au temps de l'évolution au niveau de description fondamental — pour aboutir à une impasse et capituler finalement devant l'exigence d'éternité de la dynamique.

Dès l'abord, la similarité entre l'approche de Darwin et celle de Boltzmann s'impose. Darwin avait transformé l'objet de la biologie, avait montré que lorsque l'on étudie les *populations* vivantes et leur histoire, et non plus celle des individus, on peut comprendre comment la variabilité individuelle soumise à la sélection engendre une « dérive » de l'espèce, une transformation progressive de ce qui, aux échelles de temps des individus, s'impose comme donné. De même, Boltzmann cherchait à montrer que dans une population nombreuse de particules, l'effet des collisions peut donner un sens à la croissance de l'entropie et, dès lors, à l'irréversibilité thermodynamique.

En 1872, Boltzmann présentait son fameux « théorème $\mathcal{H}$ »[4]. La fonction $\mathcal{H}$ traduit l'effet des collisions qui, à chaque instant, modifient les positions et les vitesses des particules d'un système. Elle est construite de manière à décroître de façon monotone au cours du temps jusqu'à atteindre un minimum. A ce moment se trouve réalisée une distribution des positions et des vitesses des particules que ne modifieront plus les collisions ultérieures. Boltzmann avait donc construit un modèle microscopique de l'évolution irréversible de la population de particules vers un état d'équilibre. Les collisions entre les particules constituent le mécanisme qui entraîne la disparition progressive de toute « différence » initiale, c'est-à-dire de tout écart par rapport à la distribution statistique d'équilibre.

Nous reviendrons, dans le troisième chapitre, sur la contradiction apparente entre les théories de Darwin et de Boltzmann. Certes, toutes deux substituent l'étude des populations à celle des individus et mettent en évidence le rapport entre « petites » variations (variabilité des individus, collisions microscopiques) et évolution d'ensemble correspondant à une échelle de temps longue, mais la première tente d'expliquer l'apparition d'espèces adaptées selon des modes de plus en plus complexes et divers à leur environnement, alors que la seconde décrit une évolution vers l'uniformité. Ce que nous voudrions souligner ici, c'est la divergence entre les destins que connurent les deux théories. L'évolution darwinienne triompha, à travers des controverses acharnées entre biologistes et statisticiens, des critiques et des difficultés, et elle fonde aujourd'hui encore notre mode de compréhension des vivants. Au contraire, l'interprétation boltzmannienne de l'irréversibilité succomba à ses critiques. Boltzmann fut progressivement acculé à reconnaître qu'il n'avait pas réussi à donner une interprétation microscopique de l'irréversibilité. Une évolution « antithermodynamique », au cours de laquelle l'entropie diminuerait et où les différences, au lieu de se niveler, se creuseraient spontanément, restait un possible physique au même titre que l'évolution thermodynamique observée.

La situation à laquelle Boltzmann se trouva ainsi confronté était profondément dramatique. Nous l'avons dit, il était convaincu que comprendre l'Univers, c'est le comprendre dans son caractère historique, et que l'irréversibilité définie par le second principe de thermodynamique avait donc un sens fondamental. Mais il était aussi l'héritier de la grande tradition dynamique. Et il découvrait que cette tradition entrait en conflit avec toute tentative de donner un sens intrinsèque à la « flèche du temps[5] ».

Rétrospectivement, le drame que vécut Boltzmann, contraint de choisir entre son intuition du temps et sa fidélité à la tradition physique, nous apparaît comme particulièrement poignant. D'une part, le fait que sa tentative était vouée à l'échec semble rétrospectivement l'évidence même : nous apprenons tous désormais, dès l'enseignement élémentaire de la physique, qu'une trajectoire n'est pas seulement déterministe, mais intrinsèquement réversible, qu'elle ne permet de faire aucune différence entre l'avenir et le passé ; chercher à expliquer l'irréversible par du réversible apparaît alors, comme le remarqua Poincaré [6], comme une erreur que la seule logique suffit à condamner. Mais, d'autre part, nous comprenons aujourd'hui comment cette apparente contradiction logique peut être surmontée. Nous sommes à même de répondre aux critiques qui condamnèrent le modèle de Boltzmann, mais cette réponse a exigé une transformation fondamentale du mode de conceptualisation dynamique.

Nous aborderons cette question au cours du cinquième chapitre. Nous voudrions surtout élucider ici cet épisode crucial de l'histoire de la physique, au cours duquel le mode de conceptualisation de la dynamique classique révéla ses exigences et ses implications. Comment comprendre que Boltzmann, tout comme la plupart de ses contemporains, ait pu espérer donner un sens *dynamique* à l'irréversibilité ? Comment n'ont-ils pas « vu » dès l'abord ce qui nous semble aujourd'hui évident : que le temps de la dynamique n'affirme pas seulement l'enchaînement déterministe des causes et des effets, mais aussi l'équivalence essentielle entre les deux directions du temps, celle que nous connaissons et qui définit notre avenir, et celle que nous pouvons imaginer lorsque nous nous représentons un système qui « remonte » vers son passé ?

Peut-être faut-il d'emblée souligner le caractère presque inconcevable de cette idée de réversibilité dynamique. La question du temps — de ce que préserve, de ce que crée, de ce que détruit son écoulement — a été depuis toujours au centre des préoccupations humaines. Bien des spéculations ont mis en cause l'idée de nouveauté, affirmé l'inexorable enchaînement des causes et des effets. Bien des savoirs mystiques ont nié la réalité de ce monde changeant et incertain, et ont défini l'idéal d'une existence qui permette d'échapper à la douleur de la vie. Nous savons d'autre part l'importance, dans l'Antiquité, de l'idée d'un temps circulaire, revenant périodiquement à ses origines. Mais l'éternel retour lui-même est marqué par la flèche du temps, comme le rythme des saisons ou celui des générations humaines.

Aucune spéculation, aucun savoir n'a jamais affirmé l'équivalence entre ce qui se fait et ce qui se défait, entre une plante qui pousse, fleurit et meurt, et une plante qui ressuscite, rajeunit et retourne vers sa graine primitive, entre un homme qui mûrit et apprend et un homme qui devient progressivement enfant, puis embryon, puis cellule.

Pourtant, depuis son origine, la dynamique, la théorie physique qui s'identifie avec le triomphe même de la science, impliquait cette négation radicale du temps. Voilà ce que révéla l'échec de Boltzmann et ce que n'avaient osé reconnaître avant lui aucun des penseurs qui, tels Leibniz ou Kant, avaient fait de la science du mouvement le modèle d'intelligibilité du monde.

L'impossibilité de définir une différence intrinsèque entre l'avant et l'après, à laquelle est vouée la dynamique, nous est aujourd'hui évidente, mais, dès l'origine, elle était tout à la fois affirmée et dissimulée par un principe qui, avec les travaux de Galilée, Huyghens, Leibniz, Euler et Lagrange, est devenu le principe même de conceptualisation de la dynamique. Leibniz a baptisé ce principe *principe de raison suffisante.* En termes leibniziens ce principe énonce *l'équivalence entre la cause « pleine » et l'effet « entier »*.

Le principe de raison suffisante ne décrit pas seulement un monde où les effets suivent les causes, ni même un monde où l'enchaînement des causes et des effets est rigoureusement déterministe. Nous connaissons un grand nombre de processus causaux et déterministes qui contredisent ce principe. Ainsi, la « loi de Fourier » décrit le processus de diffusion de la chaleur et désigne sa « cause » : la différence de température des points entre lesquels se produit la diffusion. Lorsque le processus de diffusion de la chaleur s'arrête, il a annulé sa propre cause : toute différence de température a progressivement disparu entre les différentes régions du système. Le point important est que cette disparition est irréversible. La différence de température qui a engendré le processus et que celui-ci a détruite s'est perdue sans retour, *sans avoir produit un effet qui pourrait permettre de la restaurer.*

L'équivalence entre cause et effet affirmée par le principe de raison suffisante implique au contraire la réversibilité des rapports entre ce qui se perd et ce qui se crée. Un mobile descendant un plan incliné perd de l'altitude, mais il acquiert une vitesse qui (en l'absence de frottement) est celle qui lui serait nécessaire pour remonter à son altitude initiale. C'est ce raisonnement qui guida Galilée dans la formulation de la loi de la chute des corps, c'est lui que Huyghens généralisa, identifiant les deux termes de l'égalité entre « cause » et « effet » : ce que gagne un corps lors d'une chute de dénivellation h n'est pas mesuré par sa vitesse, mais par le carré de sa vitesse (nous écrivons aujourd'hui $mgh = mv^2/2$, où m est la masse du corps, h la dénivellation, g l'accélération gravitationnelle et v la vitesse). Et Leibniz sut lire dans cette égalité entre la cause et l'effet le fil d'Ariane de la dynamique naissante.

L'histoire de la science des mouvements, depuis Galilée jusqu'à Lagrange et Hamilton, a confirmé la thèse de Leibniz. Le principe de raison suffisante a bel et bien guidé la création de langages dynamiques de plus en plus puissants. Et c'est à lui que se heurta Boltzmann, c'est lui qui condamna sa tentative de rendre compte en termes dynamiques de l'asymétrie temporelle des processus thermodynamiques. En effet, une des objections décisives à la tentative de Boltzmann fut celle de Loschmidt à propos de l'inversion des vitesses. Imaginons que les vitesses qui animent en un instant donné les éléments d'un système soient toutes instantanément renversées. Dans ce cas, tout comme le mobile galiléen sur son plan incliné regagne son altitude initiale, l'évolution du système dynamique ramènerait celui-ci vers son état initial. Les collisions recréeraient alors ce que les collisions avaient détruit, et restaureraient les différences qui avaient été nivelées. L'évolution engendrée par les collisions n'est donc irréversible qu'en apparence. A partir d'un état initial différent, les collisions doivent pouvoir recréer ce que détruisaient les collisions mises en scène par Boltzmann.

Boltzmann avait voulu comprendre en termes dynamiques l'irréversibilité thermodynamique, mais le principe fondateur de la dynamique voua sa tentative à l'échec et le contraignit à conclure qu'en dernière analyse, aucun privilège ne peut être attribué aux évolutions qui font croître l'entropie. A chaque évolution dynamique correspondant à une croissance de l'entropie, l'égalité entre cause pleine et effet entier permet de faire correspondre l'évolution inverse, qui la ferait décroître : c'est l'évolution qui restaurerait les « causes » en consommant les « effets ».

Aujourd'hui, cependant, les arguments qui ont condamné la tentative de Boltzmann se révèlent moins convaincants. Qu'est-ce qu'une cause *pleine,* qu'est-ce qu'un effet *entier* pour le physicien, et, au-delà de lui, pour tout être dont la connaissance du monde trouve son origine dans des observations ou des mesures qui s'expriment par des nombres ? Cette interrogation a pris tout son sens avec la découverte des systèmes dynamiques instables.

Nous reviendrons sur ce développement récent de la dynamique dans les chapitres suivants. Bornons-nous ici à indiquer que la voie est désormais ouverte pour une reprise de la tentative de Boltzmann. Comme nous le verrons, il existe, pour des systèmes suffisamment instables, un « horizon temporel » au-delà duquel aucune trajectoire déterminée ne peut plus leur être attribuée. A tout état initial déterminé avec une précision donnée finie correspond un temps d'évolution à partir duquel nous ne pouvons plus parler du système qu'en termes de probabilités. L'instabilité dynamique implique donc une limitation de la notion de trajectoire qui rend caduque l'objection de Loschmidt contre Boltzmann, et elle permet — nous y reviendrons — de définir la différence intrinsèque, que Boltzmann avait vainement cherché à formuler, entre les évolutions qui mènent un système vers l'équilibre et celles qui l'en éloignent.

Revenons maintenant à la situation que dut affronter Boltzmann, contraint de choisir entre l'ouverture de la physique à la temporalité et sa fidélité à la dynamique dont il découvrait les contraintes. Il fit le choix de la fidélité. A l'interprétation dynamique du second principe, il substitua une *interprétation probabiliste.*

Nous aurons l'occasion de revenir sur la notion de probabilité. Soulignons ici que les probabilités introduites par Boltzmann renvoient à notre manque d'information. Il envisage en effet des systèmes complexes formés de milliards de milliards de molécules en mouvement. L'évolution d'un tel système ne peut évidemment être déduite des équations de la dynamique, et il est naturel de faire l'hypothèse que tous les états dynamiques possibles ont à priori la même probabilité. Ceci admis, il devient possible de compter les états dynamiques qui correspondent à chaque situation macroscopique.

Imaginons par exemple une enceinte coupée en deux par une cloison et remplie de molécules en mouvement figurant un gaz. Ici, l'observation correspond à la mesure de la pression dans chaque compartiment, donc au nombre de molécules que contient chacun d'eux. Supposons qu'à l'instant initial, le compartiment de gauche est vide, alors que celui de droite contient toutes les molécules. Ouvrons un trou dans la cloison. A quoi pouvons-nous nous attendre ? Parmi toutes les situations observables, l'une est réalisée par la grande majorité des états dynamiques à priori possibles : c'est l'équilibre des pressions, la situation où il existe le même nombre de molécules dans chaque compartiment. Nous pouvons donc en déduire que, parmi toutes les évolutions dynamiques possibles à priori, le plus grand nombre aboutira à cet état final. Lorsque cet état, d'autant plus probable que la population est plus nombreuse, sera atteint, les molécules continueront à traverser le trou, mais, en moyenne, autant de molécules passeront vers la gauche que vers la droite. La répartition des molécules entre les deux compartiments restera donc uniforme, aux fluctuations près. Une « recréation » spontanée d'une différence de pression entre les deux compartiments, qui, éloignant le système de l'état d'équilibre, correspondrait à une évolution à entropie décroissante, ne serait pas, dans ces conditions, impossible, mais elle serait d'une improbabilité d'autant plus grande que la population de molécules est plus nombreuse.

L'interprétation probabiliste de Boltzmann renvoie donc l'irréversibilité que nous observons au caractère grossier, « macroscopique » de nos observations : celui qui pourrait suivre le mouvement de chaque molécule décrirait un système réversible ; c'est parce que nous ne prenons en compte que le nombre moyen de molécules que mesure la pression dans chaque compartiment que nous décrivons un système évoluant irréversiblement vers l'équilibre des pressions. D'autre part, selon cette interprétation, l'irréversibilité des processus que nous observons autour de nous renvoie à un état de fait : il se fait que le monde n'est pas uniforme, n'est pas dans son état « le plus probable ». Nous vivons dans un monde « improbable », et la « flèche du temps », la possibilité de définir une différence entre l'avant et l'après, n'est rien d'autre que la conséquence de ce fait. Ce que nous appelons la « nature », l'ensemble des processus entrelacés qui partagent avec nous le même avenir, depuis le sucre dont Bergson disait qu'il faut attendre qu'il fonde, jusqu'à la plante qui pousse ou à l'oiseau qui s'envole, n'est que la traduction de la disparition progressive de cet écart à l'équilibre.

Mais comment expliquer l'écart à l'équilibre auquel la nature et nous-mêmes devons l'existence ? « Nous avons, écrit Boltzmann, le choix entre deux types de représentation. Ou bien nous supposons que l'Univers tout entier est à l'heure actuelle dans un état très improbable. Ou bien nous faisons l'hypothèse que les éons qui mesurent la durée de cet état improbable, et la distance d'ici à Sirius, sont infimes, comparés à l'âge et à la dimension de l'Univers tout entier. Dans un tel Univers, qui dans son ensemble est à l'équilibre thermique et est donc mort, des régions relativement petites, de la taille de notre galaxie, se trouveront çà et là, des régions (que nous pouvons appeler « mondes ») qui dévient de manière significative de l'équilibre thermique pendant les segments relativement courts de ces « éons » de temps. Parmi ces mondes, il s'en trouvera dont les états sont à probabilité (c'est-à-dire à entropie) croissante, aussi souvent que d'autres dont les états ont des probabilités décroissantes. Au sein de l'Univers dans son entier, les deux directions du temps ne peuvent être distinguées, exactement comme, dans l'espace, il n'y a pas de haut ni de bas... Il me semble que cette manière de considérer les choses est la seule qui nous permette de comprendre la validité de la seconde loi et la mort thermique de chaque monde individuel sans invoquer un changement unidirectionnel de l'Univers entier d'un état initial défini vers un état final[7]. »

Telle est donc la conclusion à laquelle Boltzmann fut finalement acculé. Alors qu'il avait voulu interpréter l'irréversibilité du temps en termes de lois fondamentales, faire entrer la physique dans le concert des sciences qui découvraient l'histoire, il en vint à ramener la flèche du temps à un fait contingent : le monde que nous observons n'est qu'une fluctuation locale dans un Univers qui, globalement, ignore la direction du temps ; en d'autres régions de l'Univers, statistiquement aussi nombreuses que celles qui partagent notre flèche du temps, l'entropie serait décroissante.

Pouvons-nous seulement imaginer ces autres mondes ? La notion de probabilité y serait inutilisable, du moins pour prévoir l' « avenir » : les différences se creuseraient spontanément, les systèmes s'éloigneraient d'eux-mêmes de l'équilibre, la règle serait ce qui est pour nous miracle statistique[8]. Comment, d'autre part, expliquer que nous ne rencontrions pas dans notre monde d'autres types de fluctuations qui donneraient aux régions qu'elles occupent une flèche du temps opposée à la nôtre ? Pourquoi une flèche du temps unique définit-elle tout l'Univers observable ?

De nos jours ces questions font apparaître la solution proposée par Boltzmann comme plus fantasmagorique encore qu'à son époque. A la fin du XIXe siècle, les observations astronomiques étaient limitées à notre galaxie. Nous savons à présent que la « micro-région » fluctuante que Boltzmann postulait devrait impliquer des milliards de galaxies, toutes celles que nous pouvons observer aujourd'hui et dont nous savons qu'elles partagent notre flèche du temps. De plus, la découverte de Hubble, selon laquelle les galaxies s'éloignent les unes des autres à une vitesse proportionnelle à leur distance, et la découverte par Penzias et Wilson du rayonnement homogène et isotrope de corps noir qui baigne notre Univers, se sont conjuguées pour nous imposer la conception d'une histoire globale de l'Univers marquée par une origine qui remonterait à quelque quinze milliards d'années. Comment comprendre alors que l'Univers *dans son ensemble* soit né « loin de l'équilibre » ?

Nous reviendrons sur ces différentes questions aux chapitres suivants. L'essentiel, ici, était de répondre à la question posée à propos de *L'Evolution créatrice :* pourquoi, au début du xxe siècle, la question du temps scientifique surgit-elle au cœur du dialogue entre science et philosophie ? La critique de Bergson s'adresse à une physique qui n'est plus la science que Boltzmann cherchait à ouvrir au problème de l'évolution. Les héritiers de Boltzmann ont en effet transformé en triomphe ce que Boltzmann lui-même avait vécu comme un échec dramatique. La négation de l'irréversibilité du temps, qui fut pour Boltzmann une solution de désespoir, est devenue, pour la plupart des physiciens de la génération d'Einstein, le symbole même de ce qui, pour eux, est la vocation de la physique : atteindre au-delà du réel observable une réalité intelligible intemporelle.

Einstein incarne sans doute le mieux l'idéal qui définit cette nouvelle vocation de la physique, idéal d'une connaissance qui dépouille notre conception du monde de ce qui, à ses yeux, n'était que la marque de la subjectivité humaine. L'ambition de certaines pratiques mystiques a toujours été d'échapper aux chaînes de la vie, aux tourments et aux déceptions d'un monde changeant et trompeur. En un certain sens Einstein a fait de cette ambition la vocation même du physicien, et, ce faisant, il l'a traduite en termes scientifiques. Les mystiques cherchaient à *vivre* ce monde comme une illusion ; Einstein, lui, entend *démontrer* qu'il n'est qu'une illusion, et que la vérité est un Univers transparent et intelligible, purifié de tout ce qui affecte la vie des hommes, la mémoire nostalgique ou douloureuse du passé, la crainte ou l'espoir de l'avenir [9].

Comme à l'époque de Boltzmann, nous sommes aujourd'hui à la croisée des chemins. L'alternative, pour nous, ne se situe pas là où l'avait située Bergson, elle ne nous impose pas le choix entre une démarche qui partirait de notre « expérience intime » et une démarche qui s'attacherait aux phénomènes calculables et reproductibles. Mais peut-être n'en est-elle que plus radicale. En effet, une science qui tente, à partir d'un « réel » intelligible mais intemporel, de reconstruire la vérité objective des phénomènes, ne pourra certes pas comprendre l' « expérience intime du temps » de Bergson. Mais une telle science est tout aussi incapable de donner sens à l'ensemble des savoirs, des pratiques de calcul et de manipulation auquel Bergson opposait cette expérience intime. Le monde dépouillé de l'irréversibilité temporelle, de la distinction entre avant et après, est un monde où même la science condamnée par Bergson perd toute signification.

Juger le monde au nom d'un idéal qui est voué à le rendre illusoire, ou tenter de construire, à partir de notre expérience de ce monde, une connaissance pertinente qui donne sens aux distinctions et aux problèmes qu'il nous propose, telle est l'alternative par rapport à laquelle ce texte prend position. Mais, avant de nous engager dans l'exploration des points de vue nouveaux qui permettent d'engager la physique dans la voie que Boltzmann avait conçue, attardons-nous, l'espace d'un chapitre, sur cet étrange destin de la physique qui, depuis son origine, a fasciné ceux-là mêmes qui la créaient, et leur a inspiré ce fantasme de pouvoir accéder au type de savoir que Dieu, s'il existait, aurait du monde.

CHAPITRE II

Des dieux et des hommes

Peut-être l'un des traits les plus étonnants de l'histoire de Boltzmann est-il que la conclusion à laquelle il fut acculé — l'irréversibilité ne renvoie pas aux lois fondamentales de la nature, mais à notre manière grossière, macroscopique, de la décrire — ne suscita pas de crise au sein de la physique. Le contraste est particulièrement frappant avec l'accueil qui fut réservé, quelques années plus tard, à la théorie de la relativité d'Einstein. Alors que la seconde allait constituer un événement culturel majeur, éveillant les passions, les interrogations, le désarroi, la première ne rencontra d'abord d'échos que parmi les physiciens. Au surplus, la plupart de ceux-ci y virent certes un travail remarquable, mais sans portée révolutionnaire.

La théorie de la relativité niait une notion qui ne joue, somme toute, qu'un rôle secondaire dans la vie des hommes, celle d'une simultanéité absolue entre deux événements distants. Il est même remarquable qu'à l'époque d'Einstein, cette notion venait seulement de s'introduire dans les pratiques humaines. Jusque-là, seul le spectacle du ciel, des positions relatives du Soleil, de la Lune, des planètes, donnait à ses observateurs, astronomes et marins, le moyen de synchroniser les temps en des lieux différents. Avec l'invention du télégraphe et avec l'abandon, à la fin du XIXe siècle, des heures locales au profit de l'heure commune du méridien de Greenwich, les hommes venaient seulement d'inaugurer l'expérience d'un monde vivant le temps à l'unisson. En revanche, l'idée d'une distinction entre l'avant et l'après fait à ce point partie de notre expérience que nous ne pouvons même pas décrire celle-ci sans présupposer cette différence. C'est sans doute pourquoi, nous l'avons souligné, il a fallu, pour que les physiciens lisent dans leurs équations la négation dont était porteuse la dynamique, que la question des processus irréversibles les y contraigne.

Comment dès lors expliquer que l'échec de Boltzmann, et la négation de la flèche du temps qui en résulta, n'aient pas marqué notre mémoire au même titre que la relativité ou la mécanique quantique ? Que cet échec n'ait pas été reconnu comme la première des grandes crises qui marquèrent la naissance de la physique contemporaine ? Cette question impliquerait une étude historique approfondie. Bornons-nous à rappeler que la découverte de l'impossibilité de donner un sens à la flèche du temps dans le cadre de la dynamique est apparue comme l'expression de ce que cette théorie impliquait en fait depuis toujours, et non comme une « révolution ». C'est en ce sens que Bergson l'utilise : il n'a même pas besoin de citer Boltzmann, puisque celui-ci n'avait fait qu'expliciter ce qui était la vérité essentielle de la physique.

Mais il faut élargir le champ de cette question. Nous avons dit que Boltzmann avait fait le choix de la fidélité à la tradition dynamique et lui avait sacrifié l'intuition du caractère évolutif du monde. Ni pour lui ni pour ses héritiers qui ratifièrent son choix, la dynamique n'était donc un langage scientifique parmi d'autres, permettant de prédire et de calculer avec succès le mouvement des planètes ou des projectiles. La dynamique jouissait d'un prestige suffisant pour vaincre l'évidence du temps — non pas seulement l'évidence issue de notre expérience subjective, mais aussi celle qu'impose l'ensemble des processus qui constituent la nature.

L'histoire de la physique ne se réduit pas à celle du développement de formalismes et d'expérimentations, mais est inséparable de ce que l'on appelle usuellement des jugements « idéologiques ». C'est en fait à l'histoire même de la physique au sein de notre culture que nous renvoie le choix de Boltzmann, et, en particulier, à l'exceptionnelle signification intellectuelle et spéculative qui lui a été conférée depuis ses origines.

Peut-être, à cet égard, la lecture du *Nom de la rose* d'Umberto Eco nous en apprend-elle plus, à propos de l'originalité de la science née en Europe il y a moins de quatre siècles, que bien des traités d'épistémologie. Elle nous plonge en effet au cœur de la « turbulence culturelle » de la fin du Moyen Age. Comme nous le verrons, les physiciens décrivent aujourd'hui un régime turbulent par la portée longue des corrélations qui rendent chaque point du milieu turbulent sensible à ce qui se produit en d'autres points. Un peu de la même manière, Eco nous montre les implications à longue portée des problèmes qui agitaient la pensée médiévale. Que pouvons-nous connaître du monde ? Que nous apprend un nom ? Une connaissance générale peut-elle nous donner la vérité d'un individu ? La recherche d'indices peut-elle suffire à nous guider dans le labyrinthe des phénomènes ? De telles questions, nous rappelle-t-il, éveillaient des résonances dans les domaines les plus divers, de la politique à l'éthique, à l'esthétique, à la religion, et réciproquement.

Nul ne s'étonne que le passé de la géologie et ceux de la biologie ou de l'astronomie aient été marqués par leurs rapports avec ce que la religion définissait comme savoir révélé. La place de la Terre dans le monde, son âge, l'apparition des espèces vivantes, l'identité même de l'homme ont renvoyé à l'activité du Dieu créateur avant de devenir objets d'investigation scientifique. Mais il est bien plus curieux de constater qu'une question apparemment technique comme la question de savoir si la collision entre deux corps doit être comprise à partir de leur élasticité, ou bien au contraire à partir de leur dureté, a pu être mise en relation avec la question du rôle de Dieu ou de la liberté humaine.

C'est pourtant ce que nous montre la célèbre correspondance entre Leibniz et Clarke, porte-parole de Newton. Cet échange de lettres[1], qui commença en 1715 et s'acheva à la mort de Leibniz, associe inextricablement des registres que tout épistémologue sérieux chercherait à maintenir séparés. Théorie politique : quel est le meilleur prince, celui dont les sujets sont assez disciplinés pour qu'il n'ait pas à intervenir, ou celui qui intervient au contraire sans cesse ? Théologie : comment comprendre le miracle ? comment différencier les interventions actuelles de Dieu dans le monde de l'ensemble des événements qui découlent de l'acte initial de création ? Ethique : l'acte libre est-il un acte sans motif ou susceptible de se déterminer contre les motifs les plus forts, ou bien suit-il toujours l'inclination la plus forte, même si nous ne sommes pas conscients de tous les motifs qui nous inclinent à tel ou tel choix ? Cosmologique : en quel sens l'espace est-il infini ? le monde a-t-il été créé en un instant donné, ou le temps est-il relatif à l'existence du monde ? Physique : les « forces actives » (ce que nous appelons aujourd'hui l'énergie, cinétique et potentielle) diminuent-elles d'elles-mêmes ou bien se conservent-elles ? lorsque deux corps mous se heurtent et s'immobilisent, leur « force » est-elle détruite, ou bien s'agit-il seulement d'une apparence, la force s'étant en fait dissipée dans les parties menues des corps ?

Entre toutes ces questions, Leibniz et Clarke établissent des communications. Toutes tournent en effet, comme les deux protagonistes le soulignent, autour d'un même enjeu : la portée et la validité du principe de raison suffisante que Leibniz veut sans limites et que Clarke entend réduire à la seule transmission purement mécanique du mouvement (à l'exclusion même des accélérations relatives aux forces newtoniennes d'interaction).

On est surpris de constater, à la lecture de ces textes, à quel point Newton, qui contrôlait de près la présentation de sa pensée par Clarke, fut peu « newtonien ». C'est Leibniz qui défend ce que nous appellerions la « vision newtonienne » du monde. Et c'est Newton-Clarke qui affirment que chaque action donne un *nouveau* mouvement, un mouvement qui n'existait pas auparavant et ne peut être compris à partir de la conservation de la cause dans l'effet[2]. Leibniz parle d'un monde en « mouvement perpétuel », d'un monde où causes et effets s'entr'engendrent perpétuellement sans qu'on puisse jamais dire que l'Univers a reçu une nouvelle force, c'est-à-dire qu'un corps a gagné de la force sans qu'un autre en ait perdu tout autant. Newton-Clarke parlent de la nature comme d'un « travailleur perpétuel », ils la disent transie par une puissance qui la transcende, ils évoquent des forces d'interaction qui ne sont pas soumises à une loi de conservation mais qui traduisent l'action perpétuelle de Dieu, auteur actuel d'un monde dont il ne cesse de nourrir l'activité.

L'idée que l'Univers comme totalité échappe aux affections du devenir n'est pas en soi une idée neuve. On la retrouve notamment chez Giordano Bruno, où elle est synonyme de perfection infinie : « L'Univers est donc un, infini et immobile... Il ne se meut pas d'un mouvement local, parce que rien n'existe hors lui vers quoi il puisse se porter, étant entendu qu'il est tout. Il ne génère pas lui-même, parce qu'il n'y a aucune autre chose qu'il puisse désirer ou rechercher, étant entendu qu'il contient tous les êtres. Il n'est pas corruptible, puisque rien n'existe hors lui en quoi il puisse se changer, étant entendu qu'il est toutes choses. Il ne peut diminuer ni s'accroître, étant entendu qu'il est infini... Il ne peut être altéré en aucune façon, puisqu'il n'a rien d'extérieur par quoi il puisse pâtir et dont il pourrait être affecté[3]. »

Cependant, l'Univers tel que Bruno le décrit ici est conçu de manière purement négative : rien de ce qui est susceptible d'affecter un être fini ne peut l'affecter. Au contraire, Leibniz et Clarke en arrivent à faire tourner leurs arguments à propos de l'Univers autour de la question de savoir si un observateur plus doué que nous-mêmes pourrait retrouver, dans les parties menues des corps, le mouvement qui semble s'être perdu lors d'une collision. C'est là la singularité de la physique telle que nous la connaissons encore aujourd'hui : les discussions de type « métaphysique » ne se superposent pas arbitrairement à des questions proprement scientifiques, mais dépendent de celles-ci de manière cruciale. La possibilité de telle mesure, de telle expérience, fût-elle de pensée, est susceptible de symboliser et de mettre à l'épreuve les enjeux de pensée les plus vastes et les plus ambitieux. Si les collisions sont l'occasion de « pertes » de force, du nouveau se produit dans la nature, soutenaient Newton-Clarke contre Leibniz. Si, par expérience de pensée, on inverse simultanément les vitesses de molécules d'un gaz, il remontera vers son passé, et donc la flèche du temps n'est qu'une illusion, dut reconnaître Boltzmann. Et, dans le cas où Einstein aurait pu opposer à Bohr une expérience de pensée où la position et la vitesse puissent être simultanément mesurées, c'est tout à la fois la structure des équations quantiques et les implications philosophiques que Bohr leur attribuait qui auraient été bouleversées.

Max Jammer a comparé les discussions entre Bohr et Einstein à la correspondance entre Leibniz et Clarke : « Dans les deux cas, ce fut le heurt de deux conceptions philosophiques diamétralement opposées à propos des problèmes fondamentaux de la physique ; dans les deux cas, ce fut un heurt entre deux des plus grands esprits de leur époque ; et, de même que la fameuse correspondance entre Leibniz et Clarke (1715-1716) — “ peut-être le plus beau monument que nous ayons des combats littéraires ” (Voltaire) — ne fut qu'une brève manifestation de la profonde divergence d'opinions entre Newton et Leibniz, les discussions entre Bohr et Einstein dans le salon de l'hôtel Métropole à Bruxelles furent seulement le point culminant d'un débat qui se poursuivit pendant de nombreuses années, même si ce ne fut pas sous la forme d'un dialogue direct. En fait, il se perpétua même après la mort d'Einstein (le 18 avril 1955), car Bohr admit à diverses reprises qu'il continuait en esprit à discuter avec Einstein et que chaque fois qu'il réfléchissait à une question physique fondamentale, il se demandait ce qu'Einstein en aurait pensé. Et le dernier dessin de Bohr au tableau noir de son bureau du château de Carlsberg, qu'il traça le soir précédant sa mort (le 18 novembre 1962), fut le schéma de la boîte à photons d'Einstein, associée à l'un des problèmes majeurs soulevés lors de sa discussion avec Einstein [4]. »

On se demande souvent quelles influences culturelles ont marqué la pensée d'Einstein, ou celle de Bohr, et pourraient expliquer leurs divergences. Mais, au-delà de ces divergences, la passion de leurs discussions, la signification émotionnelle et intellectuelle qu'ils attachaient tous deux à la question de savoir quel type d'accès la physique ouvre à la réalité, font d'eux des descendants de ce Guillaume de Baskerville mis en scène par Umberto Eco. On peut sans doute parler d'une rationalité scientifique « universelle », mais l'héritage spécifiquement occidental tient peut-être à ce que les sciences ne s'y sont pas développées seulement comme un jeu intellectuel ou comme une source de pratiques utiles, mais comme une recherche passionnée de vérité. Quelles que soient les précautions épistémologiques dont on puisse entourer ce terme, quels que soient les autres facteurs qui conduisent à en relativiser la portée (recherche du pouvoir, du prestige, de la puissance économique, etc.), il reste ce fait historique : la science née en Occident n'aurait pas été ce qu'elle est si n'y avait été associée la conviction qu'elle ouvre le chemin à une intelligibilité du monde. Au-delà de leur opposition, Bohr et Einstein appartenaient à la même culture, celle dont procède également *La Nouvelle Alliance* et celle qui réunit, au-delà de leurs divergences, un Jacques Monod, un René Thom, un Bernard d'Espagnat. Accepter cette tradition, la charge de signification qu'elle confère à la science, les relations à la fois étroites et difficiles que celle-ci se trouve de ce fait entretenir avec la philosophie, ne signifie pas affirmer que cette tradition est supérieure à d'autres, mais la reconnaître comme un héritage qui nous situe.

Qu'est-ce donc que comprendre le monde ? Dans ses Mémoires, Heisenberg se souvient d'une visite au château de Krönberg en compagnie de Bohr, et d'une réflexion de ce dernier : « N'est-il pas étrange que ce château soit tout autre dès que l'on imagine que Hamlet y a vécu ? En tant que scientifiques, nous croyons qu'un château consiste en ses seules pierres, et nous admirons la manière dont l'architecte les a assemblées. Les pierres, le toit vert, avec sa patine, les bois taillés de l'église forment le château. Rien de tout ceci ne devrait être changé par le fait que Hamlet a vécu ici, et pourtant tout en est changé. Soudain, les murs et les remparts parlent un tout autre langage... Pourtant, tout ce que nous savons vraiment de Hamlet est le fait que son nom apparaît dans une chronique du XIIIe siècle... Mais chacun connaît les questions que Shakespeare lui a fait poser, les profondeurs humaines qu'il a été conçu pour révéler ; ainsi lui aussi devait trouver une place sur terre, ici à Krönberg[5]. »

Comment ne pas reconnaître, dans cette méditation de Niels Bohr, ce qui fut le leitmotiv de sa vie scientifique : l'inséparabilité de la question de la réalité et de celle de l'existence humaine ? Qu'est-ce que le château de Krönberg, indépendamment des questions que nous lui posons ? Les mêmes pierres peuvent nous parler des molécules qui les composent, des strates géologiques dont elles proviennent, peut-être des espèces disparues qu'elles contiennent à l'état de fossiles, des influences culturelles subies par l'architecte qui construisit le château, ou des questions qui poursuivirent Hamlet jusqu'à sa mort. Aucun de ces savoirs n'est arbitraire, mais aucun non plus ne nous permet d'esquiver la référence à celui pour qui ces questions prennent sens.

C'est peut-être dans le dialogue entre Einstein et le poète et philosophe indien Tagore que nous trouvons l'expression la plus pure du débat entre les deux conceptions de la vérité et de l'objectivité qui sous-tendent la discussions d'Einstein et de Bohr. Au cours de ce dialogue, Einstein fut amené à conclure que lui-même était plus religieux que son interlocuteur. Face à Tagore, Einstein défendait la conception d'une réalité indépendante de l'esprit humain, de l'existence même des hommes, sans laquelle la science n'aurait pas de sens. Jamais, reconnaissait-il, il ne serait possible de prouver qu'une vérité scientifique a une objectivité « supra-humaine », et c'était donc là une forme de croyance religieuse, une croyance indispensable à sa vie. Tagore, au contraire, définissait la réalité que vise la vérité, qu'elle soit d'ordre scientifique, éthique ou philosophique, comme relative : « le papier a une réalité, infiniment différente de la réalité de la littérature. Pour le type d'esprit que possède la mite qui dévore le papier, la littérature est absolument inexistante, mais, pour l'esprit de l'homme, la littérature a une plus grande valeur de vérité que le papier lui-même. De même, s'il existe une vérité dépourvue de relation sensible ou rationnelle avec l'esprit humain, elle restera néant aussi longtemps que nous resterons des humains[6]. » Pour lui, la vérité était ainsi processus perpétuel, et, par définition, ouvert, de réconciliation entre l' « esprit humain universel » — c'est-à-dire l'ensemble des questions, des intérêts, des significations à quoi les hommes sont ou peuvent devenir sensibles — et l'esprit tel qu'il est confiné en chaque individu.

Depuis son origine, l'idéal de connaissance qu'Einstein décrivit à Tagore hante la physique. Si nous pouvions définir la cause « pleine » et l'effet « entier », disait déjà Leibniz, notre connaissance rejoindrait en perfection la science que Dieu a du monde. Et, aujourd'hui encore, René Thom en vient à définir comme indépassable la référence au Dieu du déterminisme, Dieu d'un monde « où il n'y a pas de place pour l'informalisable[7] ». Ce choix métaphysique de la physique s'est traduit par de multiples références à un Dieu qui ne joue pas aux dés, selon Einstein, qui connaît simultanément la position et la vitesse d'une particule, selon Planck — ou aux démons ; celui de Laplace, susceptible de calculer le passé et le futur de l'Univers à partir de l'observation de l'un quelconque de ses états instantanés ; celui de Maxwell, capable d'inverser l'évolution irréversible associée à la croissance de l'entropie en manipulant chaque molécule individuelle.

Mais peut-on aujourd'hui encore assimiler ce choix métaphysique à l'idéal de la connaissance scientifique ? Pourquoi affirmer comme nécessaire cette dangereuse proximité entre raison et déraison qui conduit la physique à identifier comme idéal de connaissance le fantasme d'un savoir coupé de ses propres racines ? C'est donc dans la direction définie par Tagore que nous nous orientons. L'objectivité scientifique n'a pas de sens si elle aboutit à rendre illusoires les rapports que nous entretenons avec le monde, à condamner comme « seulement subjectifs », « seulement empiriques » ou « seulement instrumentaux » les savoirs qui nous permettent de rendre intelligibles les phénomènes que nous interrogeons. Einstein disait que le fait que le monde se révèle compréhensible est un miracle incompréhensible. Mais que la compréhension du monde en vienne à nier ce qui la rend possible, à ramener ses propres conditions à une approximation pratique, voilà qui n'est plus un miracle, mais une absurdité !

La tradition qui confère à la physique sa signification intellectuelle et affective se définit par une question passionnée, non par une réponse. C'est pourquoi elle donne son sens à une histoire ouverte, et ne nous enferme pas dans une vérité qui ne laisserait d'autre choix que la fidélité ou la désertion. En particulier, l'idéal d'une compréhension du monde qui élimine totalement celui qui le décrit, et qui maintient au cœur de la physique la référence à Dieu, seul capable de donner sens à la connaissance du « réel en soi », n'a pas pour alternative une conception du savoir purement pragmatique. Que notre connaissance ne puisse être pensée sans référence à la relation que nous entretenons avec le monde n'est pas en soi synonyme de limite, de renoncement. Comme nous tenterons de le montrer, ce peut être aussi la source de nouvelles exigences de cohérence et de pertinence, l'ouverture à de nouvelles interrogations qui donnent un sens positif à la multiplicité des relations qui nous situent dans ce monde.

En particulier, au choix métaphysique d'affirmer le déterminisme ne s'oppose pas la résignation à l'indéterminisme, mais bien le choix de faire face à la question du temps, de créer, avec les moyens renouvelés que nous fournit la science contemporaine, les questions et les modes d'intelligibilité qui lui donnent sens. Et, comme on le verra, c'est précisément en intégrant dans la notion même de loi scientifique une contrainte qui nous situe, qui distingue le type de connaissance que nous pouvons avoir des phénomènes, de celle, toute mythique, qui renverrait à la figure d'un être infiniment omniscient, que la physique peut aujourd'hui donner sens à ce temps sans lequel son existence serait inconcevable.

De ce point de vue, il est remarquable que Leibniz, celui-là même qui déchiffra dans la physique de son époque le rôle majeur du principe de raison suffisante, et qui fit du déterminisme l'idéal d'une science où le savoir humain conviendrait avec le savoir divin, ait également été celui qui montra pourquoi et comment cet idéal pouvait devenir inaccessible, illusoire et stérile.

Soit l'âne de Buridan confronté à deux prés également tentants. Soit Adam hésitant à manger la pomme interdite. Pouvons-nous prévoir quel pré l'âne choisira ? Pouvions-nous, connaissant Adam avant son péché, prévoir qu'il céderait à la tentation et désobéirait aux ordres divins ? Et Adam lui-même, se connaissant aussi bien que nous voulons l'imaginer, le pouvait-il ? Non, répond Leibniz[8]. Le choix spontané de l'âne, l'acte libre d'Adam ne peuvent être réduits à des illusions. Certes, Dieu sait, mais ce savoir ne nous est pas refusé pour des motifs contingents, qui pourraient être dépassés par un progrès futur de la connaissance. Nous ne pouvons prévoir ni le choix de l'âne, ni celui d'Adam, parce que, pour les prévoir, il nous faudrait disposer d'une connaissance positivement infinie. Quelle que soit la somme des informations que nous puissions accumuler à propos d'Adam avant son choix, du moment que ces informations restent finies, c'est-à-dire qu'elles peuvent s'exprimer par des nombres ou par des mots, nous en arriverons à la définition d'un Adam « vague », compatible avec une infinité d'Adams individuels susceptibles de destins divergents, de pécher ou de résister à la tentation.

La liberté leibnizienne au sein d'un monde régi en droit par la raison suffisante n'est pas une illusion, mais une vérité pratique qui traduit de manière rigoureuse et indépassable la distance, que seul

Dieu est susceptible de franchir, entre l'être, qui enveloppe l'infini, et notre connaissance, par nature finie. Si nous pensons agir spontanément, sans motif ou en dépit de tout motif rationnel, c'est que ce que nous appelons « motif » est relatif à notre connaissance, à ce que nous pouvons concevoir de manière distincte. Et aucun progrès de cette connaissance ne pourra vider de son sens l'expérience pratique de notre liberté, car même si le champ de notre connaissance distincte tendait vers l'infini, jamais il n'accéderait, au terme de la série, à l'infini qu'implique notre être individuel et la moindre de nos actions.

L'affirmation leibnizienne de l'irréductibilité pratique de la liberté humaine appartient au champ philosophique. La physique contemporaine ne peut évidement suivre Leibniz sur le plan éthique où il se situe lorsqu'il affirme que dans un monde régi par la raison suffisante nous pouvons, nous, vivre libres et nous adresser à l'autre en tant qu'être libre, puisque nous savons que ni lui ni nous ne pouvons prévoir comment nous sommes déterminés à agir. En revanche, le chemin inventé par Leibniz pour créer une articulation intelligible, entre l'expérience de la liberté des hommes (ou de la spontanéité des animaux) et le monde de la raison suffisante, se trouve aujourd'hui pouvoir être répété à propos d'objets bien plus humbles, qui appartiennent au champ propre de la physique, et conduire au problème physique de l'irréversibilité. Si nous savons qu'aucune connaissance, si détaillée soit-elle, ne nous permettra de prévoir la face sur laquelle un dé tombera, vaut-il mieux maintenir l'affirmation selon laquelle ce dé suit « malgré tout » une loi déterministe, ou bien tenter de formuler sa description sur un mode qui respecte et rende intelligible le type de comportement auquel il doit son existence en tant qu'instrument des jeux de hasard ? Le coup de dé brise alors, nous le verrons, la symétrie du temps, et définit l'avenir commun à lui-même et à nous qui attendons son issue.

La démarche de Leibniz, explorant les contraintes auxquelles est soumise toute connaissance finie, quelle qu'elle soit, fut guidée par une exigence de cohérence, par la recherche d'une articulation entre savoirs apparemment contradictoires. C'est également une exigence de cohérence qui caractérise le renouvellement des interrogations de la physique contemporaine. Cette exigence s'enracine dans la transformation profonde qu'a connue la physique au cours de ce siècle et qui a mené tout à la fois à son éclatement en des langages multiples et à la découverte de perspectives inattendues, grosses, nous semble-t-il, d'un nouvel idéal d'intelligibilité. L'histoire de cette transformation est marquée par trois périodes.

La première de ces périodes a vu l'élaboration des grands schémas conceptuels qui prévalent toujours : relativité, restreinte et générale, mécanique quantique. Ces schémas ont été perçus par les physiciens comme le couronnement de l'ambition à laquelle ils identifiaient la physique : découvrir, au-delà des phénomènes, la transparence d'un monde rationnel.

Pourtant, par-delà cette continuité, il convient de noter l'apparition d'un élément essentiellement nouveau : la signification prise par les constantes universelles, c, la vitesse de la lumière, et h, la constante de Planck. L'Univers d'Einstein ne renvoie pas à un point de vue unique. Il est peuplé d'observateurs fraternels situés dans des référentiels en mouvement les uns par rapport aux autres; l'objectivité n'y peut naître que d'une entreprise commune d'échange d'informations. Et cet échange est soumis à une contrainte : nul être physique ne peut transmettre une information à une vitesse supérieure à celle de la lumière. Quant à la constante de Planck, h, qui lie les aspects corpusculaires et ondulatoires de l'être quantique, elle nous contraint à renoncer à la moitié des prédicats qui permettaient de définir la particule classique. Nul ne peut, dans l'Univers quantique, attribuer de manière simultanée des valeurs bien déterminées à des variables, telles la position et la vitesse, qui étaient toutes deux nécessaires pour définir objectivement une particule classique.

En ce sens, on peut dire que la formulation du second principe par la thermodynamique a joué un rôle de précurseur par rapport aux grands schémas conceptuels de la physique du XXe siècle. Le second principe met lui aussi en scène une contrainte autour de laquelle s'organise la thermodynamique : les processus irréversibles échappent au contrôle en ce qu'il est impossible d'en inverser le cours, de recréer les différences qu'ils ont nivelées. Pourtant, cette analogie est restée dissimulée. Alors que la relativité et la mécanique quantique s'identifiaient aux grands triomphes de la physique du XXe siècle, le second principe est resté synonyme d'impuissance : ce sont *nos* limites qui nous rendraient incapables de lutter contre le nivellement progressif des différences, contre le processus de dégradation qui condamne toute chose et mène notre Univers à la mort.

Une série de découvertes absolument inattendues, ouvrant des perspectives insoupçonnées, marque l'origine de la seconde période. L'une est certainement celle de l'instabilité des particules élémentaires et de leur complexité. Loin de retrouver, au-delà des phénomènes à notre échelle, un monde qui échappe au temps, c'est un monde actif, au sein duquel des particules se créent et disparaissent à chaque instant, qui s'est imposé à la surprise des physiciens. Une autre découverte inattendue est celle du caractère historique de l'Univers. La troisième est la découverte des structures de non-équilibre qui renversaient le dogme assimilant la croissance de l'entropie et le désordre moléculaire. Rétrospectivement, on peut dire que cette seconde période a vu la découverte d'un monde de processus, de création, de destruction, d'évolution, bien éloigné du monde régi par des lois intemporelles qui constituait l'idéal de la physique classique.

Réunir dans une nouvelle cohérence les perspectives créées par la physique du XXe siècle, voilà qui définit ce que nous appellerons la « troisième période » de la physique de ce siècle, celle au seuil de laquelle nous nous situons et à laquelle cet essai est consacré.

CHAPITRE III

Quel regard sur le monde ?

Depuis l'époque où Leibniz et Newton discutaient du mouvement qui commence ou non « de lui-même », la question n'a cessé de se poser : peut-on *rendre compte* de la nouveauté sans la réduire à une simple apparence, peut-on expliquer le changement sans le nier, sans le ramener à l'enchaînement du même au même ? Cette question est aujourd'hui plus présente que jamais. Au XIXe siècle, la vie, les différentes espèces, l'existence des hommes et de leurs sociétés ont été conçues comme produits de l'évolution. Aujourd'hui, en cette fin du XXe siècle, rien ne semble plus désormais susceptible d'échapper à ce mode d'intelligibilité, ni la matière, ni même l'espace-temps. Non seulement les étoiles naissent, vivent et meurent, mais l'Univers lui-même a une histoire à laquelle renvoient les particules élémentaires qui ne cessent de se créer, de disparaître et de se transformer. Cette découverte de l'évolution partout où se pensaient des conditions atemporelles rend d'autant plus paradoxale la notion classique d'intelligibilité qui domine aujourd'hui encore notre conception des « lois de la nature ».

Comment comprendre un événement, produit d'histoire et porteur de nouvelles possibilités d'histoire, comme celui de l'apparition de la vie, si les lois de la physique ne permettent pas de donner un sens à l'idée d'histoire ? Jacques Monod[1] a eu le grand mérite d'affronter cette question dans toute sa radicalité. Pour lui, l'apparition des vivants est un fait qui ne contredit bien sûr pas les lois de la physique, mais que celles-ci ne peuvent rendre intelligible. « Notre numéro est sorti au jeu de Monte-Carlo », et, de cet événement unique, les lois de la physique peuvent seulement dire la probabilité infime, quasi nulle. Mais le problème va plus loin encore : l'existence même d'un Univers actif, différencié, semble un défi au second principe, identifié à l'évolution vers un état d'équilibre uniforme et inerte.

« Pourra-t-on un jour vaincre le second principe ? » : telle est la question que des hommes posent de génération en génération, de civilisation en civilisation, à l'ordinateur géant imaginé par Isaac Asimov dans *The Last Question*[2]. Et l'ordinateur répond imperturbablement : les données sont insuffisantes. Des milliards d'années s'écoulent, les étoiles, les galaxies meurent, mais l'ordinateur, désormais directement attaché à l'espace-temps, continue à rassembler les données manquantes. Bientôt aucune ne peut plus être recueillie, rien « n'existe plus » que l'innommable chaos, mais l'ordinateur, lui, continue à calculer, à construire des corrélations. Et, finalement, il tient la réponse. Nul n'est plus là pour l'apprendre mais l'ordinateur sait maintenant comment vaincre le second principe. Et la lumière fut...

Comme l'apparition de la vie pour Jacques Monod, la naissance même de l'Univers est donc assimilée à un événement anti-entropique, « anti-naturel », une victoire du savoir sur les lois de la nature.

Le récit d'Asimov, la loterie cosmique invoquée par Jacques Monod appartiennent cependant au passé. Il n'est plus nécessaire, aujourd'hui, de penser que les événements auxquels nous devons notre existence se situent en dehors des « lois » de la nature. Car ces lois ne s'opposent plus à l'idée d'une évolution authentique, mais s'avèrent au contraire, ainsi que nous allons le voir à présent, répondre aux *exigences minimales nécessaires* pour penser une telle évolution.

La première de ces exigences, presque une tautologie, est certainement l'irréversibilité, la *brisure de symétrie entre l'avant et l'après.* Mais cela n'est pas suffisant. Un pendule dont le mouvement s'amortit progressivement, la Lune dont la période de rotation sur elle-même a diminué jusqu'à coïncider avec sa période de rotation autour de la Terre, ou une réaction chimique qui s'arrête à l'état d'équilibre, peuvent difficilement prétendre illustrer ce que nous entendons par évolution.

Une seconde exigence est donc que nous puissions donner un sens à la notion d'*événement.* Un événement ne peut, par définition, être déduit d'une loi déterministe : il implique, d'une manière ou d'une autre, que ce qui s'est produit « aurait pu » ne pas se produire, il renvoie donc à des possibles que nul savoir ne peut réduire. Le mode d'intelligibilité des possibles en tant que tels, et des événements qui décident entre ces possibles, est par définition la description probabiliste. Cependant, les lois probabilistes, en elles-mêmes, ne sont pas encore suffisantes. Toute histoire, toute narration implique des événements, implique que ceci se soit produit qui aurait pu ne pas arriver, mais elle n'a d'intérêt que si ces événements sont *porteurs de sens*. Une succession de coups de dés ne se raconte pas, sauf si certains des coups ont des conséquences significatives : le dé n'est l'instrument d'un jeu de hasard que si *le jeu a un enjeu.*

Chacun connaît la comptine à propos du clou qui manqua au fer dont la perte immobilisa le cavalier, dont l'absence détermina la défaite lors d'une bataille qui provoqua la chute d'un empire... C'est là un exemple caricatural du type de question qui fascine tout amateur d'histoire et qui constitue le thème privilégié des « voyages dans le temps » imaginés par la science-fiction : que se serait-il passé si... ? Cette question désigne toujours une problématique de changement d'échelle. Une modification apparemment insignifiante aurait-elle pu changer le cours de notre histoire ? La troisième exigence minimale est donc que certains événements soient susceptibles de *transformer le sens* de l'évolution qu'ils scandent, c'est-à-dire, réciproquement, que cette évolution soit caractérisée par des mécanismes ou des relations susceptibles de donner un sens à l'événement, d'engendrer, à partir de lui, de nouvelles *cohérences.*

La théorie darwinienne illustre les trois exigences minimales que nous venons de poser : d'irréversibilité, d'événement, de cohérence. L'irréversibilité va sans dire, puisqu'elle existe à tous les niveaux, depuis la naissance et la mort des individus jusqu'à l'apparition de nouvelles espèces auxquelles correspondent de nouvelles niches écologiques créant de nouvelles possibilités d'évolution. Qu'en est-il de l'événement ? L'événement marquant, celui que la théorie darwinienne doit rendre intelligible, est l'apparition d'une nouvelle espèce. Mais cet événement renvoie lui-même à une population fluctuante de micro-événements : ce que nous appelons une espèce n'est que statistiquement homogène ; chaque population est constituée d'individus plus ou moins différents les uns des autres, et chaque naissance constitue donc un « événement », l'apparition d'un individu nouveau. La création d'une nouvelle espèce signifie que, parmi ces micro-événements, certains ont pris sens : certains individus se sont caractérisés par un taux de reproduction plus élevé que les autres, et leur multiplication a progressivement transformé l'identité de l'espèce et la relation des membres de cette espèce avec leur environnement. La sélection naturelle constitue donc le mécanisme grâce auquel des différences sans cesse fluctuantes peuvent changer d'échelle, engendrer une véritable différence, la transformation du profil moyen de la population.

L'évolution darwinienne ne constitue évidemment qu'un modèle, non la vérité de toute histoire. Mais toute histoire contient, comme le modèle darwinien, l'irréversibilité, l'événement et la possibilité pour certains événements, en certaines circonstances, d'acquérir une signification, d'être au point de départ de nouvelles cohérences. Comprendre une histoire, ce n'est la réduire ni à des régularités sous-jacentes, ni à un chaos d'événements arbitraires, c'est comprendre à la fois cohérences et événements : les cohérences en tant qu'elles peuvent résister aux événements, vouer ceux-ci à l'insignifiance, ou, au contraire, être détruites ou transformées par certains d'entre eux ; les événements en tant qu'ils peuvent ou non faire advenir de nouvelles possibilités d'histoire.

Il est clair que la thermodynamique définie au XIXe siècle autour de la notion d'évolution irréversible vers l'équilibre ne remplit pas ces exigences. Le seul événement auquel elle puisse donner sens est la préparation initiale d'un système loin de l'équilibre, et ce qu'elle décrit est la manière dont cet événement devient insignifiant : le système oublie la particularité de son origine pour évoluer vers un état que quelques variables suffisent à décrire.

Comment expliquer le changement de signification qu'a connu, au cours de ces vingt dernières années, la notion d'irréversibilité ? Comment est-il possible que le second principe ait cessé de s'identifier à la disparition de toute activité, de toute différence, et puisse participer aujourd'hui à la compréhension d'un monde intrinsèquement évolutif ?

Le second principe, tel qu'il fut énoncé par Clausius, avait certes pour objet ce que nous pouvons appeler l'activité physico-chimique de la matière. Les réactions chimiques, les phénomènes de transport, de diffusion, de propagation, qui correspondent à des évolutions à entropie croissante, ne peuvent être idéalisés comme des processus réversibles, contrairement au mouvement du pendule par exemple. Toute réaction chimique marque une différence entre le passé et le futur, se produit dans la direction de notre futur. De même, c'est dans la direction de notre futur, non dans celle de notre passé, que la chaleur diffuse d'un point plus chaud vers un point plus froid.

Cependant, le second principe, au sens de Clausius, définissait cette activité d'un point de vue très particulier : en tant que, dans certaines conditions, elle mène inévitablement à sa propre disparition, c'est-à-dire à l'état d'équilibre.

Comment envisager de manière plus générale l'activité physicochimique productrice d'entropie ?

L'état d'équilibre peut être défini comme un exemple particulier d'*état stationnaire,* c'est-à-dire d'état dont l'entropie ne varie pas au cours du temps. Toute variation d'entropie au sein d'un système thermodynamique peut être décomposée en deux types de contribution : l'*apport* « extérieur » d'entropie, qui mesure les échanges avec le milieu et dont le signe dépend de la nature de ces échanges, et la *production* d'entropie, qui mesure les processus irréversibles au sein du système. C'est cette production d'entropie que le second principe définit comme positive ou nulle. A l'état stationnaire, par définition, la production d'entropie est compensée en permanence par l'apport d'entropie lié aux échanges avec le milieu : le système est le siège d'une activité permanente, productrice d'entropie, qui est maintenue au prix d'échanges continuels avec le milieu. L'état d'équilibre correspond au cas particulier où les échanges avec le milieu ne font pas varier l'entropie et où la production d'entropie est donc elle aussi nulle.

L'état stationnaire permet donc de caractériser l'activité productrice d'entropie en tant que telle, et non pas dans la seule perspective de sa disparition à l'équilibre. L'étude des états stationnaires suffit à dissocier le second principe de l'idée d'évolution vers le « désordre », l'inertie, l'uniformité. Considérons l'expérience de thermodiffusion *(fig. 1).* Nous avons deux enceintes reliées par un canal et remplies d'un mélange de deux gaz, par exemple de l'hydrogène et de l'azote. Nous partons d'une situation d'équilibre : les deux enceintes sont à la même température, à la même pression, et contiennent le même mélange homogène des deux gaz. Etablissons maintenant une différence de température entre les deux enceintes. L'écart à l'équilibre que constitue cette différence de température ne peut être maintenu que si celle-ci est nourrie par un flux de chaleur qui compense les effets de la diffusion thermique : une enceinte est chauffée en permanence alors que l'autre est refroidie. Or, l'expérience montre que, couplé au processus de diffusion de chaleur, se produit un processus de *séparation des deux gaz.* Lorsque le système aura atteint son état stationnaire, tel que, pour un flux de chaleur donné, la différence de température ne varie plus au cours du temps, il y aura plus, disons, d'hydrogène dans l'enceinte chaude, et plus d'azote dans l'enceinte froide, la différence de concentration étant proportionnelle à la différence de température.

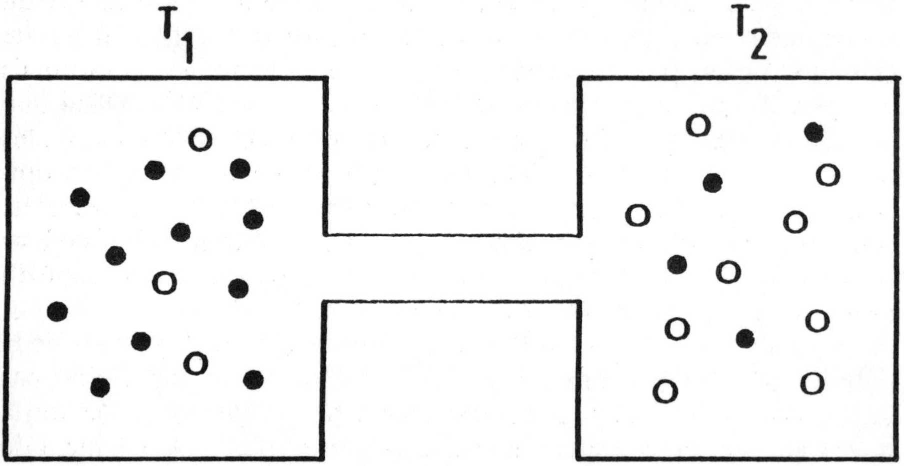

Fig. 1 : Lorsqu'une différence de température est imposée entre les deux enceintes, le mélange contient plus de molécules « blanches » dans l'enceinte de droite, plus de molécules « noires » dans l'enceinte de gauche. La différence de concentration est proportionnelle à la différence de température.

Nous voyons que, dans ce cas, l'activité productrice d'entropie ne peut être assimilée à un simple nivellement des différences. Certes, le flux thermique joue ce rôle, mais le processus de séparation des gaz mélangés qui se produit par couplage avec la diffusion est, lui, un processus de création de différence, un processus d' « anti-diffusion » que mesure une contribution *négative* à la production d'entropie.

Ce simple exemple montre à quel point il est nécessaire de nous libérer de l'idée que l'activité productrice d'entropie est synonyme de dégradation, de nivellement des différences. Car, s'il est vrai que nous devons payer un prix entropique pour maintenir à son état stationnaire le processus de thermodiffusion, il est tout aussi vrai que cet état correspond à une création d'ordre. Un nouveau regard devient alors possible : nous pouvons voir le « désordre » produit par le maintien de l'état stationnaire comme ce qui nous permet de créer un ordre, une différence de composition chimique entre les deux enceintes. L'ordre et le désordre se présentent ici non pas comme opposés l'un à l'autre, mais comme indissociables.

Qu'appelons-nous ordre ? Qu'appelons-nous désordre ? Chacun

sait que les définitions varient et traduisent le plus souvent des jugements quant à la beauté, à l'utilité, aux valeurs. Pourtant, ces jugements s'enrichissent aussi de ce que nous apprenons. Longtemps, la turbulence s'est imposée à nous comme l'exemple par excellence du désordre. Au contraire, le cristal est apparu comme la figure de l'ordre. Comme nous le verrons par la suite, nous sommes désormais en mesure de modifier ces jugements. Nous savons aujourd'hui que nous devons comprendre le régime turbulent comme « ordonné » : les mouvements des deux molécules situées à des distances macroscopiques, qui peuvent se mesurer en centimètres, sont en effet corrélés. Au contraire, les atomes qui forment un cristal vibrent autour de leur position d'équilibre de façon incohérente : le cristal est désordonné du point de vue de ses modes d'excitation.

L'exemple de la thermodiffusion pose le problème du « prix » de la création d'ordre. La séparation chimique entre les deux gaz n'est pas un tri opéré une fois pour toutes, mais résulte d'un processus qui a pour prix une création permanente de « désordre », le nivellement de la différence de température qu'entretient le flux de chaleur. Nous retrouvons une articulation similaire dans le métabolisme vivant où la construction des molécules biologiques complexes s'accompagne de la destruction d'autres molécules, la somme des processus correspondant bien entendu à une production d'entropie positive. Mais pouvons-nous prolonger cette idée, là où la thermodynamique ne peut plus nous guider, là où il s'agit notamment des rapports des hommes entre eux et avec la nature ? L'intensification des rapports sociaux que favorise la vie urbaine, par exemple, n'a-t-elle pas été tout à la fois source de gaspillage, de pollution, et d'inventions pratiques, artistiques, intellectuelles ? L'analogie est féconde en ce qu'elle articule ce que nous sommes trop souvent tentés d'opposer, mais elle ne fonde, faut-il le dire, aucun jugement quant aux valeurs respectives de ce qui est créé et détruit, ni surtout ne légitime notre histoire comme nécessaire ou optimale. L'exemple de la physique peut éclairer le problème posé aux hommes, non le résoudre.

Comme nous le verrons au septième chapitre de cet essai, la dualité, créatrice et destructrice, des processus irréversibles, peut également éclairer la question de l'origine de l'Univers. Au sein de cet Univers, pour un « baryon », une particule « lourde », il y a environ 10^8 à 10^9 photons. Ces rares baryons et ces nombreux photons, qui constituent le fameux « rayonnement résiduel de corps noir », sont les produits d'un événement unique au cours duquel ils ont été créés simultanément. Comment ne pas voir là une indication précieuse ? La mort thermique, loin d'appartenir à notre avenir, ne remonterait-elle pas à nos origines ? Les baryons, structures complexes et ordonnées, ne doivent-ils pas leur existence à une formidable explosion entropique dont les photons, produits résiduels inertes, nous permettent de mesurer le coût ?

Revenons à la physico-chimie. Le phénomène de thermodiffusion est un phénomène continu : la séparation des deux gaz est proportionnelle à la différence de température. Mais, en d'autres cas, c'est à des phénomènes brusques, spectaculaires, que nous avons affaire : à l'apparition de nouveaux régimes de fonctionnement, qualitativement différents, qui se produisent à une distance déterminée de l'équilibre, c'est-à-dire à partir d'un seuil d'intensité des processus irréversibles dont le système est le siège.

Nous ne nous attarderons pas ici sur la découverte des structures dissipatives, qui a été largement décrite dans *La Nouvelle Alliance.* Prenons, pour mettre en lumière la surprise qu'elles ont constituée, l'exemple célèbre de l' « instabilité de Bénard ». Une mince couche liquide est soumise à une différence de température entre la surface inférieure, chauffée en permanence, et la surface supérieure, en contact avec l'environnement extérieur. Pour une valeur déterminée de la différence de température, le transport de chaleur par conduction, où la chaleur se transmet par collision entre les molécules, se double d'un transport par convection, où les molécules elles-mêmes participent à un mouvement collectif. Se forment alors des tourbillons qui distribuent la couche liquide en « cellules » régulières.

L'apparition des tourbillons de Bénard traduit un brisement de symétrie spatiale. Avant le seuil d'instabilité, chaque région du système était dans le même état moyen. Il n'en est plus de même après l'instabilité de Bénard : en tel point les molécules montent, en tel autre, elles descendent. Comment cela est-il possible ? Comment les molécules en nombre immense qui constituent la couche liquide peuvent-elles abandonner le mouvement incohérent qui était le leur ? Comment cette foule innombrable et chaotique peut-elle adopter un comportement cohérent, différencié de région en région ?

Loin de l'équilibre, c'est véritablement de nouveaux états de la matière qu'il convient de parler, d'états qui s'opposent à l'ensemble des états d'équilibre. En effet, que l'on parle d'état d'équilibre gazeux, liquide ou cristallin, importe peu ici : tous ont en commun un trait essentiel, qui les distingue des situations de non-équilibre qu'illustrent les tourbillons de Bénard ou la turbulence. Les nouveaux états de non-équilibre de la matière se caractérisent par l'apparition de *corrélations à longue portée*. L'énorme différence d'échelle entre les corrélations de la portée de l'angström (10^{-8} cm), qui caractérisent les états d'équilibre, et les corrélations sur des distances macroscopiques, par exemple de l'ordre du centimètre, qui apparaissent loin de l'équilibre, exprime la différence entre équilibre et non-équilibre.

Qu'est-ce qu'une corrélation ? Alors que la définition des interactions, c'est-à-dire des rapports effectifs entre constituants, fait partie de la définition même d'un système et précède donc, en ce sens, l'étude de ses différents régimes d'activités, les corrélations se définissent relativement à ces régimes : elles permettent de préciser la relation entre « tout » et « parties » qui caractérise chacun d'entre eux. Les parties en question peuvent être tout simplement les différentes régions du système, et on se demandera alors comment tel événement local affecte son voisinage, sur quelle portée et à quel degré. Mais elles peuvent aussi être plus abstraites. Ainsi, le cristal peut être caractérisé en termes de ses modes d'excitation collective (les photons).

Les états d'équilibre sont caractérisés par le fait qu'il existe toujours une représentation, un choix d'unités (les modes d'excitation pour le cristal, les molécules pour le gaz) tel que le comportement de ces unités soit incohérent.

Un milieu loin de l'équilibre, comme celui qui est le siège des tourbillons de Bénard, est caractérisé en revanche par des corrélations intrinsèques à longue portée. Les tourbillons sont un exemple de la cohérence que traduisent ces corrélations : les molécules prises dans un tourbillon ne peuvent plus être définies comme des unités indépendantes les unes les autres.

Une récente expérience de simulation numérique sur ordinateur a permis pour la première fois de visualiser la naissance de tourbillons de ce genre[3]. La simulation met en scène 5 040 disques durs susceptibles de se mouvoir et d'entrer en collision dans un milieu à deux dimensions. Deux « bords » opposés de la boîte sont maintenus à des températures différentes (une sphère qui heurte un de ces bords le quitte avec une nouvelle vitesse déterminée à partir de la distribution des vitesses caractéristique de la « température » de ce bord). Les disques sont d'autre part soumis à une force externe constante dans la direction opposée au gradient thermique, et qui figure la force de gravitation. Au départ, la position des molécules est aléatoire, et la distribution de leurs vitesses répond à la distribution d'équilibre correspondant à la température locale *(fig. 2-A)*.

La simulation permet de « voir » ce que signifie l'apparition de corrélations à longue portée : la naissance d'un comportement macroscopique nouveau qui n'a pas pour origine de nouvelles interactions élémentaires, mais se réfère à la population comme telle, à ce que les unités élémentaires font « ensemble ». Lorsque la différence de température est inférieure à la différence critique *(fig. 2-B)*, on voit de petits tourbillons se former, subsister pendant quelque temps, puis se défaire. En revanche, dans des conditions correspondant au point critique *(fig. 2-C)*, les tourbillons qui sont apparus après quelques milliers de collisions ne se défont plus, mais deviennent de plus en plus prononcés, « recrutent » un nombre de plus en plus grand de « molécules », jusqu'à organiser l'ensemble du milieu.

La simulation « montre » donc la compétition entre l'agitation thermique des molécules et la contrainte imposée au système. Dès qu'une différence de température est imposée, elle entraîne l'apparition de tourbillons, mais, en dessous du seuil critique, ceux-ci restent temporaires, finissent par être détruits par l'agitation thermique. Au-dessus du seuil, au contraire, ils se trouvent stabilisés.

Il est difficile, sans formules mathématiques, d'expliquer en termes moléculaires ce que signifie l'apparition de corrélations à longue portée dans le cas de ces tourbillons. En revanche, dans le cas des systèmes chimiques loin de l'équilibre, la situation est plus intuitive[4]. Dans ce cas, la contrainte globale porte sur la composition chimique du système, plus précisément sur l'écart entre cette composition et celle qui correspondrait à l'équilibre. Nous pouvons considérer chacune des collisions réactionnelles comme un « événement » rare par rapport aux collisions « browniennes » qui ne cessent de se produire, et chercher à le caractériser du point de vue de ses conséquences. Chaque collision réactionnelle a pour conséquence une variation locale des concentrations chimiques, crée une différence. Ainsi, si une molécule A donne deux molécules X, cet événement a pour conséquence locale l'existence de « plus » de molécules X dans cette micro-région. Toute la question est alors de savoir si cette différence sera diluée, immédiatement compensée par la réaction inverse, comme c'est le cas à l'état d'équilibre chimique, ou si elle pourra entraîner un effet.

Prenons le cas où les flux qui écartent le système de l'équilibre entraînent une domination de la réaction « A donne 2 X » sur son

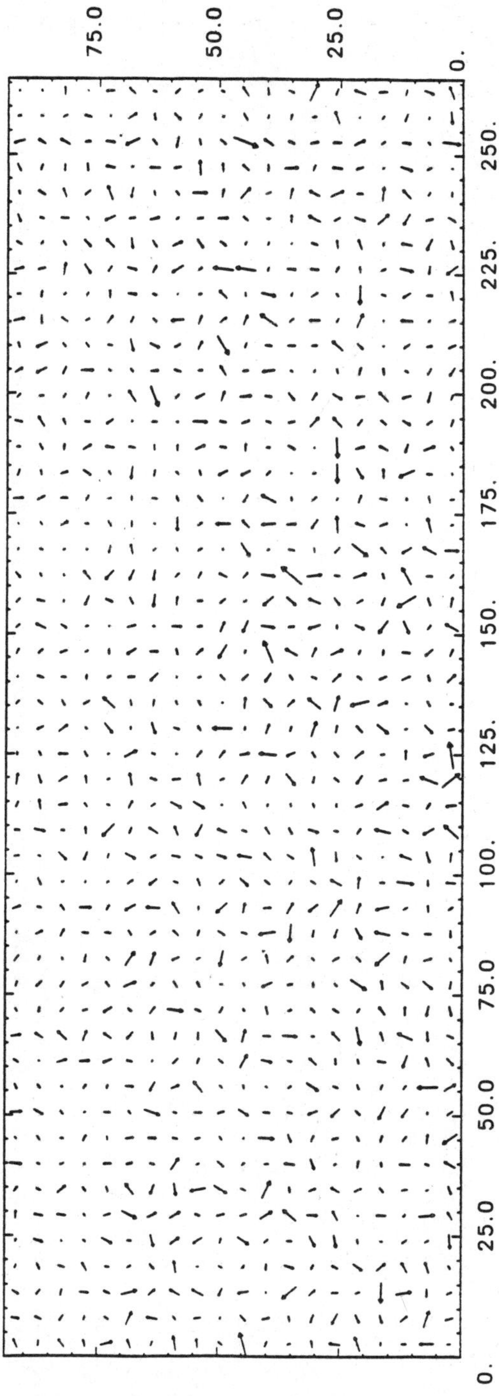

Fig. 2-A : Etat du système après un temps d'évolution égal au temps moyen de collision. Chaque flèche indique la vitesse moyenne des sphères dans l'une des 1000 « boîtes » qui divisent l'espace. La distribution de ces vitesses est localement aléatoire.

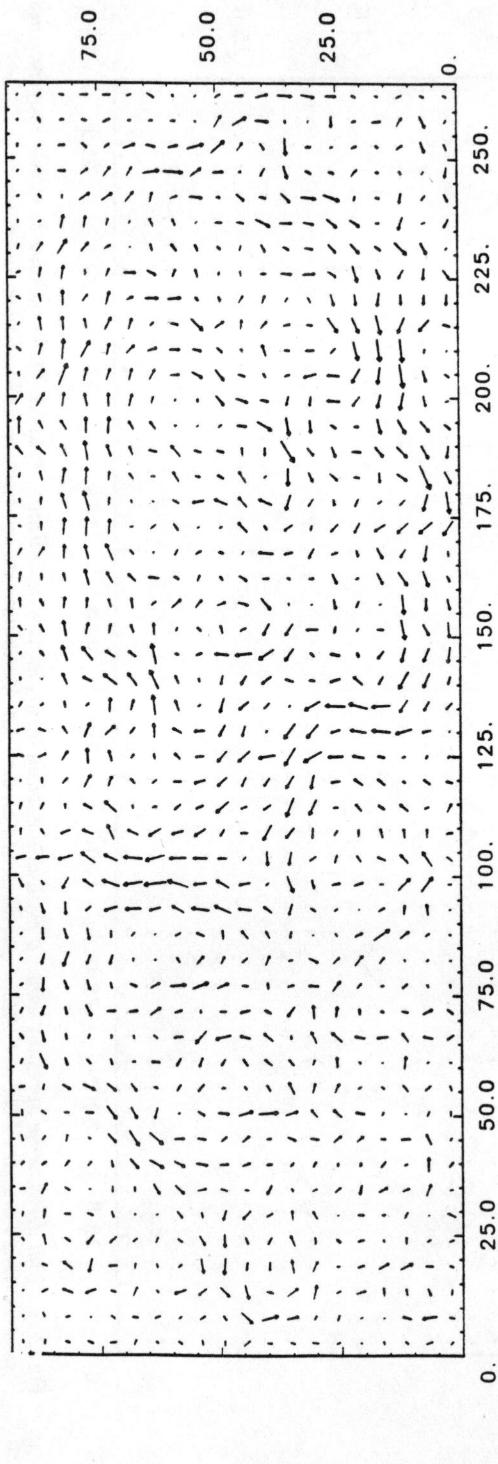

Fig. 2-B : Distribution des vitesses moyennes après 12 millions de collisions dans des conditions simulant une différence de température inférieure à la différence critique. Les tourbillons sont présents mais ne forment pas des structures macroscopiques stables.

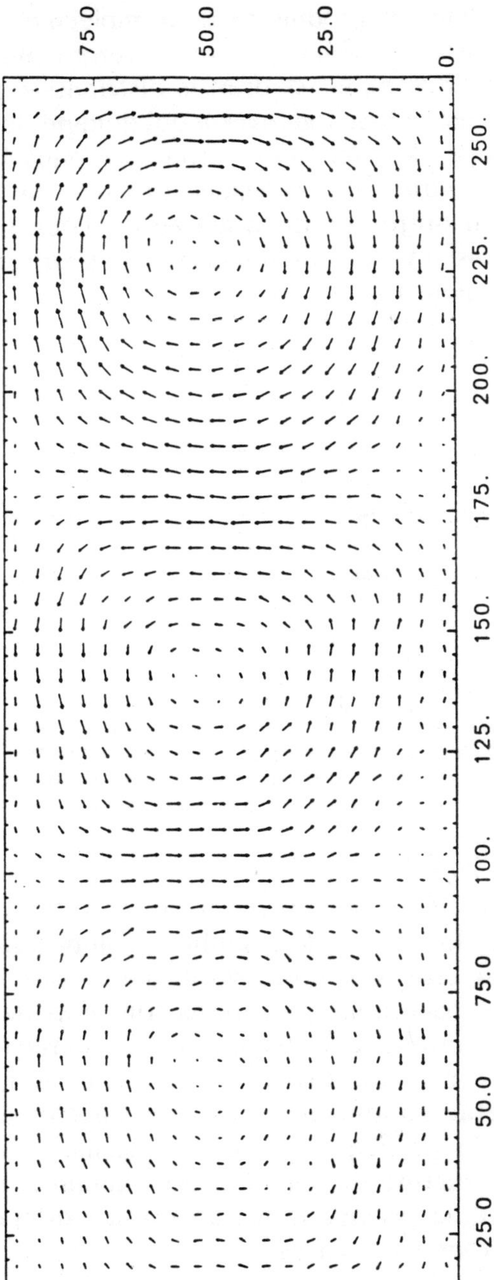

Fig. 2-C : Distribution des vitesses moyennes après 12 millions de collisions pour une différence de température supérieure au seuil critique.

inverse. Chaque réaction produisant deux molécules de X dans la même région de système, celles-ci se retrouveront plus rapprochées les unes des autres que ne le voudrait la distribution moyenne. Au contraire, quand c'est la réaction inverse qui domine, les molécules X seront plus éloignées les unes des autres que dans la distribution « désordonnée » : toutes les molécules proches ont en effet des chances de se rencontrer et de disparaître. Tout se passe donc « comme si », dans un cas, les molécules X s'attiraient, et, dans l'autre, se repoussaient *(fig. 3)*.

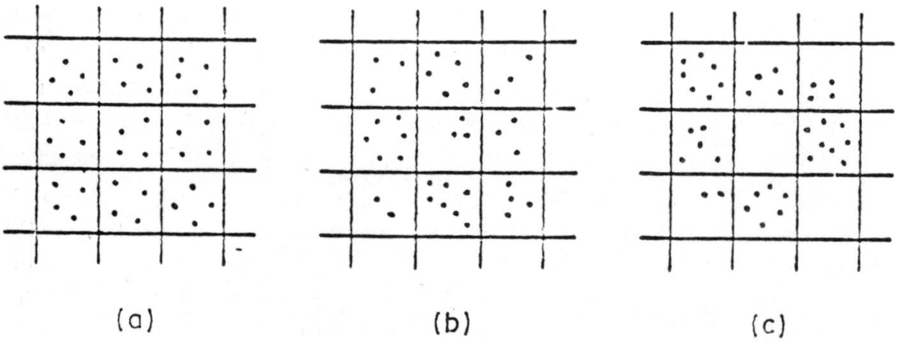

Fig. 3 : Lorsque la réaction 2 X→A *domine tout se passe comme s'il existait une interaction répulsive entre les molécules X (3-a). Lorsque les deux réactions se font équilibre, nous avons une distribution normale, dite de Poisson (3-b). Lorsque la réaction* A→2 X *domine tout se passe comme s'il existait une attraction entre les X (3-c).*

Tout mécanisme de réaction chimique non linéaire (du type A⇆2X) entraîne donc, hors de l'équilibre, l'apparition de corrélations. Mais, pour que ces corrélations aient des conséquences spectaculaires, des conditions plus fortes sont nécessaires, à savoir l'existence de réactions *catalytiques* (« autocatalyse » de type A + 2X→3X, « cross-catalyse » de type A + X→2Y ; B + Y→2X). L'état stationnaire peut alors devenir instable à une distance déterminée de l'équilibre, et le système peut adopter un régime d'activité structuré (de type horloge chimique, par exemple). Dans un tel régime, le système forme un « tout » dont chaque partie est « sensible » à toutes les autres.

Loin de l'équilibre, les processus irréversibles sont donc source de *cohérence.* L'apparition de cette activité cohérente de la matière —

les « structures dissipatives » — nous impose un nouveau regard, une nouvelle manière de nous situer par rapport au système que nous définissons et manipulons. Alors qu'à l'équilibre et près de l'équilibre, le comportement du système est, pour des temps suffisamment longs, entièrement déterminé par les conditions aux limites, nous devrons désormais lui reconnaître une certaine autonomie qui permet de parler des structures loin de l'équilibre comme de phénomènes d' « auto-organisation ».

Prenons d'abord un terme comme celui de « contrainte ». Le flux de chaleur ou de matière qui entretient l'écart à l'équilibre est une « contrainte » en ce que, sans lui, le système évoluerait vers l'équilibre. Près de l'équilibre, cette contrainte que nous imposons suffit à déterminer l'activité du système : l'état stationnaire correspond en effet à l'activité minimale compatible avec la contrainte qui maintient le système hors de l'équilibre (c'est le théorème de production d'entropie minimum formulé par l'un d'entre nous en 1945). On peut donc dire, pour un processus comme celui de la thermodiffusion, par exemple, que la différence thermique imposée au système « explique » l'activité de celui-ci. Il n'en va pas de même au-delà du seuil d'instabilité. Ainsi, les tourbillons de Bénard sont plus coûteux en entropie que l'état stationnaire, devenu instable, qui correspondrait à la même différence de température : la chaleur est transportée plus rapidement de la surface inférieure vers la surface supérieure, et il faut donc nourrir le système par un flux de chaleur plus intense pour maintenir une même différence de température. Dans ce cas, il est difficile de dire que la contrainte de non-équilibre impose au système son activité. Celle-ci s'organise spontanément *à partir de* cette contrainte.

La modification du rapport entre l'activité du système et les conditions qui la déterminent va plus loin. Nous allons montrer comment, à partir des notions de *sensibilité,* d'*instabilité* et de *bifurcation,* elle ouvre la physique au problème de l'évolution.

Pour introduire la notion de sensibilité, prenons un premier exemple qui nous renverra aux tourbillons de Bénard[5]. Alors que, dans un système à l'équilibre, l'effet de la gravitation sur une couche de liquide est tout à fait insignifiant, elle joue un rôle crucial dans un phénomène d'instabilité comme celui de Bénard. En effet, les tourbillons de Bénard traduisent en quelque sorte la « contradiction » entre la gravitation et le gradient de température : celui-ci entraîne une densité plus faible dans la partie plus basse, c'est-à-dire plus chaude, de la couche liquide, alors que la gravitation entraîne une répartition inverse de la densité.

Un système physico-chimique peut donc devenir *sensible,* loin de l'équilibre, à des facteurs négligeables près de l'équilibre. Utiliser dans ce contexte un terme comme celui de « sensibilité » n'implique pas de projection anthropomorphique, mais signifie un *enrichissement de la notion de causalité.* Les systèmes loin de l'équilibre ne subissent pas la force de gravitation à la manière d'un corps pesant, leur comportement n'est pas soumis à une relation *générale* de cause à effet. La relation causale est ici réciproque : c'est l'activité du système qui « donne sens » à la gravitation, qui l'intègre de manière spécifique à son propre régime de fonctionnement, et la gravité rend alors ce système capable de nouvelles structures, de nouvelles différenciations.

La notion de « sensibilité » lie ce que les physiciens avaient l'habitude de séparer : la définition du système et son activité. Pour définir un système à l'équilibre, on peut négliger le fait qu'il se trouve dans le champ gravitationnel terrestre, mais cette approximation n'est plus possible loin de l'équilibre. C'est donc l'activité du système qui impose de transformer sa définition. Dès lors, on ne peut plus parler, comme c'était le cas pour l'équilibre, d'un système « manipulable » parce que entièrement déterminé par ses « conditions aux limites », c'est-à-dire par les rapports qu'il entretient avec son milieu et que nous pouvons modifier à volonté. C'est l'activité intrinsèque du système qui détermine comment nous devons décrire son rapport à l'environnement, qui engendre donc le type d'intelligibilité qui sera pertinente pour comprendre ses histoires possibles.

On retrouve la notion de sensibilité associée à celle d'*instabilité,* puisqu'il s'agit, dans ce cas, de la sensibilité du système à lui-même, aux fluctuations de sa propre activité. Ici encore, c'est de l'activité du système que dépend la pertinence de nos modes de représentation. Nous pouvons décrire un système à l'équilibre à partir des seules valeurs moyennes des grandeurs qui le caractérisent, parce que l'état d'équilibre est stable par rapport aux incessantes fluctuations qui perturbent ces valeurs, parce que ces fluctuations sont vouées à la régression. C'est pourquoi nous pouvons également définir ces systèmes comme contrôlables : dans un système physico-chimique, la valeur moyenne du flux d'énergie ou de matière, et l'ensemble des conditions aux limites, relèvent du choix de l'expérimentateur, mais non pas le fait qu'en tel instant, telle collision réactive ait lieu ou que tel petit tourbillon se forme dans une couche mince de liquide.

La représentation que nous construisons à propos d'un système renvoie donc certes à nos possibilités de manipulation, mais sa pertinence est relative à la stabilité du système par rapport à ce que nous ne pouvons manipuler, au fait que les événements incontrôlables restent ou non insignifiants. Le fait que tel ou tel événement puisse « prendre sens », cesser d'être un simple bruit dans le tumulte insensé de l'activité microscopique, introduit en physique cet élément narratif dont nous avons dit qu'il était indispensable à une véritable conception de l'évolution. Et l'histoire de la vie peut sans doute être lue, au moins en partie, comme l'histoire d'une démultiplication de la « sensibilité », comme l'incorporation, par l'organisme vivant *actif,* d'interactions faibles qui deviennent autant d'*informations* tissant ses rapports à son monde.

Revenons au problème de l'instabilité. Que se passera-t-il si... ? Que se serait-il passé si... ? Ce ne sont pas là seulement des questions d'historien, mais aussi de physicien face à un système qu'il ne peut plus se représenter comme manipulable et contrôlable. Ces questions ne renvoient pas à une ignorance contingente et surmontable, mais définissent la singularité des *points de bifurcation.* En ces points, le comportement du système devient instable et peut évoluer vers plusieurs régimes de fonctionnement stables. En de tels points, une « meilleure connaissance » ne nous permettrait pas de déduire ce qui arrivera, de substituer la certitude aux probabilités.

L'étude du point de bifurcation le plus simple, celui où un état devient instable alors que deux autres états stables possibles émergent symétriquement, suffit à montrer le caractère irréductible de la situation probabiliste : il existe une chance sur deux de trouver le système, après le point de bifurcation, dans l'un ou l'autre des deux régimes d'activité possibles. Il est certes possible de briser la symétrie des deux régimes. Ainsi, dans certains cas, le champ gravitationnel suffit à déterminer un choix privilégié, et donc à rétablir une possibilité de prévision quasi-déterministe *(fig. 4).* Cependant, le phénomène reste essentiellement aléatoire, dans la mesure où ce n'est pas une amélioration de notre connaissance des mécanismes d'interaction, des conditions initiales, de toutes les particularités du système qui permet de vaincre le hasard, mais une modification de la structure du diagramme des bifurcations. C'est donc ce diagramme, représentation de la coexistence et de l'articulation des possibles, qui détermine, dans chaque cas, ce qui pourra être prévu et ce dont nous pouvons

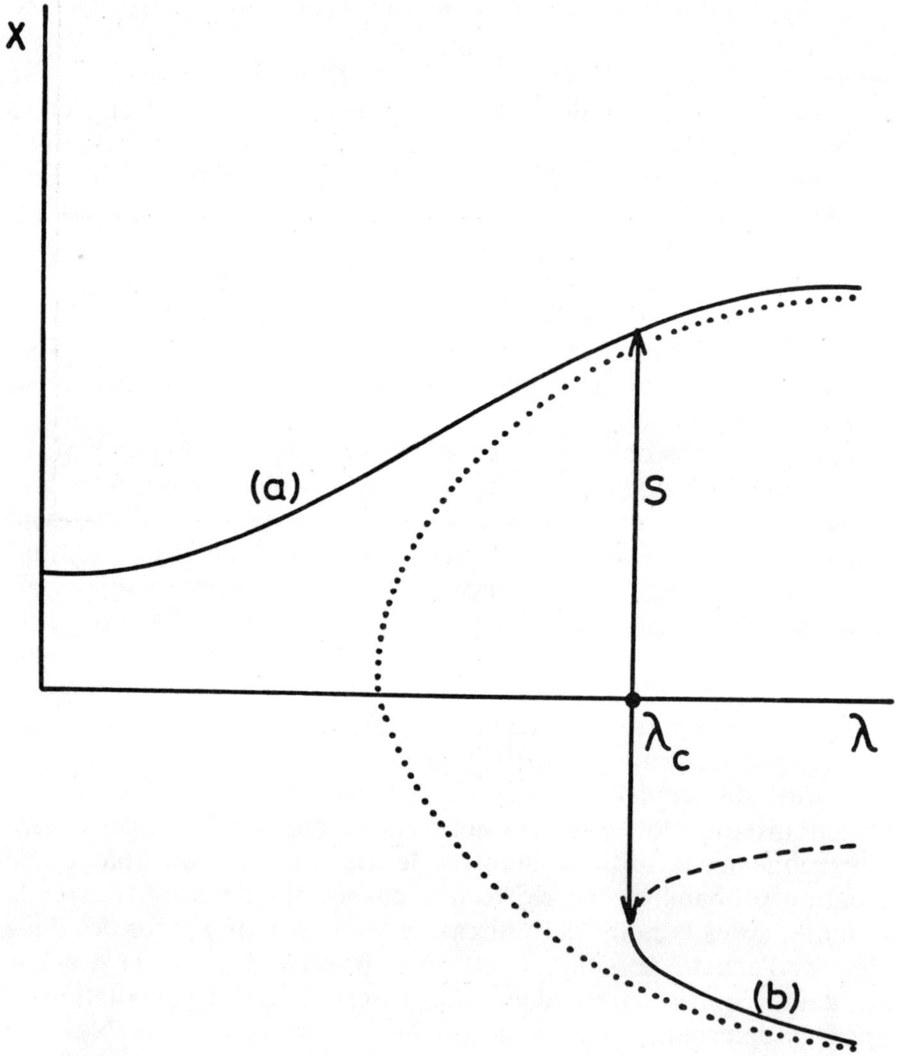

Fig. 4 : Phénomène de bifurcation « assistée » en présence d'un champ extérieur (gravitationnel par exemple). La concentration X, caractérisant le régime d'activité du système, est représentée en fonction du paramètre λ mesurant l'écart à l'équilibre. La ligne pointillée représente la bifurcation symétrique entre les régimes (a) et (b) qui aurait existé en l'absence du champ. En présence de ce dernier, le régime (a) émerge de façon continue alors que le régime (b) ne peut être atteint que par une perturbation finie à partir de $\lambda = \lambda_c$.

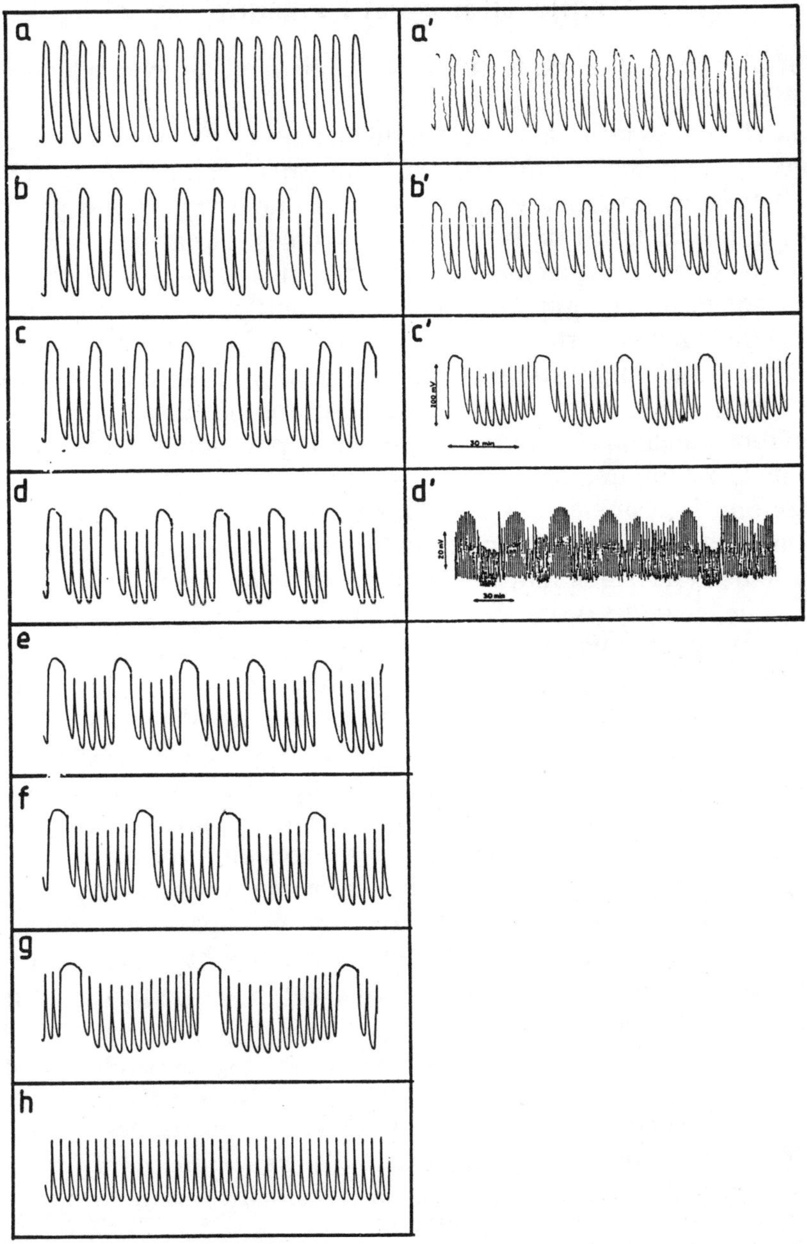

Fig. 5 : Variation temporelle du « potentiel d'électrode » (mesurant l'état chimique du milieu réactionnel) pour la réaction « chlorite-thiosulfate »[6]*. Pour la même réaction chimique, se produisant à des concentrations et dans des conditions de flux différentes, le système peut connaître (de a à h) des oscillations périodiques complexes et finalement une oscillation de relaxation (5-h), ou bien (de a' à d') des oscillations apériodiques (chaotiques).*

savoir à priori que nous pourrons seulement le constater et le raconter.

La théorie des bifurcations est actuellement en pleine croissance, et beaucoup de noms y sont associés, notamment celui de René Thom dont la théorie des catastrophes a constitué une première classification importante des types de bifurcation possibles. Nous savons aujourd'hui qu'un même système peut, au fur et à mesure que l'on fait croître son écart à l'équilibre, traverser de multiples zones d'instabilité *(fig. 5)* où son comportement se transformera de manière qualitative. Il pourra notamment atteindre un régime chaotique où son activité peut être définie comme l'inverse du désordre indifférent qui règne à l'équilibre : aucune stabilité n'assure plus la pertinence d'une description macroscopique, tous les possibles s'actualisent, coexistent et interfèrent, le système est « en même temps » tout ce qu'il peut être.

Nous venons d'esquisser la description des nouvelles notions qu'articule la physique loin de l'équilibre et du nouveau regard que les physiciens, au cours de ces dernières années, ont appris à porter sur le monde des processus physico-chimiques. Dès *La Nouvelle Alliance,* nous avions affirmé que ce nouveau regard constitue la promesse d'un renouvellement de la cohérence culturelle que les idéaux de connaissance à laquelle s'identifiait la physique classique avaient contribué à détruire. Comment concevoir cette promesse ? Non certes comme celle d'un retour en arrière, vers une conception unifiée et rassurante, qui substituerait au cosmos statique des Grecs un « cosmos évolutif » tout aussi transparent à l'intelligence humaine. C'est pourquoi nous avons caractérisé la notion d'évolution non pas en termes de « concepts » qui seraient censés *répondre* à nos questions, mais en termes d'exigences minimales, de conditions sans lesquelles le *problème* ne peut être posé.

Nous avons montré comment la physique pouvait désormais remplir ces exigences minimales. Cependant, elle n'en constitue pas pour autant *la* science modèle, au sens où les concepts créés par les physiciens pourraient « s'appliquer » à d'autres sciences ou y trouver leur équivalent. Tout au contraire, la transformation de la physique brise la notion de « science modèle ».

Cette notion de science modèle était liée à ce qui constituait le titre de gloire de la physique classique : la découverte, au-delà du changement, de lois invariantes. Toute science se trouvait alors jugée par sa distance à cet idéal, sommée de se penser comme « pré-scientifique », encore soumise à l'anecdotique, à l'apparence, ou de se rallier à un contre-modèle affirmant par exemple, face à l'objectivité scientifique, l'intentionnalité ou les valeurs qui sont le propre du sujet. Aujourd'hui, les physiciens sont amenés à transformer l'idéal qui les guidait, c'est-à-dire à le situer et à l'utiliser comme un instrument dont il s'agit de comprendre les limites. Comprendre, c'est tout aussi bien comprendre pourquoi l'état d'équilibre est stable, pourquoi il permet de définir un système comme soumis à celui qui le manipule, que comprendre pourquoi, loin de l'équilibre, cette définition de l'objet physico-chimique doit être abandonnée alors que de nouveaux concepts — ceux de corrélation, d'instabilité, de sensibilité, de bifurcation — deviennent pertinents. Loin de proposer aux autres sciences une vision unique, le physicien découvre dans son propre domaine une réalité multiple à laquelle il ne peut donner sens sans reconnaître, du même coup, la diversité irréductible des problèmes qui se posent aux autres sciences.

Prenons par exemple une notion comme celle de sensibilité. Comme nous l'avons vu, elle implique que la définition des rapports d'un système à son environnement est relative au régime d'activité de ce système. A quoi un être est-il sensible ? Par quoi peut-il être affecté ? De quoi ses relations avec son monde le rendent-elles capable ? De telles questions prennent déjà sens pour des « êtres » aussi simples que les systèmes physico-chimiques. Mais comment ne se poseraient-elles pas avec plus d'urgence encore à ceux qui étudient les êtres vivants, doués de mémoire, capables d'apprendre et d'interpréter ? Comment ne trouveraient-elles pas un sens plus crucial encore lorsqu'il s'agit des hommes que le langage rend sensibles à l'indéfinie multiplicité de leurs passés, des avenirs qu'ils peuvent craindre ou espérer, des lectures divergentes et éclatées du présent ? Les sciences ne sont-elles pas elles-mêmes l'un des vecteurs de cette sensibilité ? Pour les hommes d'aujourd'hui, le « Big Bang » et l'évolution de l'Univers font partie du monde au même titre que, hier, les mythes d'origine. Comment juger à priori ce qu' « est » l'homme, ce que sont les concepts pertinents pour définir son identité, si déjà l'identité d'un système physico-chimique est relative à son activité ?

De même, la question de l'événement, des circonstances qui lui permettent de se propager, de prendre sens, d'être occasion de transformation qualitative, est commune à toutes les sciences qui traitent de populations, de modes d'être « ensemble ». Il est frappant de constater que les théories sociales et politiques, mais aussi les révolutionnaires, les créateurs de mode, les techniciens de la publicité, etc., sont confrontés à la même question : qu'est-ce qu'une instabilité ? Comment la favoriser, ou, au contraire, s'en prémunir ? Mais la situation est ici bien plus complexe qu'en physique : contrairement aux molécules, les hommes se souviennent, imaginent, établissent ou inventent des corrélations, bref, sont susceptibles de se poser le problème de ce qu'ils vivent. Les « circonstances » prennent donc des significations démultipliées et intègrent même les récits ou les analyses par lesquels nous essayons de les interpréter. Les relations non linéaires, dont les physiciens ont compris le rôle crucial en physique, sont ici non seulement omniprésentes, mais susceptibles d'enchevêtrer les points de vue locaux, les visions globales, les représentations divergentes du passé, du présent et de l'avenir. Comment alors chercher à ignorer la singularité des questions que pose l'histoire des hommes ?

Telle est la promesse de cohérence que nous lisons dans le devenir de la physique. Non pas une unité qui nous permettrait de comprendre le « sujet » et l' « objet » dans les mêmes termes, de ramener l'évolution biologique, voire sociale, aux catégories de la physicochimie, mais la possibilité d'une articulation positive entre les sciences, de questions qui ne les referment pas sur leur spécificité, mais les ouvrent à la possibilité de questions auxquelles les autres sciences sont confrontées.

Dans un livre récent[7], Allan Bloom a rappelé la critique adressée par Swift à la rationalité scientifique. En parfaits cartésiens, les habitants de Laputa ont un œil tourné vers le ciel, dont ils déchiffrent les lois mathématiques, et l'autre tourné vers l'intérieur, vers leur subjectivité égoïste. Et l'île volante de Laputa domine la Terre grâce au pouvoir technique fondé sur la découverte des principes physiques. La science serait donc l'alliée naturelle du pouvoir, qui domine ce qu'elle choisit d'ignorer, les hommes qui ne sont ni figures géométriques ni pure subjectivité réflexive.

Le problème soulevé par Swift est grave et n'est pas de ceux qu'une simple transformation théorique peut résoudre. Cependant, nous pouvons dire que la rationalité scientifique ne peut plus être invoquée aujourd'hui pour justifier les scientifiques qui suivent le modèle des habitants de Laputa. Le face à face entre l'objet soumis à des lois intemporelles et le sujet libre, dominant le monde, mais dépouillé des liens multiples qu'il tisse avec lui, ne peut plus désormais se dire « rationnel » au sens où il serait rationnel d'opposer le monde

« vrai », « légal », déchiffré par la science, au monde troublé où vit le scientifique.

L'idéal classique de la science, la découverte d'un monde intelligible mais sans mémoire, sans histoire, renvoie au cauchemar annoncé par Kundera, Huxley et surtout Orwell : en « 1984 », la langue elle-même est coupée de son passé, et donc aussi de sa puissance d'invention des futurs, elle contribue à emprisonner les hommes dans un présent sans recours ni alternative. Ce cauchemar est celui du pouvoir, non plus celui de la rationalité scientifique. Celle-ci ne permet plus de définir la suppression de la mémoire, l'élimination des récits, la réduction de l'imagination comme purifications, prix légitime pour la constitution de la société en objet de science ; elle conduit au contraire à les caractériser comme des mutilations, destructrices de ce que l'on prétend chercher à comprendre.

La culture est foncièrement historique, tissée de récits relatifs au passé, remémoration des événements qui l'ont marquée, et recréation continuelle du sens de ces événements, des possibles qu'ils ouvrent. Ecrivant cet essai, qui est de remémoration et de création de sens, nous participons donc par définition de la culture, et, qui plus est, d'une culture où, ainsi que nous l'avons dit au chapitre précédent, la science a joué depuis l'origine un rôle singulier. La lecture que nous avons faite de la physique loin de l'équilibre, centrée autour de la notion d'évolution, se situe dans cette tradition culturelle. Elle vise à susciter de nouvelles sensibilités, de nouvelles questions, de nouvelles perspectives.

Un « même » monde et un monde irréductiblement multiple : c'est là une idée qui habite notre culture, mais qui restait étrangère aux sciences, prises dans une oscillation stérile entre l'unification, réductionniste ou visionnaire, et l'émiettement autarcique des disciplines. C'est l'idée qui habite ce livre. Comme nous le montrerons au prochain chapitre, centré autour de la notion d'attracteur, l'exploration de ce monde à la fois un et multiple n'en est qu'à ses débuts. De nouveaux concepts, porteurs tout à la fois de rapprochements inattendus et de distinctions insoupçonnées, déstabilisent aujourd'hui les catégories les mieux établies et établissent entre les sciences des voies de communication multiples.

CHAPITRE IV

Du simple au complexe

Comment définir la différence entre le simple et le complexe ? La première réponse qui vient à l'esprit, la réponse traditionnelle, implique la notion de hiérarchie. A un extrême, des objets déterministes et parfaitement intelligibles, tel le pendule. A l'autre, les hommes et leurs sociétés. Entre les deux, l'énigme d'un processus progressif de « complexification », d' « émergence » du complexe à partir du simple. Cependant, la situation que nous découvrons aujourd'hui est bien plus subtile. Où que nous tournions notre regard, c'est à un *mélange* que nous avons affaire, où simple et complexe voisinent sans s'opposer de manière hiérarchique. Ainsi, nous savons désormais que la simplicité apparente du pendule peut dissimuler un monde de complexité. Quant aux sociétés humaines, ne nous présentent-elles pas l'image même de ce mélange, suscitant tout à la fois la notion de « gouvernement », qui implique la possibilité de décrire et de prédire, et d' « histoire », qui renvoie à la création complexe de rapports nouveaux aux implications et aux conséquences peu prévisibles ? Peut-être l'une des leçons les plus intéressantes de la « découverte de la complexité » est-elle donc de nous apprendre à déchiffrer le monde où nous vivons sans le soumettre à l'idée d'une différence hiérarchique entre niveaux.

Afin d'explorer ce renouvellement des rapports entre simple et complexe, nous prendrons pour guide la notion d'*attracteur*. Cette notion, comme nous allons le voir, a pu, dans le passé, être le symbole de l'homogénéité : tous les systèmes soumis à un attracteur semblaient devoir « se ressembler ». Aujourd'hui, la notion d'attracteur symbolise au contraire la diversité qualitative des systèmes dissipatifs.

La notion d'état attracteur renvoie en effet à celle de système

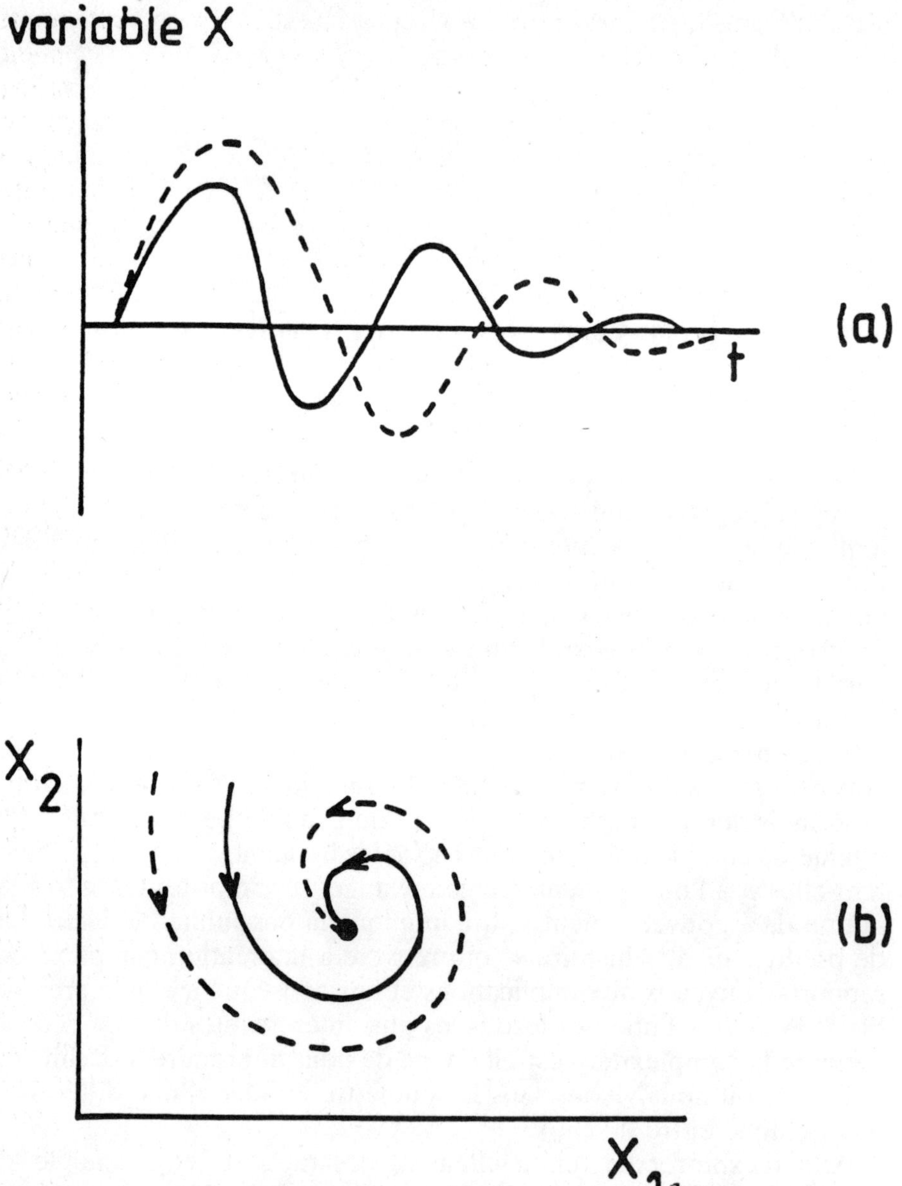

Fig. 6 : Etat attracteur ponctuel caractérisé par deux variables indépendantes, X_1 et X_2 : toutes les évolutions dont est susceptible un système caractérisé par des conditions aux limites données mènent au même état.
La figure (a) représente le comportement du système par deux évolutions temporelles possibles de l'une de ses variables. La figure (b) représente les mêmes évolutions en termes des deux variables du système, X_1 et X_2.

dissipatif, producteur d'entropie. Un pendule idéal, sans frottement, n'a pas d'état attracteur, mais poursuit indéfiniment son mouvement d'oscillation. En revanche, le mouvement d'un pendule réel s'amortit progressivement. Dans le cas du pendule simple, l'existence de l'attracteur que constitue son état d'équilibre (au sens mécanique) permet de caractériser tout mouvement pendulaire réel en toute généralité, sans avoir besoin de le connaître dans sa particularité. Quelles que soient la vitesse et la position initiales d'un pendule, nous savons en effet comment nous pourrons le décrire si nous attendons assez longtemps : il finira par se trouver au repos dans sa position d'équilibre. De même, l'existence de l'attracteur que constitue l'état d'équilibre thermodynamique permet d'affirmer qu'une population de milliards de milliards de particules dans une enceinte isolée évoluera vers un état dont la description ne dépend plus que d'un petit nombre de paramètres observables, tels que température et pression.

Remarquons au passage que la moindre friction transforme donc radicalement la définition du pendule en tant qu'objet physique, nous fait passer, pour un temps suffisamment long, de la description d'un mouvement perpétuel réversible à celle d'une évolution dissipative caractérisée par un état attracteur. C'est là un exemple d' « instabilité structurelle », notion sur laquelle nous aurons l'occasion de revenir à propos de la cosmologie.

Pour nous représenter l'attracteur, introduisons un espace dans lequel cet attracteur est plongé. Cet espace possédera autant de dimensions qu'il faut de variables pour décrire l'évolution temporelle du système. Les états d'équilibre des systèmes dissipatifs correspondent par définition à des attracteurs *ponctuels,* représentés par un point dans cet espace. C'est également le cas pour les systèmes proches de l'équilibre thermodynamique et soumis au théorème de production d'entropie minimum. Dans tous ces cas, quelle que soit la préparation initiale du système, l'évolution de celui-ci — sous des conditions aux limites données — pourra être représentée par une trajectoire menant du point représentant l'état initial vers le point attracteur. Celui-ci domine donc la totalité de l'espace. Tous les systèmes représentés par les mêmes variables indépendantes et soumis aux mêmes conditions aux limites « reviennent au même », connaissent le même destin *(fig. 6).*

La découverte loin de l'équilibre des comportements cohérents, telle l' « horloge chimique », avec sa période temporelle bien déterminée, implique un premier élargissement de la notion d'attracteur. Ici

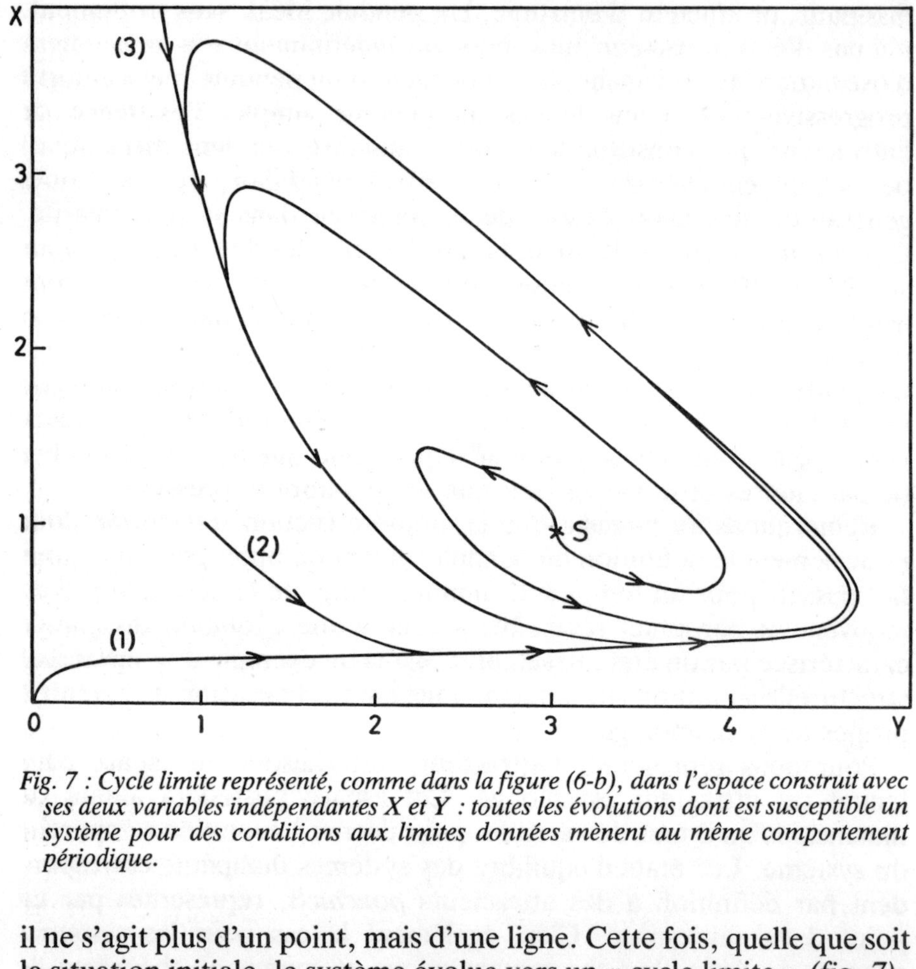

Fig. 7 : Cycle limite représenté, comme dans la figure (6-b), dans l'espace construit avec ses deux variables indépendantes X et Y : toutes les évolutions dont est susceptible un système pour des conditions aux limites données mènent au même comportement périodique.

il ne s'agit plus d'un point, mais d'une ligne. Cette fois, quelle que soit la situation initiale, le système évolue vers un « cycle limite » *(fig. 7)*.

Un système caractérisé par un cycle limite reste un système prévisible, que l'on peut décrire de manière simple. Mais cette simplicité a un caractère inattendu. Nous pouvons nous représenter l'état d'équilibre chimique, imaginer la manière dont une multitude de processus chimiques compensent leurs effets mutuels, comme les morts compensent les naissances dans une population à l'équilibre démographique. Mais l'idée que des milliards de milliards de molécules, n'interagissant que par collisions, agissent pourtant « ensemble » de telle sorte que le milieu réactif devienne par exemple rouge, puis bleu, puis rouge encore, avec une périodicité de l'ordre de la minute, défie l'imagination. C'est là une manifestation spectaculaire des corrélations à longue portée que nous avons discutées au chapitre précédent. Sans l'existence d' « horloges chimiques », dont la plus étudiée est la réaction de Belousov-Zhabotinsky, comment accepter l'idée de cette « simplicité » qui ne résulte plus du chaos indifférent des processus individuels, mais d'une cohérence d'ensemble où ces processus semblent renvoyer à un tout qui, pourtant, ne leur préexiste pas ?

Jusqu'à ces dernières années, on croyait que les seuls attracteurs possibles correspondaient à des variétés continues, telles que lignes, surfaces et volumes. Mais la découverte des « attracteurs étranges » a ouvert des perspectives nouvelles. Les attracteurs étranges ne sont pas caractérisés par des dimensions entières, comme une ligne ou une surface, mais par des dimensions *fractionnaires*. Ce sont ce que, depuis Mandelbrot[1], on appelle des variétés fractales.

Comment une dimension peut-elle être fractionnaire ? En général, une dimension définit tout simplement un être géométrique par le nombre de variables nécessaires pour situer l'un de ses points. Ainsi, sur une ligne, un seul nombre sera nécessaire pour situer un point, deux sur une surface, trois dans un volume, etc. Pourtant, d'autres manières plus abstraites existent pour définir une dimension. Prenons par exemple une ligne dont la longueur mesure un centimètre. Combien de segments d'une longueur de 1/10 cm seront-ils nécessaires pour recouvrir cette ligne ? 10, bien évidemment. Mais combien de carrés dont le côté aurait 1/10 cm seront-ils nécessaires pour recouvrir une surface d'un centimètre de côté ? 100. Et 1 000 dans le cas similaire d'un cube. Ici, on le voit, la dimension apparaît en exposant : $10, 10^2, 10^3$. Cette progression des exposants, nous la retrouverons quelle que soit la longueur u caractérisant la longueur du segment, du côté du carré et de l'arête du cube qui sont nos unités de recouvrement. Nous n'entrerons pas dans les détails techniques de la définition de ce type de mesure, qui implique un passage à la limite où u tend vers zéro. L'essentiel vient d'être dit : lorsque l'on caractérise un être géométrique par le nombre minimal de « cellules » nécessaires à le recouvrir, le calcul de ce nombre définit la dimension comme *puissance* dans la relation unissant le nombre N de ces cellules et leur dimension u. On peut dès lors écrire $N = (1/u)^d$.

Jusqu'ici, il semble que nous n'ayons fait que définir de manière compliquée une idée simple. Pourtant, si nous quittons des êtres géométriques tels que la ligne, le carré ou le cube, pour étudier un être fractal, nous comprendrons la fécondité de cette nouvelle définition. Un exemple classique de fractal est l' « ensemble de Cantor ». Prenons un segment de longueur 1. Divisons-le en trois parties égales et supprimons la partie centrale. Recommençons la même opération : divisons par trois chacun des deux segments et supprimons la partie centrale *(fig. 8)*. L'algorithme peut se répéter indéfiniment et aboutit à la construction d'un ensemble infini et non dénombrable de points non connectés les uns avec les autres. On ne peut plus alors décrire cet ensemble en termes de longueur, mais la technique de recouvrement que nous avons exposée permettra néanmoins de lui attribuer une dimension.

Après la première opération, il est évident que deux segments de longueur 1/3 sont nécessaires pour recouvrir l'être géométrique créé. Après la seconde, il en faut quatre, de longueur 1/9. Après la troisième, huit, de longueur 1/27. Après la énième opération, le nombre N de segments nécessaires est égal à 2^n, et la longueur u de ces segments est égale à $1/3^n$. La dimension d de l'ensemble de Cantor est donc définie, lorsque n tend vers l'infini et u vers zéro, par la relation $2^n = (3^n)^d$; d'où $d = \lg 2/\lg 3$, c'est-à-dire à peu près 0,65. A cet ensemble correspond donc une dimension fractionnaire comprise entre 0, la dimension du point, et 1, celle de la ligne.

De manière similaire, on peut construire dans un espace à deux dimensions des objets de dimension comprise entre 1 et 2, etc.

Beaucoup d'objets dans la nature sont caractérisés par une dimension fractale. Ainsi, un nuage[2] n'est ni un volume ni une surface, mais un être intermédiaire, caractérisé par une dimension comprise entre 2 et 3. Aujourd'hui, les algorithmes fractals sont largement utilisés dans les images de synthèse et permettent de construire avec une facilité et une « fidélité » déconcertantes des formes qui, jusque-là, mettaient au défi l'œil et la main du dessinateur.

La découverte d'attracteurs caractérisés par des dimensions fractionnaires permet de transférer le nouveau regard qu'ont déterminé les fractals de l'espace des formes à celui des comportements temporels. Un attracteur « fractal » sera, comme l'ensemble de Cantor, une structure extraordinairement subtile. Les trajectoires qui le constituent remplissent littéralement une portion de l'espace de leurs plis et replis. Lorsqu'on examine l'un de ces plis à plus grande échelle, on peut y découvrir une nouvelle structure semblable à la première, de pli et de repli, et cela indéfiniment. Alors qu'un attracteur usuel « dominait » l'espace, puisque toutes les trajectoires

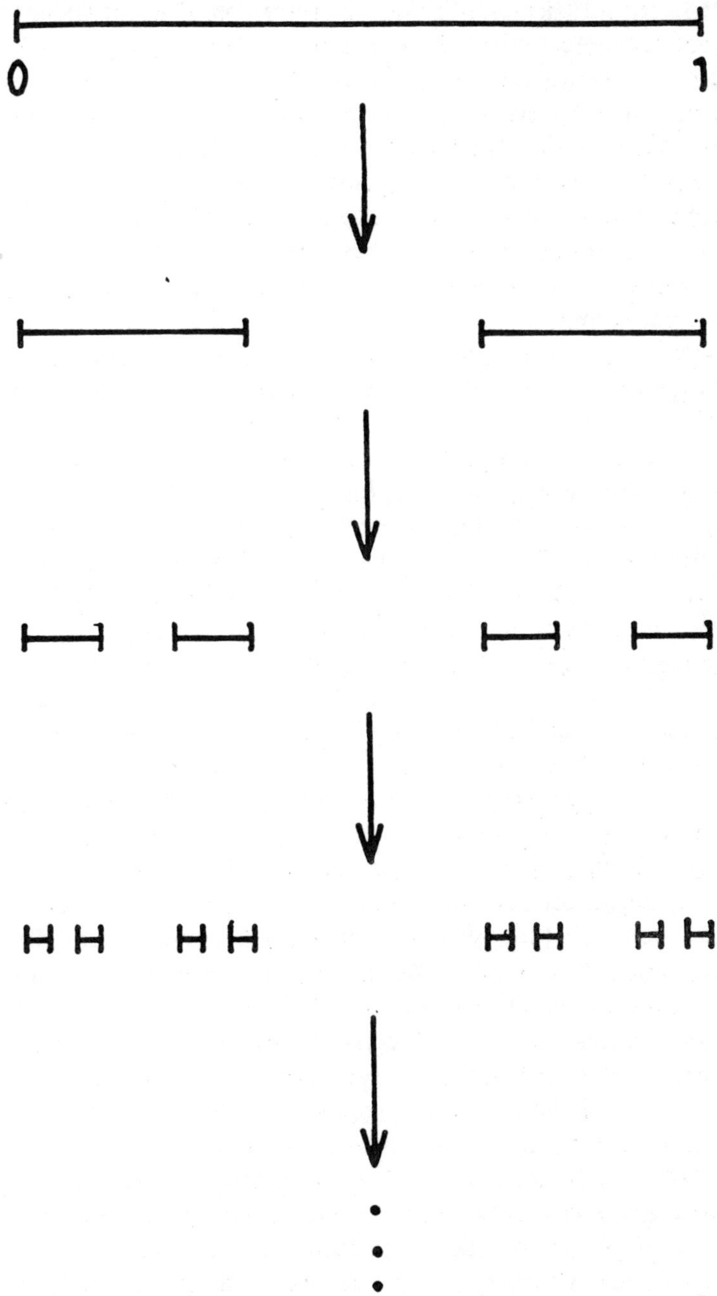

Fig. 8 : Construction de l'ensemble de Cantor.

convergeaient vers lui, les trajectoires qui constituent un attracteur fractal forment une multiplicité indéfinie.

Jusqu'à il y a peu, l'existence d'un attracteur avait été synonyme de stabilité et de reproductibilité : retour au « même » malgré les perturbations, quelles que soient les particularités initiales. Aux nouveaux types d'attracteurs correspondent des comportements « sensibles aux conditions initiales », qui font perdre son sens à la notion de « même ». Dans toute région, aussi petite soit-elle, occupée par l'attracteur fractal, passent autant de trajectoires que l'on veut, et chacune de ces trajectoires connaît un destin différent des autres. En conséquence, des situations initiales aussi voisines que l'on veut peuvent engendrer des évolutions divergentes. La moindre différence, la moindre perturbation, loin d'être rendue insignifiante par l'existence de l'attracteur, a donc des conséquences considérables.

L'idée de cause a toujours été plus ou moins explicitement associée à la notion de « même », nécessaire pour donner à la cause une portée opérationnelle. « Une *même* cause produit, dans des circonstances *semblables,* un *même* effet » ; « si nous préparons deux systèmes *semblables* de la *même* manière, nous obtiendrons le *même* comportement... » Même les historiens, lorsqu'ils invoquent un rapport de causalité, prennent le risque de penser que si les circonstances avaient été légèrement différentes — si le vent avait soufflé moins fort, si telle personne avait choisi de porter un habit différent —, la situation qu'ils analysent, pour l'essentiel, n'aurait pas été modifiée. Ce risque est celui de toute description, de toute définition. Les mots comme les nombres sont de précision finie. Toute description, verbale ou numérique, définit une situation non en tant qu'elle serait identique à elle-même, mais en tant qu'elle appartient à une classe de situations toutes compatibles avec les mêmes mots ou les mêmes nombres. Indépendamment de la possibilité de la rapporter à une classe de « mêmes systèmes », l'idée de cause se réduit donc à une affirmation dénuée de toute portée cognitive : arrive ce qui « devait » arriver.

Or, de par leur propriété de « sensibilité aux conditions initiales », les attracteurs fractals, pourtant régis par des équations parfaitement déterministes, mettent en question cette possibilité. Comment décrire un système dans son espace représentatif ? Par des nombres, qui représentent les valeurs des variables indépendantes définissant chaque état possible dans cet espace. Bien sûr, nous l'avons dit au chapitre précédent, ces nombres eux-mêmes peuvent ne correspondre en fait qu'à des valeurs moyennes, mais, dans le cas des attracteurs fractals, il faut d'autre part se souvenir que la description par les nombres ne peut avoir qu'une précision finie : ce n'est pas un point que les nombres peuvent définir, mais une petite région de l'espace, d'autant plus restreinte que la séquence des décimales sera longue. Tous les points compris dans cette région désignent donc les « mêmes » systèmes, mais ces « mêmes » systèmes, s'ils sont caractérisés par un attracteur fractal, ne connaîtront pas un destin convergent. Ils appartiennent à des trajectoires qui *divergeront* au cours du temps.

Nous en arrivons ici à la définition du comportement « chaotique », qui est un comportement typique des systèmes caractérisés par un attracteur étrange. Un comportement est chaotique si des trajectoires issues de points, aussi voisins qu'on le veut dans l'espace des phases, s'éloignent les unes des autres au cours du temps de manière *exponentielle;* la distance entre deux points quelconques appartenant à de telles trajectoires croît donc proportionnellement à une fonction $e^{t/\tau}$, où $1/^{\tau}$, par définition positif pour les systèmes chaotiques, est l' « exposant de Lyapounov », et τ le « temps de Lyapounov ».

Le temps de Lyapounov permet de définir une véritable « échelle de temps », l'échelle du temps par rapport à laquelle l'expression « deux *mêmes* systèmes » — deux systèmes correspondant à « la même » description initiale — garde un sens effectif. Après un temps d'évolution long par rapport au temps de Lyapounov, la connaissance que nous avions de l'état initial du système a perdu sa pertinence et ne nous permet plus de déterminer sa trajectoire. En ce sens, les systèmes chaotiques sont caractérisés par un *horizon temporel,* défini par le temps de Lyapounov, horizon que nous pouvons éventuellement déplacer mais non annuler. En effet, si nous voulions, pour de tels systèmes, prolonger le temps pendant lequel nous pouvons prévoir une trajectoire, en augmentant la précision de leur définition et en restreignant donc la classe des systèmes que nous considérons comme « les mêmes », le prix à payer deviendrait vite démesuré : ainsi, pour multiplier par dix le temps au long duquel l'évolution reste prévisible à partir de ses conditions initiales, il nous faudra augmenter la précision de la définition de ces conditions d'un facteur e^{10}... Comme un véritable horizon, l'horizon temporel des systèmes chaotiques fait donc la différence entre ce que nous pouvons « voir » de là où nous sommes et l'au-delà — l'évolution que nous ne pouvons plus décrire en termes de comportement individuel, mais seulement en termes de comportement erratique commun à tous les systèmes caractérisés par l'attracteur chaotique[3].

Au cours de ces dernières années, les physiciens et les mathématiciens ont découvert une multitude de systèmes chaotiques et défini un certain nombre de « routes » vers le chaos. Nous n'entrerons pas ici dans les détails techniques, et nous bornerons à présenter un exemple particulièrement simple, puisqu'il met en scène l'objet prévisible et déterministe par excellence, le pendule[4].

Considérons un pendule faiblement dissipatif (dont le mouvement irait en s'amortissant s'il n'était entretenu). Ce pendule est sphérique : son poids est libre d'osciller non selon une courbe, mais selon une surface sphérique. Imprimons maintenant à ce pendule un mouvement périodique. Au lieu d'être accroché à un point fixe, le fil du pendule est accroché à un support qui se déplace périodiquement d'avant en arrière.

Une première bifurcation se produit lorsqu'on donne à T, période de l'oscillation forcée, une valeur égale à 0,989 T_0, où T_0 est la période propre du pendule libre. A partir de ce seuil, le mouvement d'oscillation plan cesse d'être stable, alors que deux modes d'oscillations non planes deviennent stables, dont le pendule adopte l'une ou l'autre. Une seconde bifurcation se produit pour $T = 0{,}99887\,T_0$: le mouvement d'oscillation cesse alors d'être simple et des oscillations lentes, de période plus élevée, apparaissent ; le pendule ne revient plus à la même position, par rapport à son point d'appui, que toutes les six périodes environ *(fig. 9-a)*. D'autres bifurcations se produisent encore, ajoutant des sous-harmoniques aux fréquences fondamentales et dédoublant la période de circulation du mouvement *(fig. 9-b et c)*. Enfin, lorsque la période T prend la valeur 1,00234 T_0, toute régularité disparaît. Aucune fréquence particulière ne caractérise plus le mouvement, qui est devenu complètement erratique. Le choix effectué à la première bifurcation est oublié : le système passe d'un des deux modes de comportement à l'autre. La succession des transitions entre ces deux modes est aléatoire et varie de façon discontinue en fonction des conditions initiales *(fig. 9-d)*. Le mouvement pendulaire, engendré pourtant par un couplage entre deux mouvements déterministes — le sien propre et celui qui lui est imposé par le déplacement de son point de suspension —, a acquis un comportement chaotique.

La transformation d'un mouvement périodique en comportement

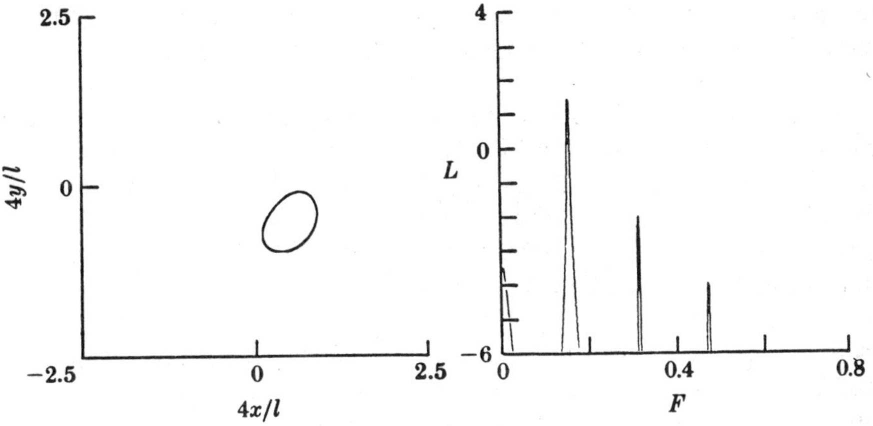

(a)

Fig. 9 : Comportement d'un pendule sphérique de période propre T_o, pour des périodes différentes T du mouvement auquel son point fixe est soumis (d'après Miles[4]). Ce mouvement, d'amplitude l, a lieu dans la direction de l'axe des x. Le diagramme de gauche représente dans le plan (x, y) la variation de l'amplitude de la partie de l'oscillation pendulaire qui est en phase avec le mouvement imposé. Dans le cas d'une oscillation simple, plane ou non plane, ce diagramme se réduirait à un point. Le diagramme de droite représente le spectre des fréquences du mouvement pendulaire : le logarithme L de la densité spectrale est représenté en fonction de F, rapport entre la fréquence et la fréquence propre du pendule.

Fig. 9-a : période $T = 0{,}99922 T_o$; le pendule a adopté un des deux modes d'oscillation complexe possibles (le second est symétrique au premier par rapport à l'axe des x).

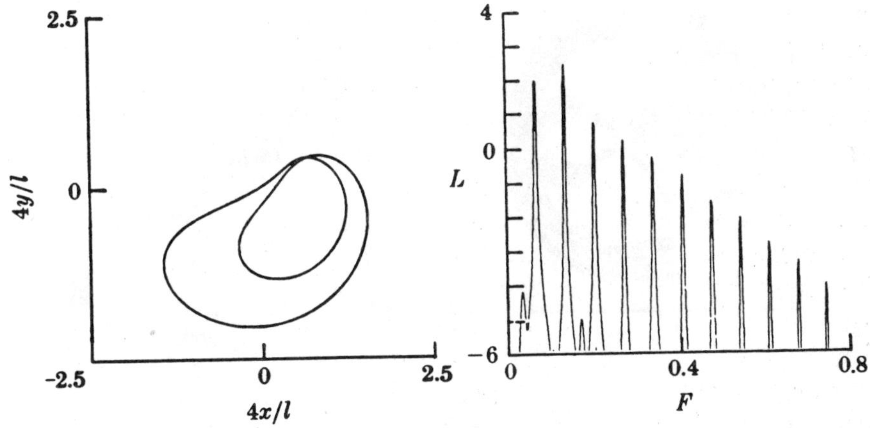

(b)

Fig. 9-b : $T = 1{,}00156 T_o$.

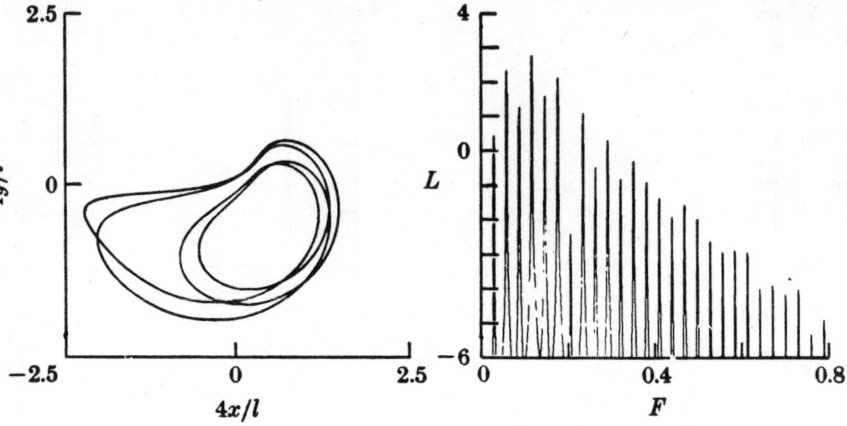

(c)

Fig. 9-c : $T = 1{,}00222T_o$.

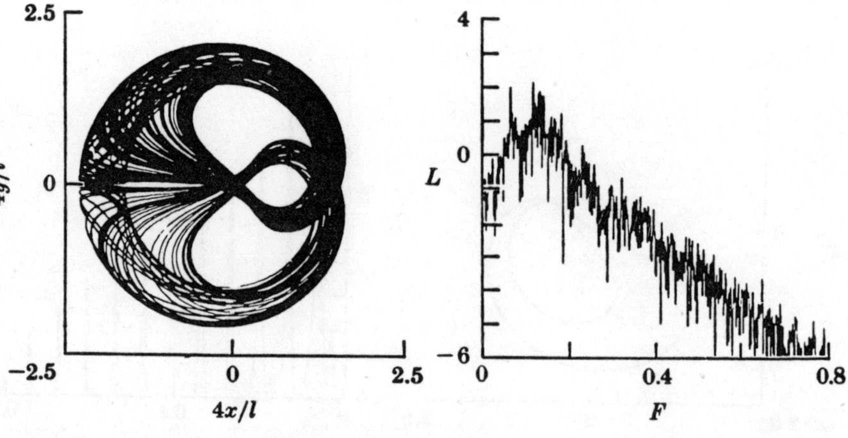

(d)

Fig. 9-d : $T = 1{,}00234T_o$. Le mouvement du pendule est devenu chaotique et séjourne pendant des durées de longueur variable dans l'un ou l'autre de ses deux modes possibles.

chaotique est un phénomène général ; elle affecte aussi bien les systèmes faiblement dissipatifs, tel le pendule que nous venons de décrire, que les systèmes chimiques purement dissipatifs, telle la réaction de Belousov-Zhabotinsky : dans ce cas également, loin de l'équilibre, le comportement perd la régularité qui permettait de parler à son sujet d' « horloge chimique », et devient chaotique. A la prévisibilité d'un comportement régulier engendré par une multitude de processus élémentaires, succède, plus inattendue encore, l'imprévisibilité complexe d'une activité *collective* erratique, le contraire même du désordre inerte qui, à l'équilibre, permettait de définir des valeurs moyennes stables par rapport aux fluctuations.

Nous venons de voir comment l'existence des systèmes chaotiques transforme la notion d'imprévisibilité, la libère de l'idée d'une ignorance contingente qu'une meilleure connaissance suffirait à surmonter, et lui donne un sens intrinsèque. Mais que nous apprend la découverte des attracteurs chaotiques en ce qui concerne les descriptions probabilistes que nous utilisons pour décrire des phénomènes que nous sommes impuissants à prévoir de manière déterministe ? La notion de comportement chaotique peut-elle nous aider à mieux comprendre ces systèmes, notamment la raison pour laquelle nous ne pouvons en prévoir le comportement temporel ?

Il est évident que, dans bien des cas, les probabilités traduisent une ignorance : trop de facteurs entrent en jeu dans un événement pour que nous puissions le prévoir. Ainsi en est-il, par exemple, des statistiques portant sur des événements tels que mariage, divorce, décès, naissance, etc. Chacun de ces événements est le résultat d'une histoire que les données chiffrées ne peuvent qu'ignorer.

En est-il cependant toujours ainsi ? Prenons l'exemple du climat. Bien sûr, chacun sait que le climat est le résultat de circonstances multiples. L'existence de microclimats, la variabilité du climat en fonction de la situation écologique, le rôle du relief, etc., impliquent que les variations climatiques intègrent une multitude de variables. Pourtant, le climat pose d'autres problèmes. Nous savons que le climat terrestre global a connu d'énormes changements qui ont joué un rôle essentiel dans l'histoire de la Terre. Ainsi, il y a deux ou trois cents millions d'années, le climat était bien plus doux qu'il ne l'est aujourd'hui : il n'y avait pratiquement pas de glace sur les continents, et le niveau des océans était de 80 m plus élevé qu'aujourd'hui. C'est durant l'ère tertiaire, il y a quarante millions d'années, que le contraste s'est accentué entre la température des pôles et celle des zones équatoriales, déclenchant une profonde transformation du régime d'échange de chaleur entre les hautes et les basses latitudes qui a encore amplifié le phénomène. Il est superflu de rappeler la série des glaciations qui ont marqué l'ère quaternaire. Il y a sept mille ans, après le recul des glaces, la Terre a connu ce qu'on appelle souvent un « optimum climatique » : c'est l'époque — qui a pris fin voici trois mille ans, au début de l'âge du fer — où le Sahara connaissait une agriculture prospère. Comment expliquer ces énormes variations à long terme ? Faut-il invoquer, pour comprendre ce phénomène, des causes extrinsèques de type variation du flux d'énergie solaire, par exemple ? Ou bien aurions-nous affaire à des variations erratiques engendrées par une dynamique globale du type de celles que nous venons de décrire ?

Reconnaître parmi les phénomènes qui se présentent comme aléatoires ceux qui pourraient être produits par un attracteur chaotique est évidemment d'une importance majeure. Pensons par exemple au problème, si crucial aujourd'hui, de l'action de l'homme sur l'environnement. Pour comprendre la nature et la portée de cette action, il est nécessaire d'élucider les modes intrinsèques de comportement de cet environnement, de distinguer les variations qui renvoient à des causes spécifiques et celles qui, éventuellement, résultent d'une dynamique intrinsèque. Mais comment reconnaître l'existence d'un attracteur chaotique ?

De quel type de connaissance disposons-nous usuellement ? Nous ignorons bien souvent l'identité et le nombre des variables qui régissent l'attracteur éventuel. Nous ne disposons en général que d'une séquence temporelle de mesures portant sur une seule variable. Par exemple, dans le cas de la variation climatique à long terme, les climatologues peuvent reconstituer une série de valeurs de la température en une région du globe. Nous avons donc affaire au problème inverse de celui posé habituellement aux mathématiciens. On peut déduire de l'évolution engendrée par un système d'équations l'évolution d'une de ses variables au cours du temps (voir, par exemple, la *fig. 6-a*). Ici, il s'agit de se servir d'une série temporelle de valeurs d'une variable comme d'une trace à partir de laquelle nous pourrons apprendre à déchiffrer le type de mécanisme évolutif dont cette série est le résultat éventuel.

Reconnaître un attracteur ponctuel à partir d'une telle série n'offre aucune difficulté : la série évoluera vers une valeur déterminée qui se maintiendra ensuite constante au cours du temps. Reconnaître un cycle limite est également facile. En ce cas, la série adoptera une allure périodique aisément identifiable par les méthodes classiques. Mais une série engendrée par un attracteur chaotique de dimension fractale n'exhibe aucune périodicité de ce genre. Et pourtant, un tel attracteur peut être repéré, sa dimension fractale caractérisée, le nombre minimal des variables indépendantes qu'il implique déterminé, et la limite de prévisibilité du comportement chaotique estimée.

Esquissons ici, sans entrer dans les détails mathématiques, la méthode proposée par Grassberger et Proccacia[5]. Nous disposons donc d'informations à propos d'une seule variable. Les valeurs qu'a prises cette variable X au cours du temps sont déterminées par ses relations avec d'autres variables dont nous ignorons non seulement l'identité, mais le nombre. On sait qu'une équation à n variables peut généralement être réécrite comme une équation à une seule variable, mais d'un degré plus élevé : le comportement du système n'est plus alors déterminé par les valeurs initiales de ses n variables, mais par les valeurs initiales de la variable et de ses n dérivées successives. Nous ne disposons évidemment pas de ces valeurs initiales, et nous ignorons la valeur de n, mais nous disposons en revanche d'une série temporelle dont nous allons extraire d séries partielles. Chacune de ces séries partielles contiendra, comme la série originale, des valeurs de X équidistantes dans le temps, mais chacune aura pour point de départ cette valeur en un instant initial décalé. La valeur initiale des différentes séries sera donc X_0, X_T, X_{2T},... $X_{(d-1)T}$. La méthode consiste à rechercher la valeur de d, d_c, pour laquelle ces séries cessent d'être indépendantes les unes des autres. La valeur d_c détermine la dimension n du système dynamique. Quant à l'attracteur, il formera un ensemble (fractal ou non) de dimension inférieure à d_c.

Que se passe-t-il si le phénomène est purement aléatoire ? Nous aurons beau augmenter d, aucune corrélation ne s'établira entre les valeurs des séries partielles. La dimension du système, et celle de l'attracteur, sont alors, par convention, infinies.

Qu'en est-il donc de la variation climatique qui a marqué l'histoire de notre planète ? G. et C. Nicolis ont étudié la série de températures qui peut être inférée à partir de la proportion d'oxygène isotopique de sédiments (provenant en l'occurrence de la zone équatoriale du Pacifique). Leur analyse[6] permet de penser qu'elle a été effectivement engendrée par un attracteur chaotique, caractérisé par une dimension 3,1. Un tel attracteur est nécessairement plongé dans un espace d'au moins quatre dimensions (donc, ici, n = 4). En d'autres termes, ce résultat implique qu'un système à quatre variables indépendantes pourrait suffire à expliquer l'histoire « chaotique » du climat terrestre.

Ce résultat ouvre des perspectives inattendues. La variation de température peut en effet être interprétée comme le résultat d'un très grand nombre de variables, allant de la salinité de l'eau aux taches solaires, aux éruptions volcaniques, etc., chacune des centaines de variables de ce genre étant elle-même soumise à une distribution statistique. Or, voici que cette analyse indique que quatre variables indépendantes pourraient suffire à définir la variation du climat terrestre à long terme !

Des séries de données extraites de mesures de l'activité du cerveau par électro-encéphalogramme ont également été étudiées[7]. A l'état de sommeil profond, l'activité du cerveau aurait les traits du chaos déterministe et serait caractérisée par un attracteur fractal à cinq variables indépendantes. En revanche, à l'état de veille, aucun attracteur ne peut être repéré : lorsqu'elle participe d'un régime d'existence ouvert sur l'environnement, l'activité cérébrale semble ne plus pouvoir être représentée comme un système dynamiquement auto-engendré. Enfin, au cours de crises d'épilepsie, un attracteur fractal peut à nouveau être repéré, mais dans un espace qui pourrait être défini par deux variables indépendantes seulement ! L'épilepsie, loin d'être assimilable à un comportement irrégulier, se caractériserait au contraire par unc « régularité » trop grande de l'activité cérébrale... Le « désordre mental » apparaîtrait, de ce point de vue, comme la situation physiologiquement normale.

On peut admirer ici la manière dont l'analyse mathématique rejoint les méditations de Valéry : le cerveau est l'instabilité même, et sans doute n'est-ce pas un hasard, mais une traduction du rôle que l'évolution biologique a conféré à cet « organe », qui est celui de notre sensibilité la plus aiguë à nous-même et à notre environnement.

Bien évidemment, la valeur de l'analyse dépend du fait que la variable mesurée garde son identité au cours du temps et que l'étalon de mesure reste invariant. C'est pourquoi l'analyse des séries de données économiques, par exemple, pose des problèmes très compliqués[8]. Mais la question de savoir si les rythmes de l'économie peuvent être éclairés par la notion de chaos déterministe, si ce que nous vivons comme « chocs » ou « crises » économiques exogènes n'est pas engendré de manière autonome par un système complexe hautement instable, est aujourd'hui au centre des recherches menées par les économistes.

L'étude des attracteurs illustre l'immense variété des systèmes dissipatifs. Très souvent, différents types de systèmes coexistent. Il en est sans doute ainsi des êtres vivants. Les grands mécanismes de régulation métabolique ne sont évidemment pas appelés à un comportement chaotique : nous savons d'ailleurs que certains d'entre eux correspondent à un régime d'activité de type cycle limite. Mais d'autres aspects de l'activité de l'organisme vivant sont éminemment imprévisibles. Nous pouvons ainsi reconnaître, au sein d'un même vivant, le type de contraste qui, depuis si longtemps, a mené à la distinction entre le monde céleste — nous pouvons aujourd'hui prévoir la position qu'aura la Terre dans cinq millions d'années — et le monde sublunaire, siège des phénomènes météorologiques qu'il nous est encore difficile de prévoir à plus de quinze jours.

Venons-en maintenant à une question plus ambitieuse encore. Jusqu'ici, nous avons exploré la richesse multiple du monde loin de l'équilibre, mais nos questions se sont cantonnées au type de problèmes qui est le plus familier aux physiciens : étant donné un système, de quoi est-il capable ? C'est pourquoi nous n'avons pas encore abordé la grande différence entre les phénomènes hydrodynamiques, telle l'instabilité de Bénard (voir chapitre 3), et les processus chimiques. Les premiers disparaissent lorsque disparaît la contrainte de non-équilibre. Mais les processus chimiques, eux, sont créateurs de nouvelles structures matérielles qui constituent en quelque sorte les traces et les témoins des conditions de leur propre formation. L'irréversibilité, ici, ne se borne pas à conférer à la matière un comportement transitoire ou fugace, elle est susceptible de s'inscrire dans cette matière.

Prenons d'abord l'exemple des flocons de neige. Si un flocon est constitué de cristaux très réguliers, sphériques, nous pouvons en déduire qu'il s'est formé près de l'équilibre. Si, au contraire, ses cristaux présentent une structure à branches bien développées, il s'est formé loin de l'équilibre : la croissance a été très rapide, les molécules n'ont pas eu le temps de diffuser régulièrement sur la surface. A l'étude du cristal idéal se substitue aujourd'hui celle des cristaux concrets, dont chacun constitue, par sa structure singulière (défauts, dislocations, etc.), une mémoire du chemin emprunté lors de sa formation. De nouvelles propriétés électriques, magnétiques, mécaniques, optiques, peuvent ainsi être créées, qui ne renvoient pas à une définition générale du matériau, mais à son histoire.

Mais c'est l'activité chimique qui donne à l'irréversibilité toute sa puissance créatrice de structures. Les molécules n'incorporent pas seulement la marque des conditions irréversibles de leur formation, elles doivent leur existence même à cette irréversibilité. Certaines ne peuvent se former que dans un milieu éloigné de l'équilibre. Les chimistes le savent bien, qui, depuis toujours, jouent sur les conditions de réaction pour créer de nouvelles molécules. La chimie « crée son objet », disait le chimiste Berthelot, et cette création, à son tour, suscite de nouvelles questions. De quelles histoires nouvelles peuvent être capables ces créatures de l'irréversibilité ?

Bien évidemment, c'est l'énigmatique question de l'origine de la vie qui se profile ici. Pouvons-nous faire de l'inscription de l'irréversibilité au sein de la matière un des éléments d'explication de cette mutation radicale que constitue l'apparition des vivants ?

Les biomolécules actuelles sont aussi bien les actrices que les produits de l'activité métabolique dissipative, qu'elles créent et impliquent tout à la fois. Mais qu'en est-il des ancêtres de ces biomolécules ? Comment expliquer qu'ils aient pu se créer en assez grand nombre pour que puisse débuter le nouveau type d'histoire auquel leurs descendants participent désormais ? Comment expliquer la transition entre une histoire de type « chimique », où se synthétisent des molécules individuelles, et une histoire « biologique » où ces différentes synthèses deviennent interdépendantes, où les molécules ne sont plus seulement des structures complexes particulières, mais des acteurs dont l'existence renvoie à l'activité d'autres acteurs et dont l'activité est nécessaire à l'existence de ceux-ci ? Comment passer de l'idée de « conditions générales de synthèse », du type de celles que les chimistes manipulent, à celle d' « information », à celle du « message » que constitue une molécule *pour* d'autres molécules ? Comment différentes biomolécules ont-elles pris sens les unes par rapport aux autres ?

Certains[9] pensent aujourd'hui que c'est autour des sources chaudes sous-marines qui prolifèrent le long des dorsales actives que la vie serait apparue. L'eau chargée de métaux qui jaillit de ces sources avec une pression de quelque 275 atmosphères peut atteindre 350 °C et entre en contact avec l'eau très froide de l'océan : il s'agit donc là d'une situation de non-équilibre intense, unique en son genre sur la Terre. Peut-être les différentes sources chaudes qui naissent et meurent le long des dorsales ont-elles ainsi été le lieu d'« expérience » multiples, et peut-être l'une des cheminées hydrothermales fossiles, oubliée quelque part au long d'une dorsale, est-elle le site déserté où est née la vie ? Si le chemin emprunté par l'histoire de la vie a eu pour origine le bouillonnement des eaux opaques issues des bouches hydrothermales, on pourrait véritablement dire : *au début était l'activité* — l'activité chimique intense, productrice de molécules complexes et diverses, concentrée autour des fractures de l'écorce terrestre où la Terre elle-même est en devenir, nourrie par la gigantesque production d'entropie qui accompagne ce devenir. La vie, fille de la Terre avant d'être fille du Soleil ?

Cependant, d'autres questions se posent. Pouvons-nous caractériser le type de molécules auquel ont pu appartenir les ancêtres de nos biomolécules, ces premières molécules complexes qui « prirent sens » les unes par rapport aux autres ? Autrement dit, plus précisément, pouvons-nous imaginer un mécanisme de réaction susceptible de synthétiser un type de molécules capables de devenir « porteuses d'information », capables, comme le sont nos biomolécules actuelles, de jouer un rôle spécifique dans d'autres réactions ? L'irréversibilité, nous l'avons dit, s'inscrit dans la matière. Comment peut-elle s'inscrire de telle sorte que les structures qu'elle crée soient capables de devenir actrices d'une autre histoire ?

Il semble qu'ici la théorie de l'information devrait nous être utile, dans la mesure où elle se propose de caractériser par une mesure quantitative le contenu d'information d'une séquence formée — comme le sont les biomolécules actuelles, mais aussi nos textes, nos partitions musicales, etc. — d'un « alphabet » déterminé.

La définition la plus classique de l'information est due à Shannon [10]. Selon cette théorie, l'information mesurerait la « surprise » que nous manifestons à la découverte de chaque lettre d'une séquence. L'information la plus riche correspondrait ainsi à une séquence parfaitement aléatoire : la lecture des 99 premiers « caractères » n'aide en effet alors en rien à prévoir le 100e. Cette notion renvoie aux textes que composerait le célèbre singe dactylographe imaginé par Borel dans l'hypothèse, peu croyable, où il frapperait vraiment de manière purement aléatoire sur sa machine.

Qui aurait la patience de lire chacun des « textes » produits par le singe dactylographe de Borel, à la recherche de celui qui « fasse sens » ou annonce la possibilité d'un sens ? Chacun serait un événement unique, différent de tous les autres ! Dans l'un pourrait figurer, par hasard, une séquence de mots qui fasse sens, mais cette séquence n'existerait plus à l'essai suivant. Pas plus qu'elle n'éclaire la question de savoir ce qu'est un texte — qui n'a rien d'une séquence purement aléatoire, puisqu'il est contraint par différents types de règles et exhibe des régularités statistiques caractéristiques —, la définition de l'information au sens de Shannon n'éclaire la question de l'identité des premières « biomolécules ». 20^{100} séquences protéiniques de cent acides aminés sont à priori possibles si chacun des 20 types d'acide aminé a une chance égale d'occuper chacune des 100 positions. Au sens de Shannon, cela veut dire que chacune des 20^{100} séquences a un contenu d'information très élevé, mais comment concevoir que, dans une diversité indéfinie de ce type, certaines séquences aient pu prendre sens ? Si le mécanisme originel de formation des premières biomolécules avait eu le caractère aléatoire de l'activité du singe de Borel, l'histoire dont nous cherchons à comprendre l'origine serait renvoyée au hasard le plus pur, le plus inintelligible. La synthèse de chaque séquence particulière constituerait un événement unique, essentiellement non reproductible.

Pour qu'une séquence ou qu'une famille de séquences ait une chance d'émerger de l'ensemble des possibles indifférents, de se singulariser par des propriétés « intéressantes » dans telle ou telle situation, il apparaît nécessaire de restreindre la population des possibles, c'est-à-dire d'augmenter la probabilité de formation de chacun d'entre eux.

Comment alors « programmer » le singe dactylographe pour qu'il suive certaines règles, pour qu'il ne tape pas n'importe quoi ? Si nous pouvions déterminer à priori *ce* que nous voulons, ce qu'est une « propriété intéressante », nous pourrions nous adresser à la théorie algorithmique de l'information proposée par Chaitin et Kolmogoroff [11] : la mesure de l'information serait alors la longueur du programme qu'il faudrait donner à un ordinateur — ou au singe de Borel — pour que celui-ci soit capable de réaliser la structure que nous désirons. Une telle définition a le défaut de présupposer que l'on puisse définir à priori ce qui est indispensable dans un message. Bien sûr, c'est le cas en mathématiques. Pour une tout autre raison, c'est aussi le cas pour l'œuvre de Shakespeare ou les quatuors de Beethoven : ici, l'information a pour seule mesure l'œuvre elle-même ; aucun programme plus court que cette œuvre ne permettrait en effet de la reproduire, mais seulement de la mutiler ou de la nier. Mais, de manière générale, la mesure de l'information telle que la proposent Kolmogoroff et Chaitin est limitée par le fait qu'elle renvoie implicitement à la finalité de ce que l'on demande à l'ordinateur de reproduire. Leur définition n'est donc pas neutre, mais suppose un contexte opérationnel où les significations et les rapports entre fins et moyens sont fixés à priori. Elle implique donc que l'histoire, dont nous tentons de comprendre la naissance, existe déjà, porteuse de la distinction entre ce qui est bruit et ce qui est pertinent.

Comment caractériser des séquences d'unités élémentaires qui ne seraient ni purement aléatoires, ni répétitives, et pourraient donc constituer la population à la fois assez diverse et assez stable au sein de laquelle ont pu s'identifier les premiers acteurs de l'histoire de la vie ? Comment « apprendre » au singe dactylographe à restreindre les possibles sans faire jouer une finalité qui présuppose l'histoire dont nous cherchons à comprendre l'origine ? Comment l'activité dissipative pourrait-elle « encoder » dans la matière un message qui, pour reprendre la belle expression de Henri Atlan, ne soit ni cristal ni fumée ?

En fait, nous connaissons une manière de réduire la diversité sans pour autant l'annuler. Ce qu'on appelle les « chaînes de Markov » ne résultent ni d'un processus purement aléatoire, ni d'un algorithme déterministe. Dans le premier cas, la connaissance du début de la séquence laisse sa suite parfaitement indéterminée ; dans le second, elle devrait permettre de la prédire. Dans celui de la chaîne de Markov, chacun des termes qui peuvent suivre un terme ou une séquence de termes donnés est caractérisé par une probabilité. Les probabilités de transition sont donc des contraintes qui structurent la séquence et restreignent sans l'annuler la « surprise » sur laquelle insistait Shannon. Pouvons-nous imaginer un mécanisme « naturel » de production d'une telle chaîne ? C'est la question à laquelle Nicolis et Subba Rao [12] ont apporté une contribution intéressante.

Le modèle proposé suppose un mécanisme de réaction au cours duquel trois monomères, X, Y et Z, se transforment l'un en l'autre. X, Y et Z sont d'autre part susceptibles de s'agréger à une chaîne polymérique en formation. Nous faisons l'hypothèse que ce mécanisme de polymérisation introduit un élément discret : chaque fois que la concentration de X franchit un seuil déterminé, un monomère X s'ajoute à la chaîne. De même pour Y et Z. La formation de la chaîne constitue donc une espèce de mémoire enregistrant ce qu'elle définit du même coup comme « événement » affectant le milieu réactionnel.

Imaginons d'abord que la réaction entre X, Y et Z se déroule près de l'équilibre, c'est-à-dire que le franchissement des seuils tienne aux fluctuations désordonnées, non corrélées, qui affectent l'état stationnaire. Dans ce cas, chaque chaînon du polymère a autant de chances d'être occupé par chacun des trois, comme chaque jet d'une pièce de monnaie (idéale) a autant de chances de tomber sur chacune de ses deux faces : il s'agit d'une chaîne correspondant à la définition shannonienne de l'information maximale.

Une autre situation est aisément concevable. Supposons que X, Y et Z participent à une réaction chimique oscillante, de type « horloge chimique ». Dans ce cas, la chaîne formée présentera une régularité périodique de type XYZXYZXYZ. L'examen d'une telle séquence nous indiquera donc qu'elle a été formée dans des conditions de non-équilibre, au-delà d'une bifurcation conduisant à une horloge chimique. Mais, pas plus que la précédente, une telle molécule ne peut être prise comme modèle de biomolécule. Cette fois, la diversité est trop faible. L'information n'est pas « incompressible » ; au sens de Kolmogoroff-Chaitin, elle se réduit à l'instruction : prenez *n* fois la séquence XYZ (ou une autre séquence).

Comment obtenir une séquence qui ne soit ni purement aléatoire, ni répétitive, une séquence qui ait le type de reproductibilité statistique qui caractérise les chaînes de Markov ? Le chaos déterministe correspond à un tel intermédiaire entre le pur aléa et l'ordre redondant. Le caractère erratique — mais non pas purement aléatoire — de l'activité dissipative engendrée par un attracteur chaotique peut effectivement s'inscrire dans la matière sous la forme des contraintes probabilistes qui caractérisent les chaînes de Markov. Nicolis et Subba Rao ont montré que si la production de X, Y et Z est liée à une réaction chimique caractérisée par un attracteur chaotique (en l'occurrence, le modèle de Rössler[13]), la séquence engendrée aura les trois caractères généraux qui sont ceux des chaînes de Markov, et que l'on peut attendre d'un texte quel qu'il soit, y compris du « texte » que constituent les biomolécules que nous connaissons aujourd'hui : non-répétitivité, existence de corrélations à longue portée, brisure de symétrie spatiale, c'est-à-dire distinction d'un sens de lecture du texte dans lequel ces corrélations sont apparentes.

En effet, la séquence de quelque 10 000 unités obtenue par simulation peut être réécrite en utilisant trois hypersymboles correspondant respectivement à ZYX, ZXYX et ZX, ce qui implique qu'elle exclut certaines sous-séquences, tels le doublet XX ou le triplet

YXY. D'autre part, cette séquence se rapproche d'une chaîne de Markov de cinquième ordre : étant donné un quintuplet, ou séquence de cinq lettres, l'identité de la sixième a une probabilité bien déterminée. Parmi les probabilités conditionnelles définissant l'apparition d'une lettre étant données les cinq précédentes, à peu près la moitié s'avèrent égales à un. La chaîne ainsi obtenue est non répétitive mais, à priori, extrêmement improbable ; ainsi, parmi toutes les séquences de sept lettres qui peuvent à priori être formées (3^7 séquences, c'est-à-dire 2 187), seules 21 sont effectivement réalisées par la dynamique chaotique. Il est difficile d'éviter la comparaison entre les contraintes statistiques que produit la conjonction d'une dynamique chaotique avec des seuils discrets, et l'ensemble des « règles grammaticales » qui fait la différence entre une séquence tapée de manière aléatoire par le singe de Borel et un véritable texte.

Ce modèle, certes très schématique, montre que l'irréversibilité de l'activité dissipative peut s'inscrire dans la matière et y déterminer la création d'un existant véritablement nouveau : une séquence à symétrie spatiale brisée, une séquence qui prend un sens intrinsèquement différent, indépendamment de son contenu précis, si un lecteur le lit en commençant par le « début » ou par la « fin ».

Que nous puissions être tentés ici de parler de « genèse physico-chimique » de l'information ne signifie assurément pas une réduction de l'histoire aux lois physico-chimiques, mais traduit au contraire la richesse irréductible des relations entre processus, événements et circonstances qui prennent sens loin de l'équilibre. Car les questions commencent bien sûr à ce stade. Les molécules « markoviennes » n'expliquent pas l'histoire, mais seulement le « terrain » où elle a pu naître. Pour qui l' « information » dont l'activité chaotique irréversible a pu être la source prendra-t-elle sens ? Quels rôles joueront ces nouvelles molécules, et comment ce rôle rétroagira-t-il sur leur source ? Ici s'annonce la nécessité d'un nouveau type de narration, c'est-à-dire d'une prise de relais entre deux types d'histoire.

Nous n'en sommes évidemment qu'aux premiers pas. C'est un chapitre nouveau de l'histoire de la chimie qui est en train de s'ouvrir. Jusqu'à la fin du XVIIIe siècle, la chimie a été « science de la nature » par excellence. Le laboratoire du chimiste était la scène close où le chimiste tentait de reproduire, de modifier, d'accélérer les processus qui se produisent dans le « laboratoire » de la nature. Peut-être l'étude de ce que peut la matière, lorsque existent tout à la fois des mécanismes d'interaction non linéaires et des contraintes de non-équilibre, nous conduira-t-elle à retrouver l'émerveillement des premiers chimistes, à ressusciter l'ancienne image de la chimie, science des devenirs de la matière.

Jusqu'ici, nous avons consacré notre exploration à la découverte des systèmes dissipatifs. C'est qu'en ce domaine, le chemin parcouru a été spectaculaire. Il n'y a pas si longtemps encore, la notion d'état d'équilibre orientait à tel point nos jugements que l'activité dissipative en était venue à s'identifier à une évolution vers l'uniformité. Certes, notamment avec le théorème de production d'entropie minimum, le non-équilibre était devenu objet de science, mais nous comprenons mieux, désormais, les limites de validité de ce théorème : il résulte de ce que, près de l'équilibre, les lois d'évolution sont linéaires. Il n'en est plus ainsi loin de l'équilibre, et c'est le rôle essentiel des non-linéarités que nous apprenons à connaître à présent, que ce soit dans la production de la surprenante cohérence de certaines structures dissipatives, ou dans le comportement erratique, tout aussi surprenant, des régimes d'activité chaotique. Loin de l'équilibre, les processus ne peuvent plus être compris à partir d'états où ils compensent en moyenne leurs effets. Ils s'articulent en des agencements singuliers, sensibles aux circonstances, susceptibles de mutations qualitatives, agencements qui permettent de donner sens à une idée jusque-là inconcevable : expliquer la nouveauté sans la réduire à une apparence.

La thermodynamique classique avait pu se prolonger aux domaines proches de l'équilibre, mais elle a dû se transformer radicalement pour entrer dans le monde nouveau des processus non linéaires loin de l'équilibre. D'autres sciences ont connu, au cours de ces dernières années, une mutation semblable. Au long des chapitres suivants, nous allons montrer comment la dynamique, la mécanique quantique, et même la cosmologie, elles aussi longtemps dominées par un idéal d'intelligibilité statique, découvrent aujourd'hui des chemins qui les mènent au problème du devenir.

CHAPITRE V

Le message de l'entropie

Aux premières pages de cet essai, nous avons invoqué deux noms, ceux de Boltzmann et de Bergson. Nous avons rappelé la lutte que mena Boltzmann pour intégrer le second principe de thermodynamique dans la physique classique, et l'issue de cette lutte. Forcé de reconnaître l'incompatibilité radicale entre l'évolution irréversible de la thermodynamique et les lois réversibles de la dynamique, Boltzmann fit le choix de la fidélité à la dynamique, et définit les évolutions interdites par le second principe non comme impossibles, mais seulement comme improbables. Bergson ratifia cet échec. La physique, affirma-t-il, est faite pour nier le temps, ramener le devenir à la répétition du même.

Echec dramatique pour l'un, point de départ d'une construction métaphysique pour l'autre, le physicien et le philosophe se rencontraient en un point : tous deux pensaient que le jugement qu'ils déchiffraient dans la physique de leur époque était définitif, que le modèle d'intelligibilité proposé par la dynamique classique se maintiendrait sans faille. L'avenir immédiat sembla leur donner raison, puisque, comme nous l'avons déjà dit, tant la relativité que la mécanique quantique ont prolongé la négation du temps issue de la dynamique classique. Pourtant, écoutons la déclaration solennelle prononcée il y a peu par Sir James Lighthill, alors président de l'*International Union of Theoretical and Applied Mechanics :* « Ici, il me faut m'arrêter et parler au nom de la grande fraternité des praticiens de la mécanique. Nous sommes très conscients, aujourd'hui, de ce que l'enthousiasme que nourrissaient nos prédécesseurs pour la réussite merveilleuse de la mécanique newtonienne les a menés à des généralisations, dans le domaine de la prédictibilité (...), que nous savons désormais fausses. Nous voulons collectivement présenter nos excuses pour avoir induit en erreur le public cultivé en répandant, à propos du déterminisme des systèmes qui satisfont aux lois newtoniennes du mouvement, des idées qui se sont, après 1960, révélées incorrectes[1]. »

Voilà une déclaration que l'on peut bien dire fracassante. Les historiens des sciences sont accoutumés à des « révolutions » au cours desquelles une théorie est vaincue, abandonnée, alors qu'une autre triomphe. Mais il est rare que les spécialistes d'une théorie reconnaissent que, pendant quelque trois siècles, ils se sont trompés quant à la portée et à la signification de leur théorie ! Et certes, le renouvellement que connaît depuis quelques dizaines d'années la plus ancienne des sciences est un événement unique dans l'histoire de la science. Le déterminisme, qui apparaissait comme la conséquence inéluctable de l'intelligibilité dynamique, se trouve aujourd'hui ramené à une propriété valable seulement dans des cas particuliers. Dès lors, les probabilités, dont Boltzmann avait dû se résoudre à faire un simple concept auxiliaire, traduisant notre ignorance contingente, acquièrent une signification intrinsèque. Et, avec les probabilités, c'est la question de l'entropie qui ressuscite.

Revenons à l'article de Lighthill. Nous avons déjà, au cours du précédent chapitre, décrit la divergence *exponentielle* des trajectoires que traduit l'existence d'un exposant de Liapounov positif. Nous avons aussi mentionné la notion d'*horizon temporel,* au-delà duquel la description du comportement d'un système chaotique en termes de trajectoires individuelles perd son sens. Nous reviendrons sur ces notions ; l'important, ici, est de souligner qu'elles s'appliquent déjà à des systèmes dynamiques *simples,* tel le pendule sphérique dont nous avons décrit l'évolution vers le chaos au chapitre IV.

C'est là un point fondamental. En effet, comme Lighthill le souligne, le fait qu'un comportement régulier puisse devenir « chaotique » n'est pas en soi une nouveauté : qu'il suffise de penser à la transition entre flux laminaire et flux turbulent. Mais un fluide constitue un système très compliqué, formé d'une immense population de molécules en interaction et que nous ne pouvons évidemment pas espérer caractériser en termes de trajectoires individuelles. De même, le modèle utilisé par Boltzmann pour interpréter le second principe de thermodynamique supposait un grand nombre de particules. Dans ce cas, le modèle d'intelligibilité dynamique était invoqué comme valide en droit, mais, en fait, le physicien devait procéder par approximation et il pouvait donc faire de l'irréversibilité la conséquence des approximations auxquelles il était contraint.

C'est pourquoi la découverte que des systèmes dynamiques simples, susceptibles de traitement exact, peuvent conduire à des comportements chaotiques est d'une importance fondamentale. Désormais, aucune échappatoire n'est possible. Le physicien peut déchiffrer aujourd'hui le message de l'entropie.

Pourquoi l'entropie ? Quel enseignant de physique ne s'est pas posé cette question ! Comment y répondre alors que, d'autre part, il vient de parler des lois réversibles et déterministes qui régissent le mouvement ? Faut-il parler dès lors de l'entropie comme d'une grandeur construite à de seules fins pratiques, utile aux ingénieurs, traduisant non une recherche d'intelligibilité, mais un souci de manipulation et d'exploitation ? Cette réponse est devenue d'autant plus difficile à accepter aujourd'hui que la physique des phénomènes loin de l'équilibre a démontré le rôle constructif des phénomènes irréversibles. Nous pouvons désormais affirmer que le message de l'entropie n'a pas pour objet les limites de nos connaissances, ou des impératifs pratiques. Il nous parle du monde que nous habitons et que nous décrivons. Il définit les contraintes intrinsèques à partir desquelles se renouvellent le sens et la portée des questions que ce monde nous autorise à poser.

Afin de préciser le contraste entre les modes d'intelligibilité d'hier et d'aujourd'hui, prenons un exemple simple. Chacun sait ce que signifie « jouer à pile ou face ». A chaque jet, nous ne pouvons deviner sur quelle face la pièce va tomber, mais, en moyenne, elle tombera autant de fois sur une face que sur l'autre. Le jet de la pièce de monnaie répond donc à une loi probabiliste : chacun de ses deux résultats possibles se caractérise par une probabilité 1/2. Mais, d'autre part, nous pouvons considérer le mouvement de la pièce comme soumis à une loi déterministe. En ce cas, la probabilité répondrait seulement à notre ignorance. La pièce de monnaie ne serait l'instrument d'un « choix au hasard » que dans la mesure où nous ne cherchons pas à préciser sa trajectoire.

Considérons de plus près les conditions initiales, et écartons tout ce qui pourrait compliquer le mouvement, comme le frottement de l'air par exemple. Simulons ce jet à l'aide d'un ordinateur qui nous permettra de définir les conditions initiales par des nombres ayant autant de décimales que nous le souhaitons. Deux cas peuvent alors se présenter. Une précision accrue pourrait supprimer la pertinence de la loi probabiliste : nous serions alors en mesure de prédire que, pour telle condition initiale, nous obtiendrons à coup sûr pile, pour telle autre, face. Nous conclurons donc que la notion de probabilité ne provenait, en effet, que de notre ignorance. La probabilité — et c'est ainsi qu'elle est généralement comprise — n'est alors qu'un concept auxiliaire. Cependant, nous savons désormais qu'il n'en va pas nécessairement ainsi. Il existe des mouvements pour lesquels nous aurons beau préciser les conditions initiales, introduire de plus en plus de décimales, du moment seulement que la précision reste *finie,* la loi probabiliste demeure valable. Nous aurons toujours autant de chances de voir la pièce tomber sur pile que sur face.

Comment se représenter ce second cas ? Prenons un segment de droite. Imaginons que, sur ce segment, chaque point rationnel corresponde à l'une des deux issues possibles d'un lancer, et chaque point irrationnel, à l'autre. Quelle que soit la précision avec laquelle nous nous situons sur la droite, nous ne pourrons jamais définir un point, mais seulement un segment, et ce segment, si court soit-il, réunira des points rationnels et des points irrationnels. En effet, chaque point rationnel est entouré d'irrationnels, et inversement. Nous ne pourrons donc jamais définir une condition initiale qui engendre de manière déterministe l'un des deux résultats possibles. La loi probabiliste reste alors fondamentale, tandis que la loi déterministe relève d'une *idéalisation incorrecte.*

La distinction que nous introduisons entre ces deux usages de la notion de probabilité, instrument auxiliaire ou concept fondamental, renvoie au problème déjà soulevé par Leibniz — nous l'avons évoqué au chapitre II — du passage à la limite d'une connaissance de précision finie à une connaissance de type divin, infinie, qui ne peut s'exprimer ni en mots, ni en chiffres. Pour que la notion de trajectoire déterministe constitue un mode de représentation adéquat, il faut qu'elle résiste à ce que Pierre Duhem avait baptisé l' « à peu près physique[2] ». Comme nous l'avons vu, la description des systèmes chaotiques en termes de trajectoires ne peut résister à l' « à peu près » : toute imprécision dans la détermination initiale de tels systèmes s'amplifie exponentiellement au cours du temps.

Analysons de plus près ces concepts sur un exemple simple, la désormais classique « transformation du boulanger[3] ».

Une transformation dynamique peut être décrite comme la transformation d'un point en un autre point au sein de l'espace « des phases » du système étudié. Chaque état dynamique possible du système est, selon l'idéal de la dynamique classique, représenté par un point au sein de cet espace, et chaque évolution temporelle, par une trajectoire. L'espace des phases, dans la transformation du boulanger, n'a que deux dimensions : c'est un carré de côté égal à l'unité.

Voici maintenant la règle simple qui définit la transformation du boulanger *(fig. 10) :* le carré est d'abord aplati pour donner un rectangle de base 2 et de hauteur 1/2 ; ensuite, les deux moitiés superposées de ce rectangle reconstituent un nouveau carré. Cette transformation est réversible : la transformation inverse, qui allonge le carré en rectangle de base 1/2 et de hauteur 2, avant de recomposer un nouveau carré, renverrait par définition chacun des points à leur position initiale.

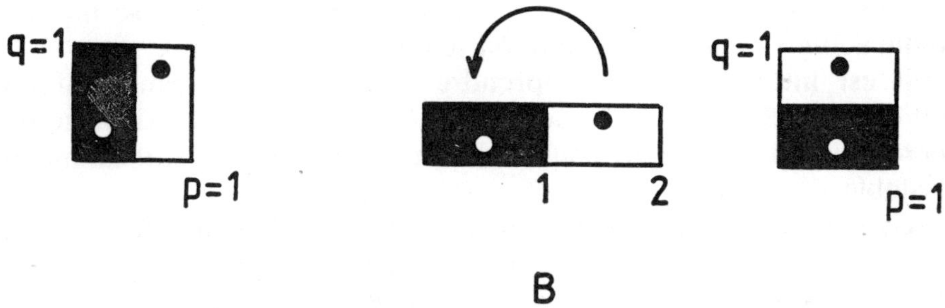

Fig. 10 : Transformation du boulanger.

Pourtant, si l'on réfléchit à ce que donne une succession de telles transformations, on comprend que nous avons ici un exemple de *système dynamique instable,* système dont la description déterministe ne peut résister à la contrainte de l' « à peu près physique ».

Prenons en effet une région de l'espace des phases ; quelle que soit la taille de cette région, si petite soit-elle, elle finira toujours par être fragmentée par l'opération de coupure du rectangle, et ses fragments subiront à leur tour le même type de fragmentation. Ce qui signifie que deux points aussi proches que l'on veut dans l'espace des phases connaîtront, à terme, des destins divergents.

Il n'est donc pas étonnant que la transformation du boulanger nous permette de calculer la valeur de l'exposant de Lyapounov dont l'existence est, nous l'avons vu, la véritable signature du comportement chaotique.

Dans la transformation du boulanger, les deux coordonnées jouent des rôles différents. La coordonnée horizontale est la « coordonnée dilatante » : c'est dans sa direction que se produit la dilatation du carré en rectangle. La coordonnée verticale est au contraire « contractante » : dans la direction de cette coordonnée, les points se rapprochent lors de l'aplatissement du carré en rectangle.

A chaque dilatation, la distance entre deux points, selon la coordonnée dilatante, double. Après n opérations, elle aura donc été multipliée d'un facteur 2^n, c'est-à-dire $e^{n lg2}$. Le nombre n d'opérations mesure le temps. Dès lors, l'exposant de Lyapounov caractérisant la transformation du boulanger a pour valeur lg2 (à la direction contractante correspond un exposant négatif de même valeur).

La transformation du boulanger définit donc un comportement chaotique, mais, à la différence des attracteurs que nous avons déjà décrits au chapitre précédent, ce comportement caractérise un système soumis à une loi d'évolution temporelle *réversible*.

Il est intéressant de comprendre dès maintenant pourquoi les objections élevées contre les idées de Boltzmann perdent toute pertinence dès lors que nous considérons un système suffisamment instable.

Deux objections avaient entraîné la défaite de Boltzmann : celle du « retour » et celle de l' « inversion ». La première fait appel à un théorème dû à Poincaré (le théorème « de récurrence ») selon lequel tout système dynamique finira toujours, après un temps assez long (le temps « de Poincaré »), par repasser aussi près que l'on veut de sa position initiale. La seconde fait appel à une expérience de pensée : si nous inversons les vitesses, le système va parcourir en sens inverse la trajectoire qui l'a mené à l'état où l'inversion a été effectuée. Dans les deux cas, la situation initiale n'appartient donc pas seulement à un passé irréversiblement disparu, mais aussi à un avenir possible. L'irréversibilité n'est donc qu'une apparence. Les physiciens ont dès lors accepté l'énoncé de Smoluchowski : « Si nous continuions notre observation pendant un temps immensurablement long, tous les processus se révéleraient réversibles[4]. »

Cependant, l'existence, pour les systèmes « chaotiques », d'un horizon temporel mesuré par le temps de Lyapounov (ici 1/lg2) ôte toute portée à ces deux objections. Le temps de Poincaré est bien plus long que le temps de Lyapounov. Dès lors, nous ne pourrons plus décrire une trajectoire revenant à son point initial : ce retour se situe au-delà de l'horizon temporel, à un moment où la notion de trajectoire individuelle a depuis longtemps perdu son sens. Pour la même raison, une inversion des vitesses n'est plus concevable, même en tant qu'expérience de pensée, après un temps d'évolution long par rapport au temps de Lyapounov. Les systèmes chaotiques ne peuvent donc être définis comme réversibles pour des temps longs par rapport au temps de Lyapounov. Cette contrainte fondamentale est — comme nous le verrons plus loin dans ce chapitre — confirmée par des calculs à l'ordinateur. Ces calculs utilisent un programme basé sur un système d'équations réversibles dans le temps et démontrent le caractère *irréversible* de l'évolution définie par ces équations pour des temps suffisamment longs.

La transformation du boulanger permet de mieux comprendre cette situation. Pour l'analyser de plus près, il nous faut d'abord montrer que cette transformation peut se décrire en termes de *décalage de Bernoulli*.

Afin d'expliquer cette notion, commençons par exprimer la valeur, comprise entre 0 et 1, des deux coordonnées qui définissent chaque point de l'espace des phases dans la transformation du boulanger en mode « binaire ». Chaque coordonnée sera alors représentée par une série de « décimales » (ce terme est évidemment impropre) dont la valeur est soit 0, soit 1.

Considérons tous les points dont la coordonnée horizontale s'exprime dans le mode binaire par un nombre commençant par 0,01. La valeur 0 de la première décimale implique que ces points appartiennent à la moitié gauche du carré (coordonnées comprises entre 0 et 0,5). La valeur 1 de la seconde décimale implique qu'ils appartiennent à la moitié droite de cette première moitié (coordonnées comprises entre 0,25 et 0,5). Voyons maintenant (voir *fig. 11*) l'effet de la transformation du boulanger sur l'ensemble des points définis par cette coordonnée. Tous ces points vont se trouver rassemblés dans le quart inférieur droit de l'espace des phases. Ce nouvel ensemble de points est défini par la valeur 0,1 de leur coordonnée horizontale (les décimales suivantes étant indéterminées), *mais aussi* par la valeur 0,0 de leur coordonnée verticale. Il est facile de vérifier que si nous étions partis des points définis par une coordonnée horizontale de valeur 0,11, l'ensemble transformé aurait été défini par une valeur 0,1 de la coordonnée verticale. En d'autres termes, la première décimale de la coordonnée horizontale (dilatante) est devenue la première décimale de la coordonnée verticale (contractante).

La *figure 12* montre l'effet de la transformation du boulanger sur

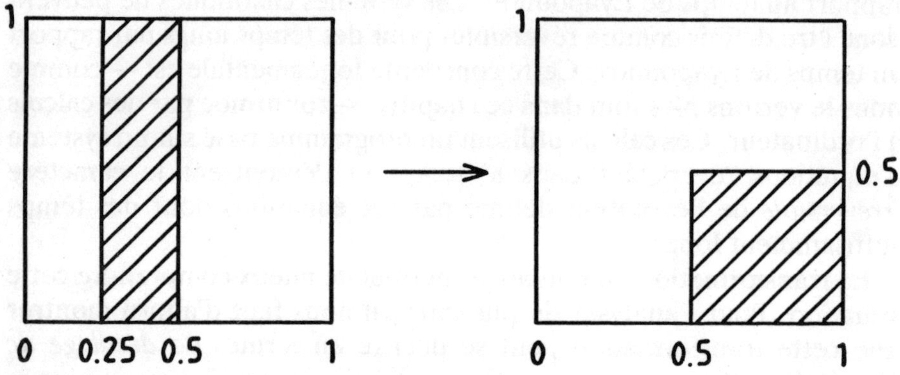

Fig. 11 : Transformation de la région définie par la valeur 0,01 de la coordonnée dilatante.

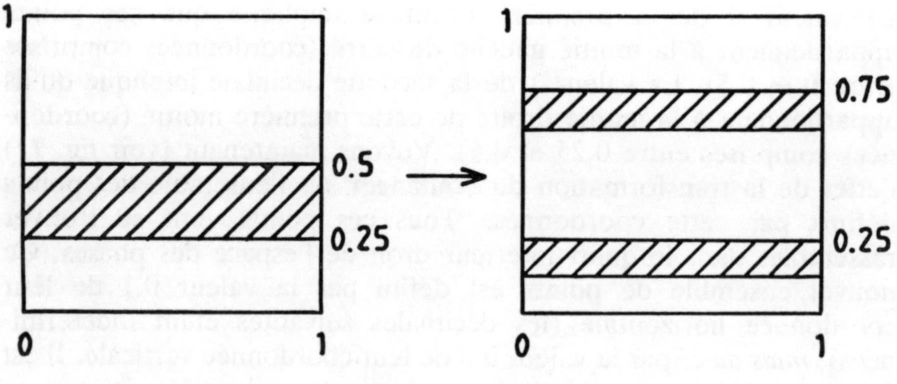

Fig. 12 : Transformation de la région définie par la valeur 0,01 de la coordonnée contractante.

l'ensemble des points définis par une valeur de leur coordonnée verticale (contractante) égale à 0,01. Cette fois, la transformation produit deux ensembles, correspondant respectivement à une coordonnée verticale de valeur 0,001 et à une autre de valeur 0,101. Pour chaque point, la valeur de la première décimale de la nouvelle coordonnée contractante correspond à celle qu'avait la première décimale de la coordonnée dilatante.

Représentons maintenant chaque point par la double série des décimales de ses deux coordonnées mises tête-bêche : $\ldots u_{-3}u_{-2}u_{-1}u_0u_1u_2u_3\ldots$ (u_0 représente la première des décimales de la coordonnée dilatante, qui correspond aux indices négatifs). Le lecteur pourra vérifier sur des exemples simples, comme ceux qui précèdent, que chaque transformation du boulanger peut être représentée par un simple décalage des indices de la série : les décimales « dilatantes » remontent donc d'un rang (la seconde devenant la première), alors que les décimales « contractantes » descendent d'un rang (la première devient la seconde). Après une transformation, une décimale u_N de la nouvelle série a donc la valeur de la décimale u_{N-1} de la série de départ.

Nous comprenons maintenant l'origine du terme « décalage de Bernoulli ». Les travaux de Bernoulli avaient pour objet les jeux de hasard, et notamment le jeu de pile ou face où chaque expérience peut avoir deux issues de probabilité égale. Chacune de ces issues est définie comme indépendante des autres. De même, ici, les décimales u_n peuvent avoir, avec une probabilité égale, deux valeurs, et la valeur de chaque décimale est indépendante de toutes les autres, comme si elle était obtenue par un jeu de pile ou face.

La transformation du boulanger, représentée en termes de « décalage de Bernoulli », nous livre immédiatement un exemple de ce mélange intime entre trajectoires qualitativement différentes, auquel nous avions fait allusion à propos du jet d'une pièce de monnaie. « Partout » dans l'espace de phases, on trouve des points dont les coordonnées correspondent en représentation binaire à une série périodique de 0 et de 1 (c'est le cas des nombres rationnels). Ces points engendreront des trajectoires périodiques. Les autres points, qui correspondent à des séries non périodiques, engendreront des trajectoires « ergodiques », qui « couvriront » la totalité de l'espace des phases. Les trajectoires périodiques sont donc l'exception, comme les nombres rationnels.

Cependant, la transformation du boulanger ainsi représentée nous montre également de manière immédiate pourquoi, dans le cas des systèmes chaotiques dont elle donne un exemple, les notions de point et de trajectoire déterministe et réversible correspondent à une *idéalisation illégitime* : afin de savoir à quel type de trajectoire nous avons affaire, nous devrions décrire notre système avec une précision infinie, correspondant à un nombre infini de décimales.

Les physiciens ne peuvent « se donner » un point, ils doivent tenir compte, dans leurs descriptions, du fait qu'ils ne peuvent connaître leurs systèmes que par observation ou préparation. C'est pourquoi ils ne définiront jamais un système par un point, mais par une *région* de l'espace des phases, donc par une suite $u_{-n} \ldots u_{-1}u_0u_1 \ldots u_n$, caractérisée par un nombre fini n de décimales. La valeur de n traduit l'étendue de la *fenêtre* que nous avons sur le monde.

Prenons donc la suite $u_{-n} \ldots u_{-1}u_0u_1 \ldots u_n$ dont nous ne connaissons qu'une fenêtre correspondant à une valeur n finie.

Lors de la première transformation, les « décimales » les plus importantes sont évidemment les décimales u_o et u_{-1}, qui sont appelées, à la transformation suivante, à devenir les premières décimales de chacune des deux coordonnées. Mais, dès cette première transformation, la décimale inconnue, u_{-n-1}, est venue occuper la position u_{-n}. De deux choses l'une, ou bien nous acceptons que notre fenêtre se rétrécisse, c'est-à-dire que notre description perde de sa précision, ou bien nous devons, dès ce stade, faire intervenir les probabilités : la transformation peut avoir deux issues possibles, équiprobables.

A la transformation suivante, la précision de notre description sera encore réduite, ou bien nous aurons quatre possibles équiprobables. Et ainsi de suite, puisque des décimales de valeur inconnue remontent vers u_0. Lorsqu'une décimale inconnue sera enfin remontée jusqu'à la position u_0, le système aura autant de chances d'être représenté par n'importe quelle coordonnée dilatante. Après 2n +1 transformations, il se trouvera *n'importe où*, avec une probabilité égale, dans l'espace des phases. Cette fois, l'information initiale aura totalement disparu.

Cette situation rappelle étrangement celle qui prévaut dans l'étude des phénomènes météorologiques : des détails insignifiants, qui échappent à l'observation, peuvent, dans un avenir plus ou moins lointain, jouer un rôle significatif. Dans les deux cas, et à la différence du mouvement de la Terre autour du Soleil, que nous pouvons prévoir sur des millions d'années, nous retrouvons une limite intrinsèque à la prévision : ce qui est aujourd'hui caché dans le bruit de fond de nos observations se révélera demain jouer un rôle crucial. Bien sûr, le temps météorologique n'a pas la régularité du décalage de Bernoulli : dans son cas, nous ne pouvons même pas définir le type d'information qui échappe à notre « fenêtre » — ce peut être le battement d'une aile de papillon quelque part dans le bassin amazonien, ou l'éternuement d'un habitant de Madagascar.

En 1927, Heisenberg avait déjà fait remarquer que le problème posé par la loi de causalité (à la base du déterminisme) est moins l'existence d'une loi à partir de laquelle le futur pourrait être déterminé à partir du présent, que sa prémisse, la définition même de ce « présent ». Cette remarque trouve ici tout son sens : la « loi » d'évolution du boulanger est d'une simplicité extrême, mais elle implique, pour être loi d'une trajectoire individuelle, un mode de définition du présent dénué de sens physique.

Le déterminisme traduisait, comme l'a rappelé Lighthill, les certitudes qui ont nourri les descendants de Newton, Laplace et Lagrange, à juste titre fiers de la science dont ils étaient les héritiers. Aujourd'hui, le sens de notre savoir a changé. Peut-être pouvons-nous ici nous souvenir du héros du *Nom de la rose* d'Umberto Eco, Guillaume de Baskerville, pour qui déchiffrer le monde tenait de l'histoire policière : jeu intellectuel où nous n'avons que des indices, jamais la totalité des éléments.

Jusqu'ici, nous avons surtout souligné les dimensions négatives du chaos dynamique, la nécessité qu'il implique d'abandonner les notions de trajectoire et de déterminisme. Mais l'étude des systèmes chaotiques est également une ouverture, elle crée la nécessité de construire de nouveaux concepts, de nouveaux langages théoriques (voir Appendice I). Le langage classique de la dynamique implique les notions de points et de trajectoires, et, jusqu'à présent, nous-mêmes y avons eu recours alors même que nous montrions l'idéalisation — dans ce cas, illégitime — dont elles procèdent. Le problème est maintenant de *transformer* ce langage, de sorte qu'il intègre de manière rigoureuse et cohérente les contraintes que nous venons de reconnaître.

Il ne suffit pas, en effet, d'exprimer le caractère fini de la définition d'un système dynamique en décrivant l'état initial de ce système par une région de l'espace des phases, et non par un point. Car une telle région, soumise à l'évolution que définit la dynamique classique, aura beau se fragmenter au cours du temps, elle *conservera son volume* dans l'espace des phases. C'est ce qu'exprime un théorème général de la dynamique, le *théorème de Liouville.* Toutes les tentatives de construire une fonction entropie, décrivant l'évolution d'un ensemble de trajectoires dans l'espace des phases, se sont heurtées au théorème de Liouville, au fait que l'évolution d'un tel ensemble ne peut être décrite par une fonction qui croîtrait au cours du temps[5].

Or, un argument simple permet de montrer l'incompatibilité, dans le cas d'un système chaotique comme celui que définit la transformation du boulanger, entre le théorème de Liouville et la contrainte selon laquelle toute description correspond à une « fenêtre ». L'existence de cette fenêtre définit le « pouvoir de résolution » de nos descriptions : il existera toujours une distance r telle que nous ne pourrons faire la différence entre des points plus proches l'un de l'autre que r selon la direction verticale. Suivons maintenant l'évolution d'une région de l'espace des phases contenant tous les points représentatifs du système. De transformation en transformation, cette région se contractera selon la dimension verticale, mais lorsqu'elle aura atteint la valeur minimale r, nous ne pourrons plus suivre sa contraction et devrons la définir comme constante (voir *fig. 13*). Alors que le théorème de Liouville définissait la surface de cette région comme constante au cours du temps, elle envahira la totalité de l'espace des phases.

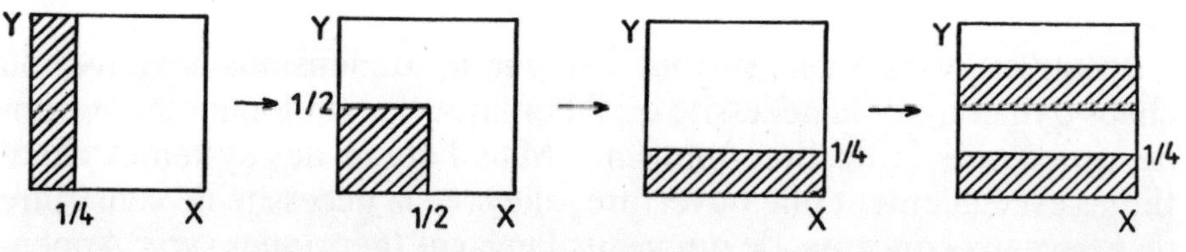

Fig. 13 : Evolution d'une région de l'espace des phases lorsque est prise en compte la distance r en dessous de laquelle nous ne pouvons établir de discrimination entre deux points voisins selon la direction verticale. Ici, r est fixé à 1/4.

Il ne suffit donc pas d'abandonner la représentation d'un système dynamique par un point dans l'espace des phases. Il faut construire un *nouveau langage*, une nouvelle définition de l'état d'un système dynamique et de son évolution qui ne présuppose plus la notion de point ni la possibilité qu'elle implique d'attribuer à tout système une trajectoire bien définie.

La nouvelle représentation dynamique introduite au cours de ces dernières années[6] actualise, dans la définition de l'état instantané, la distinction entre les dimensions contractantes et dilatantes qui caractérise les systèmes chaotiques.

Il est facile de constater que la transformation du boulanger permet de définir des objets que la transformation ne « conserve » pas comme elle conserve les surfaces : ce sont les « fibres dilatantes » et les « fibres contractantes ». Alors que tout point est transformé en un autre point par la transformation du boulanger, les fibres dilatantes se multiplient par deux à chaque transformation, alors que les fibres contractantes perdent la moitié de leur longueur *(fig. 14)*. Ces fibres se caractérisent donc par deux types d'avenir distincts : tous les points appartenant à une fibre contractante convergent vers le même futur, alors que, dans le futur, les points appartenant à une fibre dilatante couvriront de manière dense la totalité de l'espace des phases.

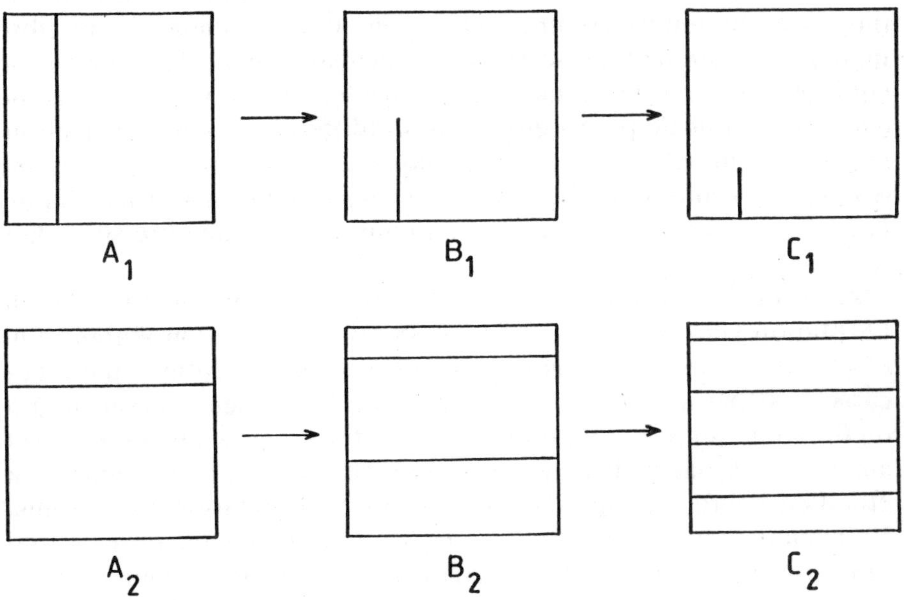

Fig. 14 : Evolution d'une fibre contractante (A_1, B_1, C_1) et d'une fibre dilatante (A_2, B_2, C_2).

Prenons un fragment de fibre contractante. Les différents systèmes qu'il représente ont, par définition, un avenir commun. Tous les points d'un tel fragment convergent. Si ce fragment correspond à notre pouvoir de résolution fini r, il définit un ensemble de systèmes indiscernables, *et qui resteront indiscernables dans tout le futur.*

La nouvelle description des systèmes dynamiques chaotiques substitue au point un ensemble correspondant à un fragment de fibre contractante. Il s'agit donc d'une description *non locale,* qui tient compte de la contrainte d'indiscernabilité que nous avons définie. Mais cette description n'est pas relative à notre ignorance. Elle donne un sens intrinsèque au caractère fini de nos descriptions : dans le cas où le système dynamique n'est pas chaotique, où l'exposant de Lyapounov est de valeur nulle, nous retrouvons la représentation classique, ponctuelle, et les limites mises à la précision de nos mesures n'affectent plus la représentation du système dynamique.

Cette nouvelle représentation *brise également la symétrie temporelle.* En effet, deux choix étaient à priori possibles, correspondant à deux descriptions différentes. La représentation d'un système qui substituerait au point un fragment de fibre *dilatante* aurait défini la direction du temps comme étant celle où les points d'une fibre dilatante deviennent indiscernables. Corrélativement, là où une seule équation d'évolution permettait de calculer l'évolution vers le passé ou vers le futur de points eux-mêmes indifférents à cette distinction, nous avons maintenant deux équations d'évolution différentes. L'une décrirait l'évolution d'un système vers un équilibre situé dans le futur, l'autre décrirait l'évolution d'un système vers un équilibre situé dans le passé.

L'un des grands problèmes de l'interprétation probabiliste de l'évolution vers l'équilibre était que la représentation probabiliste ne donne pas sens à la distinction entre passé et futur : d'un état caractérisé par une distribution de probabilité donnée, on pouvait dire qu'il évoluerait vers l'équilibre dans le futur, mais on pouvait tout aussi bien, à partir des mêmes arguments, dire qu'il provenait d'un état d'équilibre situé dans le passé. C'est cette situation qui conduisit Boltzmann, ainsi que nous l'avons vu au premier chapitre, à assimiler notre Univers à une fluctuation surgie spontanément à partir d'un état d'équilibre et retournant progressivement vers l'équilibre.

La nouvelle description dynamique que nous avons construite incorpore, en revanche, la flèche du temps à la fois dans la définition de ses unités (les fragments de fibre contractante) et dans celle de l'équation qui régit leur évolution. Les équations d'évolution dynamique acquièrent donc le même type de symétrie que les équations d'évolution décrivant les systèmes dissipatifs. Ainsi, la loi de diffusion de la chaleur décrit l'évolution d'un système vers l'état d'équilibre thermique, et non pas l'évolution inverse au cours de laquelle le système s'éloignerait spontanément de l'état d'équilibre.

Le principe de raison suffisante unissait indissolublement la définition *locale* d'un système — la cause *pleine* et l'effet *entier* — et la *symétrie* du temps — la relation d'*équivalence* réversible qui articule cause et effet. La réversibilité prouve que rien n'a échappé à la définition, que celle-ci détermine l'évolution de manière complète. L'objet dynamique soumis au principe de raison suffisante pouvait donc apparaître comme parfaitement intelligible, comme répondant à des catégories qui ne doivent rien au point de vue humain. Et, corrélativement, toute tentative de donner un sens à l'irréversibilité dans un langage soumis à la raison suffisante était vouée à faire apparaître celle-ci comme la conséquence d'une définition approximative, relative au point de vue humain, et non à l'objet. Mais les comportements dynamiques chaotiques permettent de construire ce pont, que Boltzmann n'avait pu créer, entre la dynamique et le monde des processus irréversibles. La nouvelle représentation de l'objet dynamique, non locale et à symétrie temporelle brisée, *n'est pas* une description approximative, plus pauvre que la représentation classique. Elle définit au contraire cette représentation classique comme *relative* à un cas particulier. Les limites de validité du principe de raison suffisante ne sont pas liées à celles du sujet qui observe, mais aux propriétés intrinsèques de l'objet observé.

La transformation du boulanger est un modèle de système dynamique chaotique (ce qu'on appelle techniquement système « à K-flows », où K rappelle le nom du grand mathématicien Kolmogoroff). De tels systèmes se situent évidemment aux antipodes des systèmes dynamiques qui fondèrent l'idéal déterministe. Nous savons aujourd'hui que ces derniers, qui dominèrent si longtemps l'imagination des physiciens, forment en fait une classe très particulière. A l'idée de comportement dynamique homogène, conçu suivant le modèle du pendule ou de la trajectoire planétaire, s'est donc substituée l'exploration de comportements différenciés dont les systèmes déterministes et les systèmes chaotiques constituent les deux extrêmes.

C'est en 1892, avec la découverte d'un théorème fondamental par Poincaré [7], que se brisa l'image homogène du comportement dynamique : la plupart des systèmes dynamiques, à commencer par le simple système « à trois corps », *ne sont pas intégrables*.

Comment comprendre cet énoncé ? Depuis les travaux de Hamilton, on sait qu'un même système dynamique peut être représenté de différentes manières équivalentes par une transformation canonique (ou unitaire, le premier terme étant usuel en mécanique classique, le second en mécanique quantique ; nous ne ferons pas cette distinction) de la définition du couple de variables indépendantes qui permettent de le décrire : les positions (q) et les moments (ou quantités de mouvement) (p). Une transformation canonique conserve la forme hamiltonienne de la description : l'énergie du système, exprimée en termes de variables issues d'une telle transformation, est toujours l'*hamiltonien* du système, la grandeur qui détermine son évolution temporelle.

Parmi toutes les transformations unitaires, il en existe une qui permet d'aboutir à une représentation privilégiée du système. C'est celle qui fait de l'énergie, c'est-à-dire de l'hamiltonien, une fonction des seuls moments, et non plus des positions. Dans une telle représentation, les mouvements des différentes particules du système sont décrits comme s'ils ne dépendaient plus des positions relatives des particules, c'est-à-dire comme si celles-ci n'étaient plus en interaction : la définition des variables p et q a « absorbé » les interactions. Les mouvements possibles de tels systèmes ont donc la simplicité des mouvements libres.

On appelle les variables qui correspondent à cette représentation privilégiée des variables « cycliques », car elles permettent d'expliciter le caractère *périodique* du comportement dynamique. Ces variables comprennent, comme toujours, les coordonnées et les moments. Les coordonnées, appelées variables « d'angle » ou variables « angulaires », varient, comme pour tout système sans interaction, de manière linéaire avec le temps. Cette variation est déterminée par les fréquences ω caractéristiques du système intégrable. Les moments sont appelés variables « d'action » et sont des *invariants* du mouvement dynamique. Tous les systèmes intégrables peuvent être décrits en termes de variables d'angle et d'action.

Or, en 1892, Poincaré montra qu'en général il est impossible de définir la transformation unitaire qui ferait des « actions » des invariants du système. La plupart des systèmes dynamiques n'admettent pas d'invariants en dehors de l'énergie et de la quantité de mouvement totales, et, dès lors, ne sont pas intégrables.

La raison de l'impossibilité de définir les invariants du mouvement qui correspondent à la représentation d'un système dynamique intégrable tient à un mécanisme de *résonance*. Nous sommes tous familiers avec des phénomènes de résonance. Prenons un ressort :

lorsqu'on l'écarte de sa position d'équilibre, il vibre avec une fréquence caractéristique, sa fréquence propre. Soumettons ce ressort à une force extérieure caractérisée elle aussi par une fréquence que nous pouvons faire varier. Au moment où les deux fréquences, celle du ressort et celle de la force extérieure, se trouvent dans un rapport simple (c'est-à-dire où l'une des fréquences est égale à l'autre, mais aussi, par exemple, 2, 3, 4... fois plus grande), nous voyons l'amplitude de la vibration du ressort s'accroître de manière dramatique. De même, chacun sait que si l'on donne à une balançoire des impulsions qui correspondent à sa période, le mouvement de la balançoire prend une très grande amplitude. Le phénomène de résonance peut donc être caractérisé comme un transfert d'énergie entre deux mouvements périodiques couplés dont les fréquences sont entre elles dans un rapport simple.

Ce sont ces phénomènes de résonance — mais, cette fois, entre les différents degrés de liberté qui caractérisent un même système dynamique — qui empêchent que ce système soit mis sous une forme intégrable. La résonance la plus simple entre les fréquences ω_1, ω_2, ... ω_n, se produit lorsque ces fréquences sont égales, mais elle se produit aussi chaque fois que les fréquences sont commensurables, c'est-à-dire chaque fois qu'elles ont entre elles un rapport rationnel (s'il existe un ensemble de nombres entiers non tous nuls k_1, ...k_n tel que $k_1\omega_1 + k_2\omega_2 + ... + k_n\omega_n = 0$). Le problème se complique du fait que, de manière générale (contrairement au cas particulier de l'oscillateur harmonique), les fréquences ne sont pas des constantes, mais dépendent de la valeur des variables d'action. Elles ont donc des valeurs différentes en chaque point de l'espace des phases. Ce qui fait que, dans l'espace des phases d'un système dynamique, il y aura des points caractérisés par une résonance, alors que d'autres ne le seront pas. L'existence des points de résonance interdit en général la représentation en termes de variables cycliques, c'est-à-dire une décomposition du mouvement en mouvements périodiques indépendants.

Les points de résonance, c'est-à-dire les points auxquels les fréquences ont entre elles un rapport rationnel, sont « rares », comme sont rares les nombres rationnels par rapport aux nombres irrationnels. Dès lors, « presque » partout dans l'espace des phases, nous aurons des comportements périodiques de type habituel. Néanmoins, les points de résonance existent dans tout volume fini de l'espace des phases. D'où le caractère effroyablement compliqué de l'image des systèmes dynamiques telle qu'elle nous a été révélée par la dynamique moderne initiée par Poincaré et poursuivie par les travaux de Kolmogoroff, Arnold et Moser[8].

Si les systèmes dynamiques étaient intégrables, la dynamique ne pourrait nous livrer qu'une image statique du monde, image dont le mouvement du pendule ou de la planète sur sa trajectoire képlerienne constituerait le prototype. Cependant, l'existence des résonances dans les systèmes dynamiques à plus de deux corps ne suffit pas pour transformer cette image et la rendre cohérente avec les processus évolutifs que nous avons étudiés aux chapitres précédents. Lorsque le volume reste petit, ce sont toujours les comportements périodiques, nous l'avons dit, qui dominent. C'est là une grande différence avec la transformation du boulanger où, on l'a vu, ce sont les trajectoires périodiques qui, au contraire, constituent l'exception.

Cependant, pour les « grands » systèmes (dont le volume tend vers l'infini), la situation s'inverse. Les résonances s'accumulent partout dans l'espace des phases, elles se produisent désormais non plus en tout point rationnel, mais en tout point réel (en termes techniques, on passe d'une série de Fourier à une intégrale de Fourier). Dès lors, les comportements non périodiques dominent, comme c'est le cas dans les systèmes chaotiques.

Certes, les physiciens connaissent des « grands systèmes » au comportement reproductible et parfaitement contrôlable. C'est le cas, par exemple, d'un supraconducteur ou d'un grand cristal. Cependant, de tels systèmes constituent l'exception. La moindre impureté transforme qualitativement le comportement du cristal. Comme nous allons le voir, le grand système type est celui qui fit l'objet de la théorie cinétique de Boltzmann : une population de particules susceptibles d'entrer en *collision* les unes avec les autres.

Nous arrivons ici à une curieuse convergence entre Boltzmann et Poincaré, entre celui qui avait voulu interpréter le second principe en termes de lois dynamiques réversibles et celui qui avait condamné l'entreprise comme impossible à priori. Les collisions comme mécanisme d'évolution correspondent en effet très précisément à des phénomènes de résonance. Une collision entre deux particules peut être assimilée à un transfert d'énergie entre ces deux particules. La rencontre entre deux particules, de vitesse v_1 et v_2, conserve l'énergie et la quantité de mouvement totales mais confère aux particules de nouvelles vitesses, v'_1 et v'_2.

Nous l'avons dit, l'existence de résonances rend impossible la transformation unitaire qui devrait aboutir à la définition des actions J comme invariants du système, c'est-à-dire permettre de passer de la forme générale de l'hamiltonien H(p,q) à sa forme privilégiée H(J). Cependant, dans le cas des grands systèmes dynamiques, caractérisés par un ensemble continu de résonances, une autre transformation devient possible, qui ne rencontre pas l'obstacle des divergences qui rendent impossible la transformation unitaire et peut donc être définie comme une généralisation de celle-ci. Cette transformation, non unitaire, est de même type que celle qui nous a permis de briser la symétrie temporelle de la description des systèmes dynamiques chaotiques. Elle définit ici *le passage d'une description dynamique à une description de type cinétique,* et fait ainsi le lien avec le monde des processus thermodynamiques (voir aussi l'appendice II).

Dans le cas d'un système de sphères dures en collision, Sinaï a pu démontrer l'identité entre comportement cinétique et chaotique, et définir la relation entre une grandeur cinétique comme le temps de relaxation (temps moyen entre deux collisions) et le temps de Lyapounov qui caractérise l'horizon temporel des systèmes chaotiques.

La description cinétique à symétrie temporelle brisée s'avère donc, comme nous allons le voir plus en détail, non pas une forme approchée de théorie dynamique, mais bien une description aussi rigoureuse que la description dynamique classique en termes de trajectoires déterministes et réversibles. Loin de pouvoir être hiérarchisés, ces deux modes de représentation caractérisent les deux extrêmes du spectre des comportements dynamiques qualitativement différenciés.

Analysons d'un peu plus près l'événement de « collision » qui permet d'articuler dynamique et théorie cinétique.

A première vue, une collision semble réversible : pour toute collision transformant les vitesses v_1, v_2 de deux particules en vitesses v'_1, v'_2, il existe une collision inverse qui transforme les vitesses v'_1 et v'_2 en v_1 et v_2 (voir *fig. 15*). Comment comprendre alors que les collisions puissent être le mécanisme d'une évolution irréversible vers l'équilibre ?

Des expériences de simulation numérique (voir *fig. 16*) ont permis de visualiser le comportement de la fonction $\mathcal{H}$ qu'avait construite Boltzmann à partir de la fonction de distribution des vitesses f (cette fonction $\mathcal{H}$ est l'intégrale $\int f \lg f \, dv$, prise sur les vitesses des particules). Nous voyons que cette fonction a bien, comme Boltzmann l'avait prédit, un comportement fléché dans le temps. A partir des

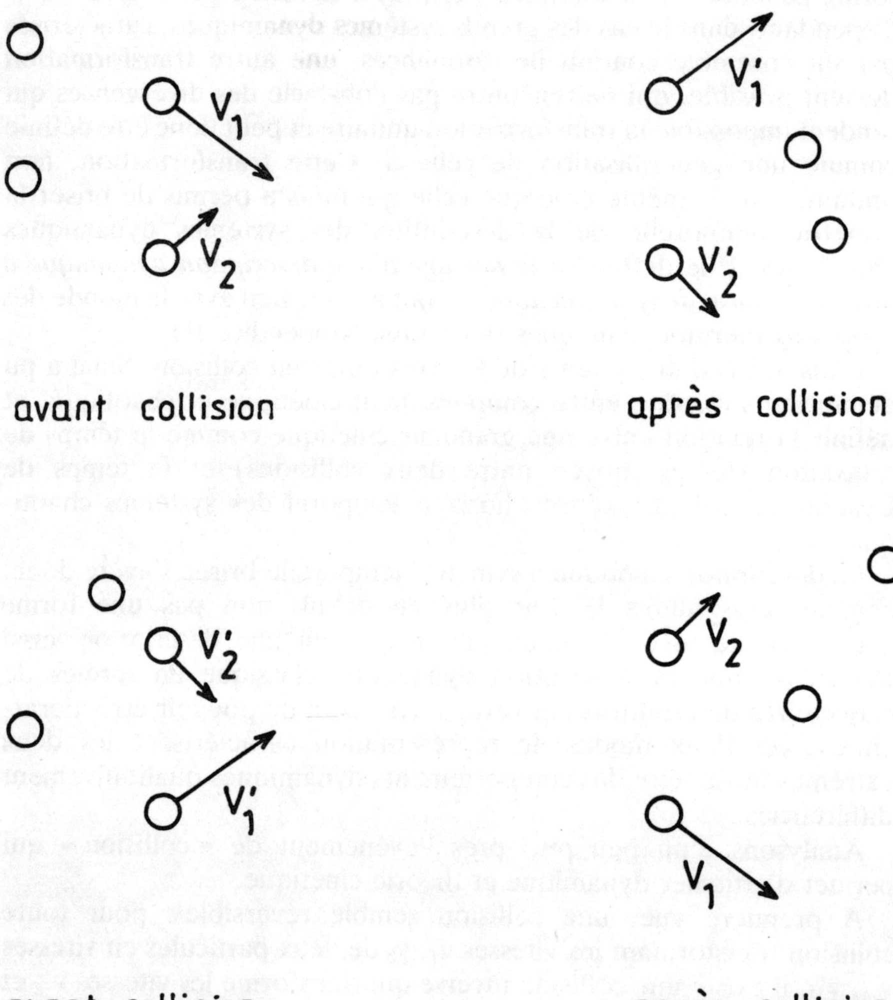

Fig. 15 : Collision et collision inverse.

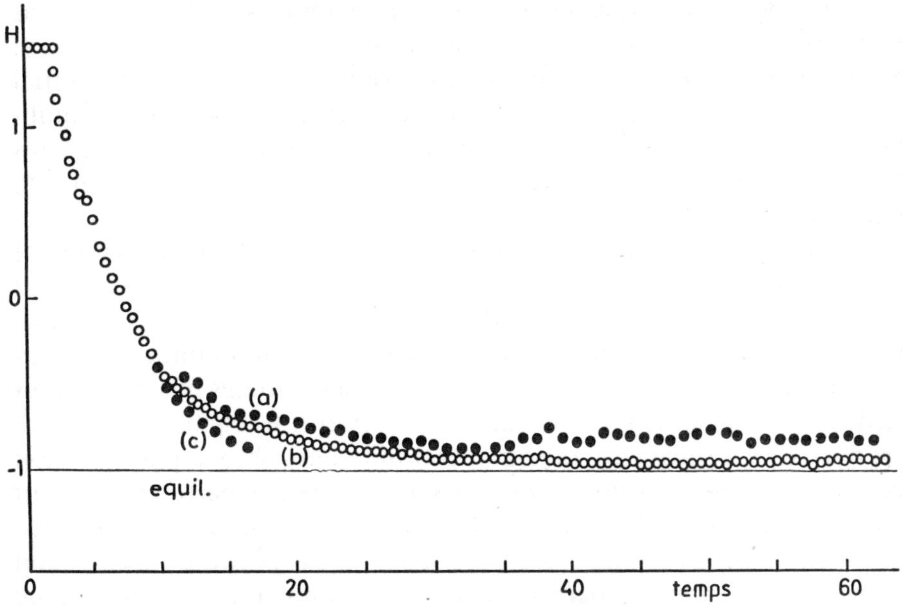

Fig. 16 : Simulation numérique de la décroissance monotone de la fonction H *de Boltzmann au cours du temps*[9].

équations dynamiques, symétriques par rapport au temps, la simulation calcule le mouvement d'un ensemble de « disques durs » sur une surface à deux dimensions définie par une condition périodique aux bords (cette surface est un « tore »). A l'instant initial, la distribution des vitesses est aléatoire, mais correspond à une situation éloignée de l'équilibre. La fonction décroît de manière monotone vers une valeur constante qui caractérise l'état d'équilibre du système. A l'équilibre, les collisions ne modifient plus, aux fluctuations près, la distribution des vitesses.

Comment comprendre cette « flèche du temps » ? Etant donné la brièveté du temps de simulation, il n'est pas étonnant que nous n'observions pas de « retour » du système vers son état initial, mais pourquoi l'évolution se produit-elle toujours dans le même sens, vers l'équilibre situé dans *notre* futur ?

Boltzmann avait cherché à montrer que, tant que le système n'est pas à l'équilibre, les collisions qui font évoluer la fonction de distribution des vitesses vers sa valeur d'équilibre sont statistiquement plus fréquentes que les collisions qui l'en éloignent. Cependant — nous y avons déjà fait allusion au premier chapitre —, l'objection de Loschmidt met en lumière la faiblesse de cet argument. L'inversion des vitesses donne les moyens de faire correspondre à tout état initial « boltzmannien », qui détermine une évolution menant vers l'équilibre, un autre état initial qui détermine l'évolution inverse. En d'autres termes, les probabilités ne permettent pas d'expliquer la flèche du temps.

Boltzmann lui-même avait été conduit à conclure que la validité de sa description cinétique dépend d'une condition portant sur l'état initial du système. Cette condition est le « chaos moléculaire ». Lorsque, comme c'est le cas dans la simulation numérique que nous venons de décrire, les positions et les vitesses initiales des différentes particules sont assignées de manière aléatoire, le chaos moléculaire est réalisé. En revanche, lorsque l'état initial est obtenu par inversion des vitesses, les positions et les vitesses initiales des particules ne sont plus indépendantes les unes des autres : l'inversion des vitesses crée des « corrélations » entre ces particules. C'est pourquoi l'évolution d'un système ainsi préparé échappe au raisonnement statistique de Boltzmann et peut conduire ce système à s'éloigner de l'équilibre thermodynamique. Cependant, Boltzmann ne put jamais justifier de manière satisfaisante la différence intrinsèque entre « chaos moléculaire » et état corrélé [10].

Retournons-nous vers l'expérience de simulation numérique qui nous permettra d'effectuer ce qui, à l'époque de Boltzmann, ne pouvait être qu'une expérience de pensée : l'inversion des vitesses (voir *fig. 17*). Après un certain nombre de collisions, les vitesses des particules sont inversées, et nous pouvons constater qu'en effet la valeur de la fonction $\mathcal{H}$ augmente au lieu de diminuer. Apparemment, l'objection de Loschmidt est justifiée : le comportement de cette fonction est seulement dû au caractère particulier de l'état initial du système.

Cependant, si nous examinons plus attentivement la figure, nous pourrons observer que, malgré tout, la flèche du temps *domine*. En effet, l'inversion des vitesses n'a qu'un effet transitoire. D'autre part, si l'inversion des vitesses a lieu non plus après 50, mais après 100 collisions, la fonction $\mathcal{H}$ ne regagnera pas sa valeur initiale, mais une valeur plus basse. Bien sûr, avec un ordinateur plus puissant, calculant avec un plus grand nombre de décimales, nous aurions pu réduire la différence. Néanmoins, le problème se poserait à nouveau après 150 ou 200 collisions... Quelle que soit l'information dont nous disposons,

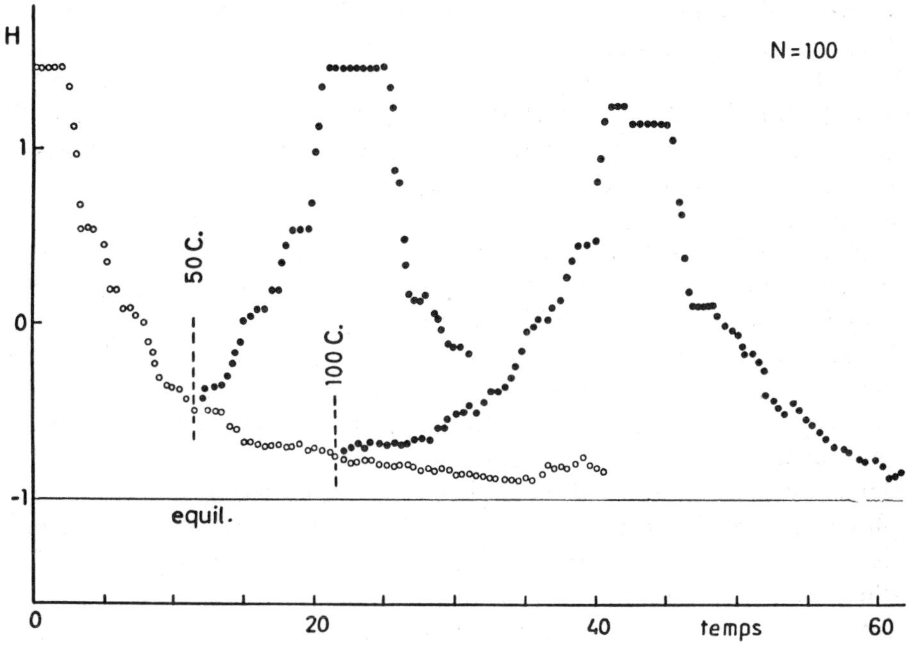

Fig. 17 : Simulation numérique[9] *d'une expérience d'inversion des vitesses (50 C. et 100 C. signalent que l'inversion est effectuée soit après 50 soit après 100 collisions).*

nous ne pourrons annuler la différence qualitative entre l'évolution boltzmanienne et son inverse : plus nombreuses ont été les collisions avant l'inversion des vitesses, plus il est difficile de « préparer » un système qui remonte la pente entropique et regagne son état initial. Il faut donc conclure que, contrairement à la thèse classique exprimée par Smoluchowski — selon laquelle, pour des temps longs, l'évolution d'un tel système apparaîtrait comme réversible —, pour des temps longs par rapport au temps qui sépare deux collisions, c'est la flèche du temps qui domine l'évolution du système.

Nous avons déjà les moyens de comprendre de manière qualitative cette domination de la flèche du temps. Les états engendrant une évolution anti-boltzmannienne, s'ils sont en droit aussi nombreux que les autres, ne leur sont pas équivalents. Toute imprécision dans la définition d'un état initial « anti-boltzmannien » suffit en effet à rétablir la domination de la flèche du temps. Ce n'est donc pas en termes de probabilité que la différence entre les deux types d'état peut être définie, mais en termes d'instabilité et d'horizon temporel. Pour

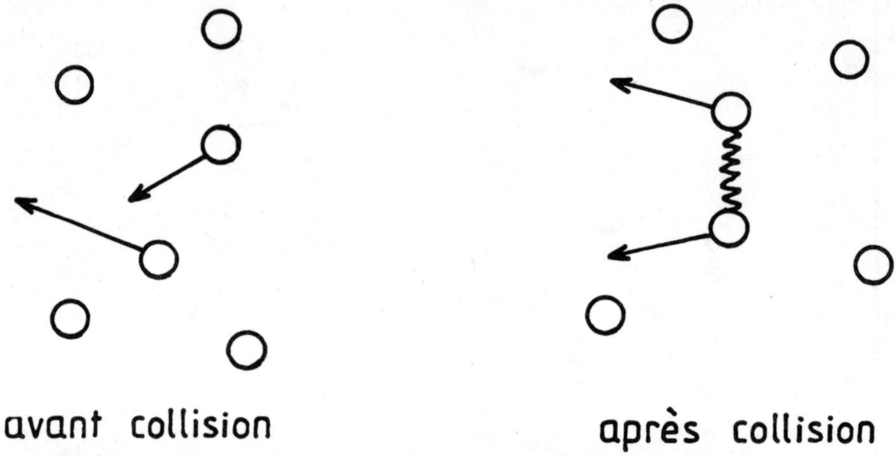

Fig. 18 : Création de corrélations. Initialement les particules ne sont pas corrélées. La collision entre deux particules crée entre elles des corrélations post-collisionnelles (indiquées par les lignes ondulées).

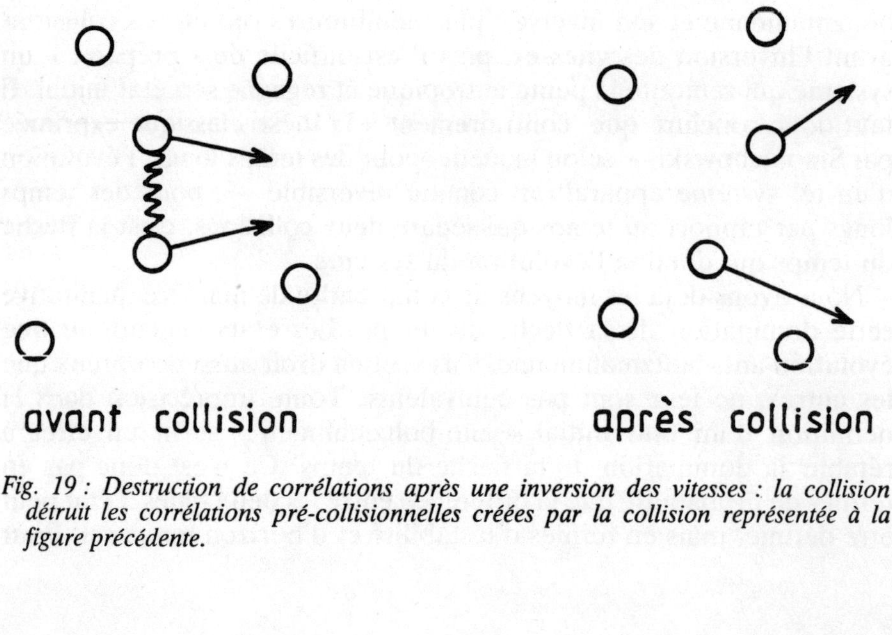

Fig. 19 : Destruction de corrélations après une inversion des vitesses : la collision détruit les corrélations pré-collisionnelles créées par la collision représentée à la figure précédente.

des temps longs par rapport au temps de Lyapounov, *il est impossible de préparer,* par inversion des vitesses, *un état qui échappe à la flèche du temps,* quelle que soit la précision de nos manipulations ou de nos calculs numériques. Au-delà de l'horizon temporel du système, l'information nécessaire à une telle préparation est irréversiblement perdue.

Analysons maintenant de manière plus fine la collision, afin de définir la différence intrinsèque entre les collisions qui se produisent dans un système en état de « chaos moléculaire », c'est-à-dire entre particules définies comme indépendantes les unes les autres, et celles qui se produisent entre particules corrélées.

La description cinétique de Boltzmann était approximative, vulnérable face à l'objection de Loschmidt, parce qu'elle ne prenait en compte que les changements de vitesse qui résultent de la collision et qui rapprochent la distribution des vitesses de la distribution d'équilibre. Or, les collisions n'ont pas pour seul effet de modifier la distribution des vitesses des particules du système, elles créent aussi des *corrélations* entre ces particules (voir *fig. 18*). L'inversion des vitesses transforme ces corrélations post-collisionnelles en corrélations pré-collisionnelles (voir *fig. 19*). La différence entre les collisions qui entraînent l'évolution vers l'équilibre et celles qui l'en éloignent peut donc être définie par l'ordre temporel entre collision et corrélations. Dans le premier cas, la collision crée des corrélations entre particules indépendantes et rend leurs vitesses plus « désordonnées ». Dans le second, les corrélations pré-collisionnelles sont détruites mais la distribution des vitesses s'éloigne de sa valeur d'équilibre.

Cette différence n'a évidemment aucune signification quand le système a un comportement périodique. Ainsi, dans le cas où un système serait constitué de deux particules qui rebondiraient périodiquement l'une contre l'autre, il serait impossible de distinguer entre corrélations pré- et post-collisionnelles. Chaque collision détruirait ou recréerait alternativement des corrélations entre les deux particules. Corrélativement, ni la flèche du temps ni l'état d'équilibre ne pourraient être définis. En revanche, dans les grands systèmes au comportement chaotique, c'est la dynamique des corrélations post-collisionnelles qui nous permet d'interpréter la domination de la flèche du temps que les simulations numériques nous ont permis de constater.

Pour un temps long par rapport au temps de Lyapounov, les corrélations créées par les collisions échappent à tout contrôle concevable. En effet, les corrélations créées entre deux particules qui sont entrées en collision vont rapidement s'amortir à mesure que ces particules en rencontreront d'autres qui en rencontreront d'autres, etc. L'évolution d'un système, de collision en collision, détermine donc un *flux de corrélations,* la création de corrélations impliquant un nombre toujours croissant de degrés de liberté. Les corrélations post-collisionnelles sont donc vouées à rejoindre, après un temps long par rapport au temps de Lyapounov, une « mer » de corrélations infiniment multiples et incohérentes[11].

Boltzmann avait été contraint de reconnaître que la fonction $\mathcal{H}$ qu'il avait construite ne prenait pas en compte les corrélations et que la validité de son théorème dépendait en fait d'arguments statistiques supposant le chaos moléculaire, l'absence de corrélations pré-collisionnelles. La dynamique des corrélations permet de donner à la croissance de l'entropie une signification purement dynamique, qui ne suppose pas le chaos moléculaire. Elle permet en effet d'intégrer dans une équation de type boltzmannien la destruction des corrélations pré-collisionnelles par les collisions, et de montrer que les corrélations créées par les collisions n'ont pas d'influence sur l'évolution du système vers l'équilibre. C'est donc le flux des corrélations qui confère sa validité à la description cinétique de Boltzmann. La flèche du temps définie par Boltzmann n'est pas relative à une description probabiliste. C'est au contraire la dynamique des corrélations qui permet de fonder la possibilité d'une description probabiliste.

Qu'en est-il de l'état « le plus probable », c'est-à-dire de l'état d'équilibre ? Traditionnellement, le comportement d'un système à l'équilibre était décrit comme parfaitement symétrique par rapport au temps. En moyenne il se produit à l'équilibre autant de collisions transformant les vitesses v_1, v_2 de deux particules en vitesses v'_1, v'_2, que de collisions inverses transformant les vitesses v'_1, v'_2 de deux autres particules en v_1, v_2. L'équilibre répond donc à ce que les physiciens appellent le principe de « micro-réversibilité » : les collisions ne nous permettent pas de définir la flèche du temps, de distinguer le passé de l'avenir.

Si le principe de micro-réversibilité est admis, que devient l'irréversibilité ? Elle ne peut plus être que relative aux conditions de non-équilibre. La flèche du temps n'existerait pas dans une enceinte à température uniforme, nous la créons en chauffant une partie et en refroidissant l'autre. Pourtant, cette réponse est difficile à admettre si, comme nous l'avons vu, c'est le flux des corrélations, déterminé par les collisions, qui donne son sens à la flèche du temps cinétique.

De récentes simulations numériques[12] ont confirmé ce point de vue. Elles ont montré que, même à l'équilibre, les collisions créent des corrélations. Après une collision entre une particule i et une particule j, les vitesses v_i et v_j restent corrélées. Nous pouvons calculer la valeur moyenne $<v_i(t) \cdot v_j(t)>$ du produit $v_i(t) \cdot v_j(t)$ pris sur tous les couples de particules i, j entrées en collision à l'instant 0, et montrer qu'elle reste différente de 0 pendant un temps de l'ordre de celui qui sépare deux collisions. En revanche, pour toute particule k qui n'est pas entrée en collision avec i, cette valeur moyenne $<v_i(t) v_k(t)>$ est nulle. C'est là un exemple du flux des corrélations qui persiste même à l'équilibre. A chaque collision, des corrélations entre particules naissent pour disparaître presque aussitôt par suite des collisions successives. Bien entendu, le système étant à l'équilibre, ces corrélations n'ont aucun effet macroscopique. De plus, le principe de chaos moléculaire de Boltzmann reste valable : les particules sont indépendantes *avant* leur collision.

Nous pouvons donc conclure qu'au niveau microscopique, *la différence entre passé et avenir persiste même dans un système à l'équilibre.* Ce n'est pas le non-équilibre qui crée la flèche du temps, *c'est l'équilibre qui empêche la flèche du temps, toujours présente au niveau microscopique, d'avoir des effets macroscopiques.*

Nous avons montré, au troisième chapitre, que le non-équilibre est source d'ordre. Nous pouvons maintenant préciser cet énoncé. Le non-équilibre en tant que résultant d'une contrainte macroscopique est moins un créateur qu'un révélateur. C'est lui qui permet à la flèche du temps d'apparaître au niveau macroscopique, de s'y manifester non seulement par l'évolution vers l'équilibre, mais aussi, comme nous l'avons vu, par la création de comportements collectifs cohérents.

L'état d'équilibre s'impose donc comme un état singulier plus encore du point de vue microscopique que du point de vue macroscopique. Au niveau macroscopique, le mode de description de l'état d'équilibre peut être prolongé aux états proches de l'équilibre. En effet, il n'existe pas de différence essentielle entre les états d'équilibre, pour lesquels la production d'entropie est nulle, et les états proches de l'équilibre, pour lesquels elle est minimum. Il est nécessaire d'aller loin de l'équilibre pour voir apparaître des comportements macroscopiques qualitativement nouveaux. Au niveau microscopique, la situation est très différente. Nous avons déjà vu, au troisième chapitre, que dès que l'on passe d'une situation d'équilibre à une situation de non-équilibre, des corrélations à longue portée apparaissent. Et nous venons de voir que c'est seulement à l'état d'équilibre au sens strict que la flèche du temps reste sans effet macroscopique. Une nouvelle unité conceptuelle se dessine ainsi. L'état d'équilibre avait été privilégié en ce qu'il manifestait, au niveau macroscopique, l'indifférence au temps qui caractérisait, pensait-on, le comportement microscopique. Au contraire, l'état d'équilibre apparaît désormais comme singulier en ce qu'il occulte, pourrait-on dire, ces aspects essentiels de l'activité de la matière, toujours présents au niveau microscopique, que sont les corrélations à longue portée et la flèche du temps.

La conclusion à laquelle nous arrivons aujourd'hui prolonge mais rend bien plus radicale celle à laquelle nous étions parvenus au début des années 70[13]. A l'époque, nous avions déjà montré que, pour les systèmes dilués du type de ceux qu'avait étudiés Boltzmann, la dynamique des corrélations permettait de construire une fonction entropie. Pour les systèmes plus denses, il était cependant apparu nécessaire de redéfinir les objets qui sont définis comme indépendants les uns des autres à l'équilibre. C'est pour définir ces nouveaux objets — baptisés « hypnons » parce qu'ils « dorment » à l'équilibre, alors que le non-équilibre les réveille, crée entre eux des corrélations — que nous avions d'abord introduit le type de description non locale à symétrie temporelle brisée, présentée ici à partir du modèle du boulanger. Aujourd'hui, nous pouvons conclure que le « sommeil » des hypnons n'est qu'apparent. Le temps irréversible, cantonné par la vision classique à la description macroscopique de systèmes évoluant à partir d'un état initial « improbable », a donc pénétré tous les niveaux de description dont il était exclu, jusques et y compris l'état d'équilibre.

La convergence entre dynamique et théorie cinétique que nous venons de décrire nous a menés au pied de la montagne qu'il nous reste à gravir. Il est vrai que l'essentiel du programme de Boltzmann a été réalisé : la flèche du temps a pris un sens en tant que concept physique irréductible, et, avec elle, s'est transformée la notion même de « loi de la nature ». Cependant, les deux sciences qui ont, au XXe siècle, prolongé la dynamique classique, la mécanique quantique et la relativité, ont hérité de celle-ci la symétrie entre le passé et le futur. Elles restent donc solidaires de l'idéal de précision infinie dont était porteur le principe de raison suffisante. Est-il possible de retrouver, dans le monde microscopique que régissent les lois quantiques, l'équivalent du « chaos dynamique » ? Les lois fondamentales de la nature, telles que nous les connaissons aujourd'hui, sont-elles susceptibles d'incorporer la flèche du temps ?

Au cours des deux chapitres qui suivent, nous chercherons donc le temps irréversible, tant au niveau des atomes qu'à celui de l'Univers, ces deux « objets » qui sont au centre de la physique du XXe siècle. Le leitmotiv de ceux qui nient la flèche du temps est que, si celle-ci existait, on ne pourrait comprendre pourquoi toutes les lois physiques fondamentales s'accordent à la nier. « Cette conspiration, de la part de nos théories fondamentales, qui viserait à nous cacher la flèche du temps, serait soit un miracle, soit un accident de probabilité infime si le temps avait vraiment une flèche[14]. » Il n'y a eu ni conspiration, ni miracle. Les lois de la physique ne sont pas des descriptions neutres, mais résultent de notre dialogue avec la nature, des questions que nous lui posons. Il reste à voir si, en incorporant de nouvelles questions dans ce dialogue, nous pourrons faire prévaloir la flèche du temps dans les deux édifices conceptuels les plus audacieux que les hommes aient jamais créés, la physique quantique et la relativité.

CHAPITRE VI

Les interrogations de la mécanique quantique

Jusqu'ici, notre exposé s'est limité à ce que nous pouvons considérer comme des « acquis », sinon définitifs, du moins « stables » dans un avenir prévisible. Au cours des deux chapitres qui suivent, nous traiterons en revanche de questions encore en pleine évolution. Cependant, ces questions représentent un enjeu si important que nous nous sommes décidés à essayer de leur donner une forme que nous espérons accessible à un public non spécialisé.

Nous l'avons vu, l'existence d'une flèche du temps a longtemps été assimilée à la marque — on pourrait presque dire la tare — d'une description *phénoménologique.* Au chapitre précédent, nous avons montré comment elle pouvait prendre une signification intrinsèque au sein de la dynamique, qui fut longtemps la théorie physique fondamentale (voir aussi Appendices I et II). Mais, aujourd'hui, les théories reconnues par les physiciens comme fondamentales sont non plus la dynamique classique, mais la relativité et la mécanique quantique. La mécanique quantique est la théorie microscopique par excellence, applicable aux molécules, aux atomes, et plus généralement aux particules élémentaires qui constituent la matière. Quant à la relativité, pour la première fois dans l'histoire de la physique, elle a permis de construire des « modèles d'Univers » cohérents.

Quel rapport ces structures conceptuelles qui fondent aujourd'hui notre compréhension du monde physique entretiennent-elles avec le problème du temps ? Malgré leur caractère révolutionnaire, il faut reconnaître qu'à cet égard, la relativité et la mécanique quantique sont toutes deux les héritières de la tradition classique : le changement temporel y est conçu comme réversible et déterministe.

En ce qui concerne la mécanique quantique, cette affirmation risque de surprendre. Cette science n'est-elle pas généralement associée à l'abandon de l'idéal du déterminisme ? Et ne confère-t-elle pas une signification essentielle à l'irréversibilité puisque, comme on le verra, elle impose de décrire l'observation comme une modification irréversible de ce qui est observé ?

C'est là le nœud du problème. Tant l'irréversibilité que le recours aux probabilités sont renvoyés par la mécanique quantique à l'acte d'observation. Ces notions sont donc définies comme liées à l'intervention humaine, et non comme appartenant de manière intrinsèque à l'objet observé. Irréversibilité et probabilités gardent dès lors, en mécanique quantique, un statut analogue à celui que leur conféra, après l'échec de Boltzmann, la dynamique classique (voir notre premier chapitre). Certes, en mécanique quantique, on ne peut pas, comme dans la dynamique d'avant la découverte de l'instabilité dynamique, opposer le monde réversible et déterministe « en soi » aux apparences irréversibles et probabilistes que suscitent nos approximations car la description réversible et déterministe ne renvoie plus à un monde observable. Irréversibilité et probabilités apparaissent comme relatives aux conditions sous lesquelles le monde quantique peut être observé. Depuis von Neumann [1], d'éminents physiciens n'ont d'ailleurs pas hésité à faire de l'homme conscient le responsable de la production irréversible des phénomènes observables qu'il mesure.

Dans l'état actuel, les probabilités quantiques semblent donc introduire un élément « subjectiviste » en physique, ou plus précisément traduire le renoncement à une description de type réaliste. Pourtant, comme l'a souligné Karl Popper, il n'y a aucune raison d'identifier le « rêve » d'un retour au réalisme à celui d'un retour au déterminisme. « Mon propre point de vue est que *l'indéterminisme est compatible avec le réalisme,* et que l'acceptation de ce fait permet d'adopter une épistémologie objectiviste cohérente, une interprétation objective de l'ensemble de la théorie quantique, et une interprétation objectiviste de la probabilité [2]. »

C'est là, pour nous, le centre du débat. La notion d'observation joue un rôle central en mécanique quantique, parce que c'est elle qui permet de donner un sens aux probabilités. Mais ce rôle ne pourrait-il pas traduire le fait que ces probabilités *n'ont pas reçu jusqu'ici, dans le cadre de la théorie quantique, de signification intrinsèque* ? L'élément « subjectiviste » que la mécanique quantique semble introduire en physique ne traduit-il pas le fait que les probabilités et la flèche du temps n'ont pas été incorporées dans sa structure théorique, mais seulement rattachées, à l'aide du concept auxiliaire d'observation, à une description qui leur reste étrangère ?

Comme nous le verrons au chapitre suivant, la même question se pose à propos des « modèles d'Univers » construits à partir des équations de la relativité générale. Contre son gré, Einstein a bel et bien été le Darwin du XXe siècle, mais les modèles cosmologiques qui décrivent désormais l'histoire de l'Univers restent curieusement étrangers à toute perspective temporelle : ils décrivent une évolution réversible, conservant l'entropie.

Comment faire pénétrer la question du devenir au sein de ces structures conceptuelles fondamentales ? Leur incontestable succès rend la tâche particulièrement difficile. Certes, chacun sait que des problèmes restent ouverts, notamment celui de l'articulation entre relativité et mécanique quantique. Néanmoins, comment ne pas être tenté d'accepter que, dans leur propre champ, la mécanique quantique et la relativité aient une forme définitive ? Heureusement, l'exemple de la dynamique classique nous signale le danger d'un tel jugement. Comme l'a exprimé avec tant de force James Lighthill (*cf.* chapitre V), c'est précisément le triomphe de cette science qui a encouragé les spécialistes à conclure que tous les problèmes posés dans le champ de la dynamique devaient être traités suivant le même modèle.

C'est à travers ses limites que l'on comprend une théorie, aimait à rappeler Léon Rosenfeld qui fut longtemps le plus proche collaborateur de Niels Bohr. Et, de la même manière que la découverte de l'instabilité dynamique nous a permis de mieux comprendre l'idéalisation que présupposait la dynamique classique, peut-être pouvons-nous espérer cerner, par ses limites mêmes, l'idéal que présuppose la mécanique quantique.

Nous ne retracerons pas ici l'histoire qui a abouti à la formulation de l'équation fondamentale de la mécanique quantique, l'équation de Schrödinger. Nous nous bornerons à souligner le rôle qu'y a joué la dynamique classique, tout particulièrement le modèle des systèmes intégrables (décrits, nous l'avons vu au chapitre V, en termes de variables d'angle et d'action).

Les variables d'action, définies comme *invariants du mouvement,* ont joué en effet un rôle primordial dans le premier modèle quantique de l'atome. Dès 1916, Sommerfeld montra que les orbites stationnaires des électrons autour du noyau, que Bohr avait postulées trois ans auparavant, pouvaient s'interpréter dans le cadre de la théorie des systèmes intégrables. La « règle de quantification » qui détermine l'énergie des orbites permises s'exprime simplement par une contrainte portant sur les actions J. Alors qu'en dynamique classique toute valeur de l'action aurait été à priori possible, ces valeurs sont ici limitées à un ensemble discret caractérisé par le nombre quantique n. Chaque orbite stationnaire est ainsi définie par $J = nh$, où h est la constante de Planck et n, un nombre entier positif ($n = 1$ définit le niveau fondamental, $n>1$ les niveaux excités). Cependant, ceci n'est qu'un aspect du modèle de l'atome de Bohr et Sommerfeld. Le second aspect correspond aux transitions de l'électron d'une orbite à l'autre. La transition se produit de manière discontinue, avec absorption ou émission d'un photon correspondant à la différence d'énergie entre les deux orbites.

C'est Einstein qui, en 1916, rattacha ces transitions quantiques à la célèbre loi de Planck qui définit la distribution d'équilibre du rayonnement du corps noir (sur laquelle nous reviendrons à la fin de ce chapitre) et fut à l'origine même de la notion de quanta. Einstein montra qu'il était nécessaire, pour obtenir la loi de Planck, d'introduire deux types de transitions : les transitions *induites* par un champ extérieur et les transitions *spontanées.* Ces dernières impliquent que, même en l'absence de tout champ, un électron excité « tombe » vers un niveau énergétique inférieur en émettant un photon.

Einstein avait introduit la notion de transition spontanée par analogie avec celle de décomposition radioactive. Elle signifie en effet qu'un électron excité peut être caractérisé, tout comme un noyau radioactif, par un *temps de vie.* Le temps de vie est une grandeur moyenne, statistique, qui définit comme imprévisible le moment précis où un électron retombera vers son état fondamental. En outre, le temps de vie introduit au niveau quantique une asymétrie entre le passé et l'avenir : le mécanisme de transition exprime en effet que, dans notre futur, l'électron quitte spontanément son état excité, tout comme la loi de Fourier exprime que, dans notre futur, une différence de température ira spontanément en se nivelant.

Bien sûr, Einstein était conscient d'avoir introduit, avec les transitions spontanées et induites, un élément probabiliste dans la description de l'atome. C'était là, écrivit-il, une « faiblesse ». Mais il est d'autant plus intéressant de remarquer que celui qui allait devenir l'apôtre le plus ferme de la vision déterministe conclut son article de

1916[3] en affirmant que le modèle qu'il proposait était néanmoins plein de promesses.

L'introduction par Einstein d'un mécanisme de transition spontanée dans le modèle de Bohr et Sommerfeld associait donc à la description de type dynamique des orbites stationnaires une description de type cinétique des événements probabilistes que constituent les sauts quantiques spontanés des électrons vers une orbite inférieure. Il est remarquable que la description d'Einstein ait été récemment confirmée par l'observation des sauts quantiques individuels, telle qu'elle est aujourd'hui possible en laboratoire. Ces sauts ont bien l'irrégularité d'un phénomène aléatoire[4].

La première théorie quantique de l'atome se heurta à de nombreuses difficultés : en particulier, dans le cas des atomes à plusieurs électrons, les niveaux énergétiques observés ne pouvaient être interprétés de manière satisfaisante. Le passage de cette théorie à la mécanique quantique, telle que nous la connaissons aujourd'hui, a non seulement permis de résoudre ces difficultés, mais aussi ouvert la voie à une théorie nouvelle des particules élémentaires et de leurs interactions. Cependant, comme nous allons le voir, elle a également eu pour conséquence de refermer la description du mode d'évolution de l'objet quantique autour du seul modèle de système dynamique intégrable, et de vider de son contenu la notion de transition en tant qu'événement irréversible.

La mécanique quantique actuelle a pour grandeur centrale la « fonction d'onde », ainsi nommée en raison de son analogie avec l'équation des ondes lumineuses que décrit l'optique. Comme celles-ci, la fonction d'onde quantique peut se décomposer en une superposition d'ondes monochromatiques (chacune correspondant à une longueur d'onde donnée). La fonction d'onde constituée par la superposition de ces ondes se comporte à la manière d'un paquet d'ondes lumineuses : son évolution au cours du temps répond à une équation réversible déterministe, la célèbre équation de Schrödinger.

Cependant, l'existence de la constante de Planck h introduit une première différence entre la mécanique quantique et la physique classique. Cette constante apparaît dans les relations qui lient les propriétés ondulatoires, fréquence ν et longueur d'onde λ, d'un côté, et les propriétés corpusculaires, énergie et quantité de mouvement, de l'autre. Ces relations sont $E = h\nu$ et $\lambda = h/p$. Cette dernière relation relie une longueur et une quantité de mouvement. Elle implique que les variables que la dynamique classique définissait comme indépendantes, les positions, mesurées par des coordonnées qui sont des longueurs, et les quantités du mouvement, ne le sont plus en mécanique quantique. C'est pourquoi l'espace où évolue la fonction d'onde quantique, l'*espace de Hilbert,* est construit avec la *moitié* seulement des variables nécessaires pour construire l'espace des phases classique. La définition de l'espace de Hilbert traduit donc la dualité « onde-particule » : cet espace est construit *soit* à l'aide des coordonnées, *soit* à l'aide des quantités de mouvement (ou moments).

Cette première différence est loin d'être la seule. La mécanique quantique introduit en effet en physique des êtres mathématiques nouveaux, les *opérateurs.* Un opérateur agit sur une fonction d'onde et la transforme en une nouvelle fonction d'onde. Lorsque cette opération se réduit à une multiplication de la fonction de départ par un nombre, la fonction d'onde est une fonction *propre* de l'opérateur, et le nombre en question, l'une de ses *valeurs propres.*

La notion d'opérateur *agissant* sur une fonction d'onde traduit le nouveau statut des grandeurs physiques en mécanique quantique. En dynamique classique, la vitesse correspond à une grandeur attribuée à un corps en mouvement. Mais l'opérateur qui remplace la « vitesse » en mécanique quantique n'est plus un attribut. Et la fonction sur laquelle il agit ne correspond pas à une grandeur physique observable. Les observables sont les *valeurs propres* des opérateurs. L'opérateur « vitesse » agissant sur une superposition de ses fonctions propres donne les différentes valeurs possibles de la grandeur physique « vitesse ».

Parmi les opérateurs quantiques, l'*opérateur hamiltonien* joue un rôle particulièrement important. Il s'agit de l'opérateur dont les valeurs propres sont les différents niveaux énergétiques de l' « objet quantique ». Ces niveaux correspondent aux orbites stationnaires calculées grâce à la règle $J = nh$ dans l'ancienne théorie quantique. La recherche des fonctions propres et des valeurs propres de l'opérateur hamiltonien est un problème analogue à celui qui consiste à représenter un système dynamique classique de telle sorte que l'hamiltonien ne dépende plus que des actions[5]. C'est là une remarque importante, sur laquelle nous reviendrons. Bornons-nous pour le moment à souligner qu'en mécanique quantique, toute fonction d'onde peut être représentée comme une superposition de fonctions propres de l'opérateur hamiltonien.

De même que la fonction hamiltonienne en dynamique classique déterminait l'évolution temporelle du système dynamique, l'opérateur hamiltonien détermine l'évolution temporelle de la fonction d'onde quantique dans l'espace de Hilbert. Cette évolution de la fonction d'onde est une évolution statique, analogue à celle d'un système intégrable. Chaque fonction propre correspond à un état *stationnaire,* caractérisé par un niveau d'énergie bien déterminé, valeur propre de l'opérateur hamiltonien. L'équation de Schrödinger, réversible et déterministe, décrit un ensemble d'états stationnaires superposés évoluant sans interaction les uns avec les autres, comme si chacun était seul au monde.

En optique, l'équation d'onde décrivait l'évolution de l'amplitude de l'onde. De même, l'équation de Schrödinger décrit des « amplitudes de probabilité ». Ces amplitudes correspondent à des « potentialités ». C'est ici que la mesure joue un rôle essentiel : elle correspond à la transition des *amplitudes* de probabilité vers des probabilités proprement dites. Curieusement, c'est donc la mesure qui actualise les potentialités, et cette actualisation ne peut pas elle-même être décrite en termes d'évolution de la fonction d'onde dans l'espace de Hilbert. De manière imagée, nous dirons que pour calculer la probabilité du résultat d'une mesure, il nous faut *sortir de l'espace de Hilbert.* C'est cette « réduction de la fonction d'onde » qui introduit, dans l'interprétation usuelle, les probabilités et l'irréversibilité, notions étrangères à l'évolution déterministe et réversible de la fonction d'onde. C'est elle qui a suscité le paradoxe que, dans son livre remarquable de lucidité, *Quantum Physics : Illusion or Reality,* A. I. M. Rae exprime ainsi : « Les systèmes quantiques ne possèdent des propriétés que quand ces propriétés sont mesurées, alors qu'il n'y a apparemment rien, en dehors de la mécanique quantique, pour effectuer cette mesure[6]. » Ce paradoxe a conduit des physiciens, depuis von Neumann, à désigner la conscience humaine comme la seule réalité qui pourrait échapper en droit à une description quantique, et donc « expliquer » comment la réduction pourrait se produire. C'est également lui qui a entraîné certains à proposer la « *many worlds interpretation*[7] » pour restaurer l'objectivité de la mécanique quantique : la réduction de la fonction d'onde traduirait une démultiplication d'Univers, de telle sorte qu'à chaque Univers correspondrait l'une des fonctions propres superposées par la fonction d'onde initiale, et donc, de manière cette fois « objective », la mesure de la valeur propre correspondante. Le fait qu'une solution aussi extrême ait pu être proposée donne la mesure de l'impasse à laquelle se heurte toute tentative de comprendre l'actuelle description quantique de manière réaliste.

La dualité « évolution » de la fonction d'onde, d'une part, et « réduction » de cette fonction de l'autre, est acceptable dans les cas où l'objet étudié peut être considéré « en soi » comme réversible, et où le seul élément d'irréversibilité provient effectivement de l'événement irréversible que suppose la mesure. La réduction de la fonction d'onde correspond alors à la production d'une « marque » observable par un être qui, « en soi », ne brise pas la symétrie temporelle. C'est le cas, par exemple, de l'enregistrement de la position d'un pendule réversible par impression d'une plaque photographique.

Mais n'existe-t-il pas des événements quantiques *intrinsèquement* irréversibles ? En particulier, que deviennent les transitions induites et spontanées entre orbites stationnaires quantiques qui, dans l'ancienne théorie due à Bohr, Sommerfeld et Einstein, étaient attribuées à l'atome lui-même, non à l'acte d'observation ? La mesure est-elle bien la seule source d'irréversibilité dans la nature ?

C'est en 1926 que Dirac donna l'interprétation théorique des transitions induites et spontanées d'Einstein. Dans le cas des transitions induites, la définition de l'opérateur hamiltonien du système doit, bien sûr, faire intervenir l'interaction entre le champ électromagnétique extérieur et l'atome. Cette interaction est représentée par un terme de « perturbation » : le champ « perturbe » les états stationnaires de l'atome. La transition induite peut alors être assimilée à un effet de résonance, tel que nous l'avons décrit au chapitre précédent. Elle constitue un transfert d'énergie entre atome et champ, déterminé par la résonance entre une fréquence du champ et la fréquence correspondant à la différence énergétique des niveaux entre lesquels cette transition se produit. De même, Dirac a montré que les transitions spontanées peuvent être expliquées par le champ que l'atome induit et qui, à son tour, réagit sur lui.

La théorie de Dirac ouvre des perspectives nouvelles qui permettent de la considérer comme le fondement de la *théorie quantique des champs.* Elle précise ce qui était implicite dans l'idée de transition spontanée d'Einstein : l'atome ne peut pas être considéré comme un système isolé, il réagit à travers la charge électrique avec un champ — c'est-à-dire, en droit, avec le reste de l'Univers.

Le couplage de l'atome avec le champ qu'il induit a des conséquences remarquables. En particulier, il a pour conséquence un « effet radiatif », une modification des niveaux énergétiques de l'atome. En 1947, Lamb a confirmé expérimentalement cette prévision théorique fondamentale. En théorie classique apparaissent également des effets de ce genre (voir Appendice II).

Les méthodes utilisées en physique quantique pour calculer ce déplacement radiatif des niveaux ne font pas l'unanimité : elles mettent en œuvre la « technique de renormalisation », une procédure d'élimination des grandeurs divergentes que fait surgir le calcul de perturbation. Quoi qu'il en soit, l'accord numérique remarquable entre la prévision théorique et l' « effet Lamb » observé reste un exemple impressionnant du pouvoir prédictif de la mécanique quantique.

La situation est-elle dès lors satisfaisante ? Il faut souligner en premier lieu que le succès du calcul des perturbations tient à la faiblesse des interactions électromagnétiques. Les physiciens mesurent ces forces en termes de la constante de structure fine, $\alpha = e^2/\hbar c = 1/137$, où e est la charge de l'électron, c la vitesse de la lumière et $\hbar$ la constante de Planck divisée par 2π. Si α était de l'ordre de 1, comme dans les forces nucléaires, le calcul de perturbation cesserait d'être applicable. En termes plus physiques, le calcul de perturbation n'est applicable que parce que le temps de vie d'un état excité de l'électron est très long par rapport à sa période, c'est-à-dire, dans les termes intuitifs de la première théorie quantique, par rapport au temps que met l'électron pour parcourir son orbite. Ainsi, pour l'hydrogène, le rapport entre période et temps de vie est de l'ordre de 10^{-5} : l'électron « tourne » en moyenne cent mille fois autour du noyau avant de quitter son état excité.

Mais le point essentiel pour nous est que, contrairement à la première théorie quantique — qui faisait du seul atome isolé un système mécanique, et reconnaissait dans la transition spontanée un événement intrinsèquement irréversible —, la théorie de Dirac étend la description mécanique aux interactions de l'atome avec un champ. L'équation de Schrödinger devient applicable à la totalité du système « atome + champ », et, avec elle, la notion d'amplitude de probabilité. Dès lors, dans cette théorie, l'électron ne « saute » pas d'une orbite à l'autre, puisque les amplitudes de probabilité de la fonction d'onde perturbée évoluent de manière continue avec le temps. En conséquence, la théorie de Dirac ne peut donner de sens précis à la notion de temps de vie : celui-ci peut être calculé à partir du premier terme du calcul de perturbation (« règle d'or de Fermi »), mais perd sa signification si le calcul est poussé plus loin. Curieusement, une notion aussi fondamentale que celle de temps de vie apparaît donc comme incompatible avec la description rigoureuse du système [8].

Une fois de plus, l'irréversibilité et les probabilités sont donc renvoyées à l'acte d'observation et à la réduction de la fonction d'onde qu'il implique. C'est cet acte qui introduit la transition discontinue et irréversible là où l'équation de Schrödinger ne permet de parler que d'évolution continue. Mais ce renvoi à l'observation conduit à d'importantes difficultés conceptuelles. C'est ce qu'avait déjà remarqué Schrödinger : afin d'expliciter les paradoxes de cette interprétation, il imagina la célèbre parabole du chat [9]. Pour lui, il s'agissait de mettre en question la mécanique quantique, de montrer qu'elle ne peut rendre compte de ce qui s'impose à nous comme événement *intrinsèque,* indépendant de tout acte de mesure.

Le chat de Schrödinger est enfermé dans une boîte opaque. Avec lui se trouve un atome instable dont les fragments, « au moment où » ce atome se décomposera, déclencheront un marteau qui brisera une fiole contenant un poison mortel. Rien dans la théorie quantique n'empêche en principe, rappelle Schrödinger, de décrire l'ensemble chat, atome, marteau, fiole, etc., par une fonction d'onde unique soumise à « son » équation, l'équation de Schrödinger. Or, la fonction d'onde correspondant à l'atome instable doit être représentée comme une superposition des deux possibles : noyau intact/noyau désintégré. Dès lors, le chat aussi « superpose » ces deux possibles : chat vivant/chat mort empoisonné. Curieusement, ce n'est donc qu'au moment où nous ouvrirons la boîte et où se produira la transition des amplitudes de probabilité vers des probabilités proprement dites, que la mécanique quantique nous autorisera à dire : le chat est *ou* mort *ou* vivant.

La parabole de Schrödinger donne une image fidèle de ce que présuppose la notion de mesure en mécanique quantique. Le caractère opaque de la boîte est essentiel, car la mesure quantique implique une observation discontinue : soulever le couvercle, repérer si oui ou non le chat est mort. Nos mesures de laboratoire ne ressemblent guère à cette mise en scène. Nous n'observons pas une plaque photographique de manière discontinue pour savoir si elle a été impressionnée ou non par un électron : nous l'observons de manière continue pour savoir quand elle le sera. Ne pourrions-nous pas alors imaginer que le malheureux chat de Schrödinger soit placé dans une boîte aux parois transparentes sans que rien ne change à sa situation ?

Curieusement, en mécanique quantique, il n'en serait pas ainsi. En

1977, Misra et Sudarshan[10] ont étudié ce qui se passerait dans l'hypothèse où les intervalles de temps entre observations répétées portant sur un même système instable — atome excité ou noyau instable — deviennent plus courts, jusqu'à ce que ces observations puissent à la limite être assimilées à une observation continue. Ils ont établi un résultat surprenant : *lorsque l'intervalle de temps tend vers zéro, le formalisme quantique mène à la conclusion que l'atome ne pourra quitter son niveau excité, ni le noyau instable se décomposer.* C'est ce qu'ils ont appelé le « paradoxe de Zénon de la mécanique quantique ».

Une observation strictement continue est assurément une idéalisation : toute observation prend un temps fini. Mais la mesure telle que la mécanique quantique la définit correspond elle aussi à une idéalisation. Le « paradoxe de Zénon » complète ce que Schrödinger avait voulu indiquer par la parabole du chat : la mécanique quantique ne peut répondre à la question de savoir *quand* une particule instable s'est décomposée. Il fait donc apparaître en toute clarté les difficultés suscitées par la structure dualiste de cette théorie : évolution réversible couplée à une irréversibilité provoquée par l'observation. Cette dualité implique que nous pourrions, par le type d'observation que nous effectuons sur un système quantique, rendre à la limite impossible un phénomène comme celui de l'émission spontanée de photons ou de la radioactivité.

L'analogie entre les réactions de la plupart des physiciens à cette situation et celles que suscita l'interprétation probabiliste de Boltzmann est frappante. Nous l'avons vu, l'idée que c'est notre mode d'observation et de description qui est responsable de l'introduction de l'irréversibilité et de la probabilité a été acceptée sans résistance. De même, la majorité des physiciens ont accepté comme inéluctable l'idée que c'est l'acte d'observation qui détruit la chaîne des superpositions quantiques par la réduction de la fonction d'onde. Parmi eux, ceux qui ne sont pas allés jusqu'à attribuer ce rôle à la conscience humaine ont souvent avancé l'hypothèse que cette destruction tient au fait que l'opération de mesure revêt le caractère d'une « approximation ». De même que l'observateur imaginé par Boltzmann était incapable de suivre le mouvement individuel, réversible, des particules, de même le caractère grossier de nos mesures ne nous permettrait pas de faire la différence entre le chat mort-vivant, que postule la théorie quantique, et le chat mort *ou* vivant que nous observons.

La parabole du chat de Schrödinger est ainsi devenue le symbole de l'intervention humaine dans le monde quantique : que cette intervention renvoie à la conscience humaine ou au caractère « seulement macroscopique » de nos instruments, c'est d'elle que semble dépendre la possibilité de parler du chat comme mort ou vivant.

Nous ne croyons pas que le paradoxe du chat de Schrödinger et celui de Zénon renvoient seulement à des problèmes d'interprétation. Le fait que la mécanique quantique ne peut exprimer la probabilité qu'une transition quantique se produise *à un certain moment,* traduit à nos yeux le fait que ce formalisme — que, dès 1927, l'un de ses créateurs, Max Born, décrivit comme définitif : « nous considérons que la mécanique quantique est une théorie complète, et que ses hypothèses, tant physiques que mathématiques, ne sont pas susceptibles de nouvelles modifications [11] » — est à la vérité incomplet.

Pouvons-nous espérer « modifier » les hypothèses physiques et mathématiques de la mécanique quantique en dépit du fait que, soixante ans après l'énoncé de Born, la puissance prédictive de ce formalisme ne se soit jamais démentie ? Pouvons-nous restituer un sens intrinsèque à la notion d'événement quantique ? L'histoire des sciences nous montre qu'une théorie peut subir une transformation radicale alors même que ses prévisions ne subiront au point de départ que des modifications faibles. Ainsi la dynamique classique mettait en scène des interactions instantanées alors que, selon la relativité, ces interactions se propagent avec une vitesse finie. Malgré cette différence fondamentale, les deux théories conduisent à des résultats très proches dans le domaine de la dynamique céleste.

Il faut souligner que nous nous situons dans une perspective très différente de celle d'Einstein et de tous ceux qui, à sa suite, voulurent aller « au-delà » de la mécanique quantique. Dans son « testament » scientifique [12], Einstein reprit en 1949 la critique de Schrödinger, mais, comme ce dernier d'ailleurs, il espérait qu'un progrès de la physique permettrait de revenir au déterminisme classique. Nous cherchons au contraire à donner un sens fondamental à la notion de temps de vie telle qu'elle s'est imposée expérimentalement : notion essentiellement probabiliste traduisant le caractère *incontrôlable* de l'événement. Alors que la plupart des critiques du formalisme quantique tentaient, d'une manière ou d'une autre, de revenir à une représentation classique, déterministe, nous partons de l'idée que c'est le caractère probabiliste de cette théorie qui doit encore être accentué.

Dans une lettre à Born, Pauli avait fait remarquer à propos des critiques de Schrödinger, Einstein et Bohm : « Il est possible que plus tard..., quelque chose d'entièrement nouveau soit découvert, mais rêver d'un retour en arrière, vers le style classique de Newton et Maxwell (et ce à quoi ces messieurs se complaisent n'est rien d'autre que du rêve), ceci me semble sans espoir, hors de propos et de fort mauvais goût. Et, pourrions-nous ajouter, ce n'est même pas un rêve désirable[13]. »

Nous partageons l'opinion de Pauli : « ce n'est pas un rêve désirable ». Mais est-il possible de transposer en mécanique quantique le chemin qui nous a menés, en dynamique classique, de la notion de trajectoire réversible à celle d'évolution dynamique intrinsèquement probabiliste ? Est-il possible d' « ouvrir » la mécanique quantique, elle aussi, au « message de l'entropie » ? Ainsi que nous allons le préciser, nous entrevoyons une réponse affirmative à cette question.

Au cours du chapitre précédent, nous avons décrit la théorie cinétique, centrée autour des notions de collision et de dynamique des corrélations créées par ces collisions. Ici également, c'est une théorie de type cinétique qui pourrait se substituer à la théorie actuelle, centrée autour de l'évolution de la fonction d'onde dans l'espace de Hilbert. Bien sûr, cette substitution devra nous permettre de définir en quels cas la description actuelle conserve sa validité. En effet, nous connaissons aujourd'hui en mécanique quantique, à côté des systèmes pour lesquels un raisonnement de type cinétique s'est depuis toujours imposé comme « approximation pertinente », d'autres systèmes au comportement macroscopique cohérent : les supraconducteurs, par exemple. Dans de tels cas, la représentation actuelle en termes de fonctions d'onde restera adéquate.

Notre perspective est donc proche de ce que Popper appelait son « *metaphysical dream* » : « Il est probable que, même s'il n'y avait pas de " sujet observateur " qui expérimente et interfère avec lui, le monde serait tout aussi indéterministe qu'il l'est[14]. » En effet, l'abandon de la fonction d'onde permet, on va le voir, de donner un sens à l'événement quantique intrinsèquement irréversible, c'est-à-dire de résoudre les principaux « paradoxes » qui avaient suscité l'accusation de « subjectivisme » portée à l'encontre de la mécanique quantique.

Comme nous l'avons dit, la mécanique quantique fait correspondre aux grandeurs physiques des opérateurs qui, en général, ne commutent pas entre eux. Ainsi, c'est parce que les opérateurs correspondant au moment et à la position ne commutent pas que l'on ne peut attribuer simultanément une position et un moment bien déterminés à un être quantique. C'est ce qu'exprime la célèbre relation d'incertitude de Heisenberg, $\Delta p \Delta q \geqslant \hbar$. En dynamique classique, il est idéalement possible de caractériser l'état instantané d'un système dynamique par des positions et des moments (ou des vitesses) aussi précis qu'on le veut, parce que ces variables sont indépendantes. En mécanique quantique, elles ne le sont plus, et il faut choisir une représentation — un ensemble de fonctions propres — ou une autre. Comme Bohr l'avait souligné, ce choix correspond à celui du dispositif de mesure, à la manière dont l'observateur choisit d'interférer avec l'être quantique pour en extraire tel ou tel type d'information. Les deux types de mesure sont donc *complémentaires*. Si nous mesurons avec précision la position, nous ne pourrons déterminer simultanément la valeur du moment, et vice versa.

Une autre relation d'incertitude unit en mécanique quantique l'énergie et le temps : $\Delta E \Delta t \geqslant \hbar$. Cette relation, apparemment analogue à la précédente, a suscité un grand nombre de discussions. Elle ne peut en effet être comprise comme exprimant le caractère complémentaire de deux types de mesure. La mécanique quantique ne définit pas d'opérateur « temps ». Dès lors, on ne peut parler de non-commutation entre l'opérateur « temps » et l'opérateur « énergie ». Pourtant, la relation d'incertitude entre temps et énergie est essentielle dans la description des états quantiques de durée de vie finie. Dans ce cas, l'incertitude sur le temps Δt est liée au temps de vie τ de l'état instable. Plus exactement, on prend $\Delta t = 2\tau$ et l'on écrit la relation d'incertitude sous la forme $\Delta E \geqslant \hbar/2\tau$. Cette relation unit alors le temps de vie caractérisant un état excité et la dispersion de l'énergie correspondant à cet état, c'est-à-dire la largeur de la raie spectrale.

Insistons sur la différence entre cette relation et les relations d'incertitude de Heisenberg. Le temps de vie est une grandeur physique bien définie. Elle prend, pour chaque type d'expérience, une valeur numérique déterminée. Dès lors, la relation $\Delta E \geqslant \hbar/2\tau$ fixe une limite intrinsèque à la précision avec laquelle nous pouvons mesurer *une seule* grandeur, en l'occurrence l'énergie d'un état stationnaire caractérisé par un temps de vie fini.

La différence entre les relations d'incertitude de Heisenberg et la relation qui unit dispersion de l'énergie et temps de vie traduit donc en fait la différence entre le type de situations expérimentales à propos desquelles Bohr avait construit l'idée de complémentarité, et celui qui prévaut lors de l'observation d'une émission spontanée de photons ou d'une désintégration radioactive. Dans le premier cas, la mesure répond à l'initiative de l'expérimentateur. Dans le second, l'événement n'est pas déterminé par l'interaction avec un dispositif de mesure : de toute façon, le photon est émis ou le noyau se désintègre, et nous nous bornons à enregistrer le phénomène.

Peut-être cet approfondissement de la question de ce que nous pouvons mesurer, des différents types de rapports que nous pouvons établir avec un être quantique, est-il un de ces développements dont Rosenfeld prévoyait la possibilité lorsqu'il écrivit : « Assurément, ce serait démentir tous les enseignements que nous nous sommes attachés à dégager du développement passé de la science que de prétendre tout à coup ériger la complémentarité en un dogme qui ne devrait jamais être dépassé. Bien au contraire, s'il est un pronostic à tirer des leçons de l'histoire, c'est qu'il faut s'attendre encore à d'autres renouvellements de notre conception des rapports entre les divers aspects des phénomènes, non certes dans le sens d'un retour à la causalité classique, mais plutôt par l'établissement de nouveaux rapports de complémentarité, tant dans le domaine même de la physique que, peut-être, dans d'autres régions où le physicien ne se risque encore que timidement[15]. »

Ecrivons la relation d'incertitude $\Delta E \geqslant \hbar/2\tau$ sous une forme qui accentue son analogie avec les distributions statistiques que l'on rencontre dans la théorie cinétique. La dispersion statistique de l'énergie est définie par la différence entre la valeur moyenne de l'énergie au carré $\overline{E^2}$ et le carré de l'énergie moyenne $(\overline{E})^2$. Nous écrirons donc : $\overline{E^2} - (\overline{E})^2 \geqslant (\hbar/2\tau)^2$. On peut noter l'analogie avec la distribution « maxwellienne » des vitesses correspondant à l'état d'équilibre : là aussi, la valeur moyenne de la vitesse au carré est généralement différente du carré de la vitesse moyenne. Alors que la première, $\overline{v^2}$, est proportionnelle à la température, la seconde $(\bar{v})^2$, est, tout comme $\bar{v}$, nulle dans un système au repos par rapport à son référentiel.

Il est clair que si nous voulons prendre au sérieux la notion de temps de vie et la relation d'incertitude qui lui est associée, il est nécessaire de modifier la notion d'observable en mécanique quantique, et de donner à la dispersion probabiliste de l'énergie une signification intrinsèque, indépendante de l'acte d'observation. La situation est donc analogue à celle que nous avons décrite au cinquième chapitre. L'existence de systèmes caractérisés par des temps de vie finis implique que, pour de tels systèmes, la notion de niveau d'énergie bien déterminé cesse — tout comme celle de trajectoire pour les systèmes dynamiques chaotiques — d'être bien définie. C'est dans les cas où cette notion doit être abandonnée qu'une représentation de type cinétique se substitue à la représentation d'un système quantique en termes de fonctions propres évoluant dans l'espace de Hilbert.

Comme nous l'avons déjà indiqué, le fait que les états stationnaires excités soient instables, et donc caractérisés par une vie moyenne, est, depuis Dirac, expliqué par la résonance, le transfert incontrôlable d'énergie entre l'atome et le champ qu'il induit. Or, l'atome en interaction avec son champ constitue un « grand système quantique » auquel, nous l'avons démontré, le théorème de Poincaré peut être étendu [16]. En effet, dans ce cas, la transformation qui diagonalise l'opérateur hamiltonien diverge, ce qui signifie qu'il devient impossible de déterminer les fonctions propres et les valeurs propres de cet opérateur, c'est-à-dire de définir les niveaux d'énergie qui sont associés aux valeurs propres de l'hamiltonien.

La « catastrophe » de Poincaré se répète donc dans ce cas : contrairement à ce que présupposait la représentation quantique usuelle, les systèmes caractérisés par l'existence de telles résonances *ne peuvent être décrits en termes de superposition de fonctions propres de l'opérateur hamiltonien,* c'est-à-dire d'invariants du mouvement. Les systèmes quantiques caractérisés par des temps de vie moyens, ou par des comportements correspondant à des « collisions », constituent donc la forme quantique des systèmes dynamiques au comportement chaotique que nous avons précédemment étudiés.

Nous avons vu, au chapitre v, que dans le cas des grands systèmes classiques, un nouveau type de transformation, non unitaire, pouvait être substitué à la transformation unitaire traditionnelle. Alors que cette dernière conduisait à représenter l'hamiltonien en termes des seules actions, la première menait à une représentation de type cinétique, à symétrie temporelle brisée, du système. De même, dans le cas des grands systèmes quantiques, nous avons montré qu'un nouveau type de transformation, non unitaire, permet d'éviter les divergences qui font obstacle à la diagonalisation de l'hamiltonien. Elle conduit à décrire l'évolution du système par une forme d'équation cinétique, à symétrie temporelle brisée [17].

Nous ne saurions entrer ici dans les détails d'une trop grande technicité. Soulignons cependant la profonde analogie entre la situation que nous rencontrons en mécanique quantique et celle que nous avons analysée en dynamique classique. Ainsi, le théorème de récurrence de Poincaré, qui voue tout système dynamique à repasser dans l'avenir par son état initial, est également valide en mécanique quantique : le comportement d'un système quantique fini est quasi périodique. Cependant, dans le cas du grand système quantique, cette période tend vers l'infini. De même que l'existence d'un horizon temporel, limitant de manière intrinsèque nos possibilités de prévision, faisait perdre son sens au retour périodique d'un système dynamique chaotique vers son état initial, ici, les temps de vie ou de relaxation créent une échelle de temps intrinsèque par rapport à laquelle le caractère quasi périodique du comportement d'un grand système quantique perd son sens.

Comme dans le cas classique, il faut souligner que la notion de « grand système » ne suffit pas à imposer l'abandon du modèle intégrable. La supraconductibilité, notamment, donne un exemple de grand système quantique au comportement cohérent. Cependant, il faut remarquer que la notion de « grand système quantique » est bien plus étendue que son analogue classique. Elle inclut, en effet, le cas de l'atome en interaction avec le champ qu'il induit, et non pas seulement les systèmes composés d'un grand nombre d'atomes.

Rétrospectivement, nous pouvons mieux comprendre la structure de la première théorie quantique. En effet, c'est seulement dans le cas où l'atome ne se trouve pas couplé à un champ qu'il peut être décrit en termes d'invariants, d'états stationnaires stables. Dans le cas où un couplage avec un champ induit des phénomènes de résonance, s'impose la description intrinsèquement probabiliste des transitions induites et spontanées, analogue à la description cinétique de Boltzmann.

L'abandon du modèle des systèmes intégrables a des conséquences aussi radicales en mécanique quantique qu'en mécanique classique. Dans ce dernier cas, il impliquait l'abandon de la notion de point et de la loi d'évolution réversible qui lui correspond. Dans le second, il implique l'abandon de la fonction d'onde et de son évolution réversible dans l'espace de Hilbert. Dans les deux cas, cet abandon a la même signification : il nous permet de déchiffrer le « message » de l'entropie.

L'abandon de la fonction d'onde soumise à une loi d'évolution réversible, comme celui du point et de sa trajectoire, marque en effet le caractère illégitime — sauf pour une classe restreinte de cas limites — de l'idéal de définition et de contrôle que présupposaient ces notions. L'atome en interaction avec son champ n'a pas le caractère contrôlable que lui présuppose l'équation de Schrödinger. De même qu'il nous est impossible, après des temps d'évolution longs par rapport au temps de Lyapounov, de préparer, par inversion des vitesses, un système de telle sorte qu'il « remonte » vers son état initial — c'est-à-dire de lutter contre l' « oubli » irréversible des corrélations créées par les collisions —, de même il nous est impossible de préparer un état initial excité de telle sorte que l'atome ne puisse rejoindre son état fondamental. Et, dans les deux cas, cette perte de contrôle se traduit par une description à symétrie temporelle brisée et non locale. Aux niveaux d'énergie bien déterminés se substitue une distribution statistique de l'énergie dont la dispersion est inversement proportionnelle au temps de vie. L'abandon du modèle intégrable permet donc de conférer sa signification exacte à la relation $\Delta E \geqslant \hbar/2\tau$.

Nous ne pouvons décrire ici la transformation profonde des structures mathématiques de la théorie quantique et de la définition des observables qu'implique cette nouvelle description, qui est encore en cours d'élaboration. Bornons-nous à préciser que, de même que les relations d'incertitude de Heisenberg impliquent le caractère non commutatif des opérateurs quantiques, la dispersion de l'énergie implique des opérateurs « non distributifs » par rapport à la multiplication.

Nous n'en sommes aujourd'hui qu'au stade initial de la formulation d'une théorie quantique « sans fonction d'onde », qui remplacerait la fonction d'onde évoluant dans l'espace de Hilbert par une équation de type cinétique. Toutefois, nous aboutissons à des prévisions nouvelles qui concernent le « paradoxe de Zénon » et les niveaux d'énergie des états caractérisés par un temps de vie fini.

L'approche cinétique supprime le paradoxe de Zénon selon lequel, si le temps séparant deux observations tend vers zéro, un atome ne pourrait quitter son état excité, ni un noyau instable se décomposer. Une confrontation entre les prévisions expérimentales de la mécanique quantique usuelle et de l'approche cinétique est difficilement concevable en ce qui concerne les premiers états excités de l'atome d'hydrogène. Elle implique en effet que l'intervalle entre deux mesures successives soit court par rapport au temps orbital qui caractérise un état excité (l'inverse de sa fréquence). Dans le cas du premier état excité de l'atome d'hydrogène, ce temps orbital est de l'ordre de 10^{-15} seconde. Il faudrait donc des mesures de très haute résolution temporelle. Cependant, en ce qui concerne les états hautement excités (de nombre quantique de l'ordre de 100), ce temps orbital n'est plus que de 10^{-9} seconde, et l'expérience pourrait être réalisée dans l'avenir.

Le second effet que nous prévoyons est un déplacement des niveaux énergétiques de l'atome lié au temps de vie de ces niveaux (voir Appendice II). Comme le temps de vie lui-même, ce déplacement distinguerait l'avenir de l'atome de son passé. Ce qui signifierait que le plus simple des systèmes quantiques, l'atome d'hydrogène, serait marqué par la flèche du temps qu'il partage avec le reste de l'Univers.

Le déplacement prédit dépend essentiellement du paramètre ρ, rapport entre un « temps réversible », le temps orbital caractéristique du niveau énergétique, et son temps de vie qui, lui, correspond à un processus irréversible. Dans le cas d'un atome dont le noyau a une charge z, la mécanique quantique montre que l'ordre de grandeur de ρ est de $z^2\alpha^3$, où α est la constante de structure fine qui a, rappelons-le, une valeur de 1/137. L'écart par rapport aux prédictions de la mécanique quantique commencerait avec le carré de ρ et serait donc, pour l'atome d'hydrogène, de l'ordre de 10^{-13}.

En ce qui concerne les situations expérimentales usuelles, l'écart que nous prévoyons est donc trop faible pour être mesurable — ce qui est heureux étant donné la précision avec laquelle, nous l'avons déjà souligné, les observations expérimentales actuelles confirment les prédictions théoriques. Cependant, il est possible d'imaginer des situations expérimentales telles que le déplacement que nous prévoyons devienne mesurable. Ainsi, semble particulièrement intéressant le cas de l'atome à « trois niveaux », c'est-à-dire d'un atome dont on considère l'état fondamental, 0, et deux états excités, 1 et 2, extrêmement rapprochés l'un de l'autre, et tels qu'un électron situé dans l'état 2 ne peut rejoindre directement l'état fondamental, mais doit d'abord passer par l'état 1. C'est la situation correspondant à l'atome d'hydrogène où, après l'état fondamental (appelé 1s), nous avons deux états excités très rapprochés (les états 2s et 2p). Le niveau 2s a une énergie légèrement supérieure à celle du niveau 2p. La différence correspond précisément à l'effet Lamb signalé plus haut. L'état 2p a un temps de vie beaucoup plus court que l'état 2s. Le paramètre ρ dépend alors du temps « réversible » associé à la transition $2s \rightarrow 2p$, qui est de l'ordre de 10^{-9} seconde. En déstabilisant l'état 2s par un champ électromagnétique incident, on pourrait définir une situation où les effets prévus deviendraient effectivement mesurables.

L'un des grands succès de l'électrodynamique quantique a été de servir de modèle à la théorie des interactions fortes. Pourtant, du point de vue qui est défendu ici, la structure actuelle de l'électrodynamique quantique traduit sa particularité, la faible valeur de la constante de structure fine α, et, dès lors, des effets liés à l'irréversibilité intrinsèque des comportements quantiques. Car, dans le cas des interactions fortes, la situation est très différente. L'objet même de la physique des hautes énergies n'est autre que les cascades de transformations, d'autant plus diverses que l'énergie est élevée, au long desquelles des particules élémentaires entrant en collision dissipent leur énergie en créant d'autres particules. Or, dans le cas des interactions fortes la grandeur qui joue un rôle équivalent à la constante de structure fixe α, et donc aussi le paramètre ρ sont de l'ordre de 1. Les effets dissipatifs devraient donc devenir plus importants.

L'interaction entre matière et lumière a joué un rôle fondamental dans la physique du XXe siècle. La notion de quantum d'énergie lumineuse qui est à la base de la mécanique quantique a pour origine l'étude, par Planck, du rayonnement « de corps noir », et, nous l'avons vu, c'est également à partir de la distribution énergétique du rayonnement de corps noir qu'Einstein formula sa description des raies spectrales en termes de transitions induites et spontanées. Or, comme l'a rappelé Thomas Kuhn[18], ce fut à l'origine pour tenter de donner à l'évolution irréversible vers l'équilibre une interprétation qui triomphe des obstacles rencontrés par Boltzmann, que Max Planck s'engagea dans l'étude du « rayonnement de corps noir ». Le rayonnement de corps noir est en effet le terme d'une évolution au cours de laquelle un rayonnement lumineux, absorbé et réémis par les atomes qui constituent les parois de la cavité qui le contient, « oublie » irréversiblement sa distribution énergétique initiale pour ne plus dépendre que de la température de la cavité. Planck espérait que le mécanisme d'interaction matière-lumière, l'absorption et l'émission, constituerait le mécanisme d'évolution intrinsèquement irréversible que Boltzmann avait espéré — à juste titre, nous le savons maintenant — trouver dans la collision.

Avec l'hypothèse d'un décalage des niveaux énergétiques de

l'atome lié à leur temps de vie, nous retrouvons l'espoir initial de Planck de lier irréversibilité et interaction entre matière et lumière. En effet, ce décalage peut être interprété physiquement comme un effet de « freinage de rayonnement ». Un tel effet apparaît dans la théorie classique, qui prévoit qu'un oscillateur chargé émet un rayonnement et subit de ce fait un freinage qui modifie sa fréquence. C'est d'ailleurs pour contourner ce problème, dans le cas des électrons orbitant autour du noyau, que Bohr dut introduire la notion d'orbite stationnaire, c'est-à-dire postuler que l'électron en mouvement ne dissipe pas irréversiblement son énergie. Mais ce n'est là qu'une première approximation corrigée par les transitions spontanées et induites d'Einstein.

Nous arrivons ainsi à une « synthèse » entre la première théorie quantique, qui fut essentiellement nourrie par la thermodynamique statistique, et la seconde, qui chercha à donner une interprétation purement mécanique des processus résultant du couplage entre un atome et un champ électromagnétique. L'atome réversible de la mécanique quantique est une idéalisation, la définition intrinsèque de l'atome est relative au *processus dissipatif* qui résulte de son couplage avec son champ. Les lois réversibles apparaissent désormais relatives à des cas limites. Mais cette synthèse n'est qu'un premier pas. Un terrain immense reste à explorer. Le monde quantique est un monde de processus dont la description devrait, au même titre que celle du couplage entre l'atome et son champ, rendre explicite la flèche du temps. A tous les niveaux, nos descriptions actuelles font intervenir les notions de résonance et de collision, et nous pouvons donc nous attendre à y retrouver des phénomènes intrinsèquement irréversibles.

Au terme de ce chapitre, nous pouvons mesurer le chemin parcouru. Alors que les lois de la physique classique niaient la flèche du temps, nous pouvons affirmer aujourd'hui que le devenir irréversible marque tous les êtres physiques. Le renversement est complet par rapport à la perspective traditionnelle qui identifiait irréversibilité et description phénoménologique : si l'expérience confirme nos prédictions, il n'existe pas de système quantique strictement réversible. Dans cette perspective, le succès de la description réversible de la mécanique quantique traditionnelle, loin d'exprimer une vérité « fondamentale » à propos du réel, traduit la particularité de l'interaction entre l'atome et le champ électromagnétique, c'est-à-dire la faible valeur de la constante de structure fine. L'atome est une structure stable qui n'est marquée que de manière quasi imperceptible par le devenir irréversible auquel il participe. Cette particularité traduit en elle-même celle de notre Univers « tiède » où peuvent exister et être isolées les structures stables que sont les atomes. En revanche, dans l'Univers chaud qui fut, selon les théories actuelles, celui des trois cent mille premières années de l'Univers, comme aussi dans les collisions hautement énergétiques qu'étudie la physique des hautes énergies, la physique devrait se faire science de processus intrinsèquement irréversibles.

Rétrospectivement s'éclaire d'autre part la question si controversée de l'observation en mécanique quantique. L'irréversibilité que l'acte d'observation introduisait de manière apparemment arbitraire en mécanique quantique est une condition nécessaire de la connaissance. Le caractère en lui-même inobservable du « monde » décrit par la théorie quantique actuelle est la conséquence directe du rôle de modèle qu'a joué dans sa construction la notion de système dynamique intégrable : un objet conçu comme intrinsèquement réversible rend inintelligible la possibilité de sa propre observation. La classification des systèmes dynamiques nous permet aujourd'hui d'identifier les limites de ce modèle et, conformément au « rêve métaphysique » de Karl Popper, de retrouver une forme de réalisme, centrée non autour de la notion d'évolution déterministe, mais autour de celle d'*événement*. Ce sont des événements qui permettent notre dialogue expérimental avec le monde microscopique, c'est à eux qu'une théorie réaliste du monde quantique doit donner un sens pour échapper aux paradoxes qui ont hanté la mécanique quantique depuis sa création.

Ainsi, nous pouvons mieux comprendre les arguments de Niels Bohr quant à la nécessité d'intégrer la définition du dispositif expérimental dans celle du phénomène. Ces arguments situent en effet les limites du formalisme actuel, fondé sur le modèle des systèmes intégrables. La validité de ce modèle implique que l'événement à partir duquel l'objet quantique est identifiable en tant que tel ne caractérise pas cet objet de manière intrinsèque, mais caractérise son interaction avec un dispositif expérimental. Cependant, la faiblesse de l'argument de Bohr a toujours été l'absence de définition intrinsèque de ce qu'est un dispositif expérimental. N'était-ce pas nous qui *décidions* de considérer un grand système quantique comme un instrument et non comme un objet quantique, décrit en droit par une superposition de fonctions propres ? C'est alors que commençait la régression menant finalement, comme von Neumann l'avait montré, à la conscience de l'observateur.

Or, la voie de cette régression est désormais coupée, non par une décision arbitraire, mais par la théorie elle-même. La question n'est pas de savoir « où » nous choisirons d'abandonner la description quantique en termes de fonctions d'onde évoluant dans l'espace de Hilbert, mais de savoir où le formalisme fondé sur la notion de système dynamique intégrable cesse d'être valide : au niveau de l'événement quantique lui-même, comme c'est le cas des transitions électroniques, ou bien au niveau de l'interaction qui permet le repérage par un instrument de mesure. Le dualisme du formalisme quantique actuel, qui fait coexister l'évolution d'une fonction d'onde, superposition de fonctions propres, et sa réduction, brisant cette superposition, trouve donc son sens physique dans la *classification des systèmes dynamiques.* C'est l'événement quantique, caractérisé par un temps de vie, et non l' « acte d'observation », qui brise la superposition quantique.

Nous l'avions dit dans l'introduction de ce livre : notre démarche est tout à la fois d'ouverture et de continuité. Ouverture vers une nouvelle cohérence de la physique, continuité qui nous permet de comprendre les succès des théories passées, mais aussi leur contingence. Cette contingence nous situe dans l'histoire humaine — celle qui conduisit à privilégier la stabilité prévisible des mouvements planétaires par rapport au caractère chaotique du jet de dé, par exemple —, mais aussi dans l'histoire de l'Univers. A l'évidence, dans aucun des deux cas, contingence ne veut pas dire arbitraire. Comment s'étonner que le retour régulier des planètes ait, depuis la plus haute Antiquité, frappé l'imagination et suscité l'intérêt des hommes ? De même, le fait que notre Univers soit tiède, permette l'existence d'atomes stables, est également la condition de la construction des molécules et de l'apparition des êtres vivants. Néanmoins, la possibilité d'affirmer l'universalité de la flèche du temps, c'est-à-dire de dépasser la double contingence de l'histoire de la physique et de l'histoire de l'Univers, ne nous éloigne pas du monde où nous vivons. Au contraire, elle nous permet de comprendre la profonde cohérence de ce que la physique traditionnelle opposait comme « phénoménologique » ou « fondamental », les processus physico-chimiques, le monde des événements quantiques, et peut-être même, nous le verrons au chapitre suivant, la naissance de l'Univers que nous habitons.

C'est là, pour nous, le message essentiel de ce livre. Le temps est le fil conducteur qui nous permet aujourd'hui d'articuler nos descriptions de l'Univers à tous les niveaux. Mais l'idée d'une « émergence » du temps irréversible est obscure : comment, d'une réalité essentiellement intemporelle, pourrait surgir ce temps créateur qui constitue la trame de nos vies ? Il nous faut identifier le temps irréversible partout, faute de quoi nous ne pourrons le comprendre nulle part.

CHAPITRE VII

La naissance du temps

Il y a un peu plus de vingt ans, la découverte par Penzias et Wilson d'un rayonnement photonique d'environ 3°K confronta, selon le mot de Wheeler[1], la physique à la plus grande de ses crises. Ce rayonnement, qui baigne la totalité de notre Univers observable, fut reconnu comme la trace ténue, aujourd'hui presque imperceptible, de l'événement gigantesque que constitue la « naissance » de cet Univers. L'hypothèse du « Big Bang », jusque-là considérée comme une spéculation mathématique, devenait un problème physique.

Le problème du Big Bang sera au cœur de ce chapitre. Nous avons choisi de l'introduire dès l'abord pour souligner combien la possibilité même de discuter de la « naissance » de l'Univers s'est imposée comme une surprise aux physiciens. La crise dont parlait Wheeler est d'abord celle de l'image de la physique. Pour beaucoup de physiciens aujourd'hui, il reste inimaginable que la physique puisse prendre l'Univers pour objet et s'aventurer ainsi dans un domaine jusque-là réservé à la spéculation.

Le terme même de « cosmos » implique que, pour les Grecs, la totalité de ce qui existe ne peut être pensée que comme ordre, harmonie, beauté. Le cosmos n'est pas une « chose » à laquelle nous aurions affaire, mais une source de signification qui nous situe et donne son sens à notre existence. De même, la pensée de l'Univers chrétien est inséparable du projet de la Création divine. Nous avons déjà cité Giordano Bruno pour qui l'Univers ne peut se penser que comme l'impensable, infinité immobile, inaltérable, incorruptible, étrangère aux catégories qui nous permettent de comprendre le monde des créatures finies. A la fin du XVIIIe siècle, Kant fera des spéculations sur l'Univers une illusion de la raison : il ne peut exister de concept de l'Univers, car celui-ci ne peut faire l'objet d'aucune expérience.

Comment ne pas comprendre, dans ce contexte, le mouvement de recul de certains physiciens face à l'idée que la physique puisse faire de l'Univers un véritable objet de science ? Bien sûr, de nombreuses « visions du monde », procédant par extrapolation à partir des lois de la physique, ont contrevenu à l'interdit kantien. Ainsi, au XIXe siècle, l'image d'un Univers « newtonien », éternel comme la matière et les lois qui règlent son mouvement, s'oppose à celle d'un Univers « thermodynamique », lui aussi éternel, mais évoluant vers une mort thermique qui mettra fin à toute histoire. La pensée de l'éternel retour, qui naquit de ce heurt, symbolisa tout à la fois le conflit scientifique entre dynamique et thermodynamique, que nous avons décrit, et l'antique liaison entre la conception de l'Univers et la question de la signification de notre existence. Pour Abel Rey[2], l'éternel retour découlait du théorème de récurrence de Poincaré selon lequel tout système dynamique finirait par repasser par un état aussi voisin que l'on veut de son état initial, théorème dont nous avons montré, au cinquième chapitre, qu'il perd sa validité dans le cas des systèmes instables. Pour Nietzsche, l'éternel retour est moins une conséquence de la science qu'une affirmation : il implique la volonté de vivre chaque instant d'une manière telle que nous puissions supporter l'idée que ce même instant se répétera un nombre infini de fois dans l'avenir.

Univers immuable ou Univers destiné à la mort : si ces deux conceptions s'inspirent de la science, leurs racines remontent bien plus loin dans l'histoire de la pensée humaine. En revanche, au cours des soixante-dix dernières années, l'alliance entre théorie et observation a transformé de manière profonde la pensée cosmologique en lui imposant des mutations inattendues. Qui aurait pensé que l'on puisse attribuer à l'Univers un âge déterminé ? Qui aurait imaginé que, comme nous y avons déjà fait allusion au troisième chapitre, nous puissions être amenés à situer la « mort thermique » de l'Univers non pas à la fin de son histoire, mais à son origine ? L'idée que l'ordre qui caractérise notre Univers actuel n'est pas un ordre survivant à une dégradation progressive mais un ordre produit lors d'une explosion entropique originelle, un ordre dont le rayonnement fossile nous permet d'évaluer le coût gigantesque, donne la mesure du chemin parcouru.

Dans quelle mesure des concepts physiques créés à propos du

monde que nous pouvons observer aujourd'hui — qu'il s'agisse des galaxies lointaines ou des événements provoqués dans les accélérateurs géants — peuvent-ils nous permettre de construire une histoire cohérente qui aboutisse à cet Univers observable ? Les « scénarios » portant sur la naissance de l'Univers constituent aujourd'hui un laboratoire d'expérimentation conceptuelle dans lequel les physiciens inventent et mettent à l'épreuve de nouveaux modèles d'intelligibilité. Les scénarios d'Univers ne sont pas « légitimes » au sens du droit, au sens où les physiciens auraient pu prouver, contre le verdict philosophique, qu'ils pouvaient traiter l'Univers comme un objet. Ils sont légitimes au sens scientifique, parce qu'ils créent un nouveau champ où se risque le dialogue entre théorie et expérience, parce qu'ils se caractérisent par la double dynamique qui est celle de la physique, productrice tout à la fois de nouvelles données plus contraignantes et d'hypothèses plus exigeantes.

Que la cosmologie fasse désormais partie de la physique ne signifie pas pour autant qu'elle ne pose aucun problème conceptuel. Bien au contraire. Commençons par le Big Bang lui-même. Comme nous le verrons, il s'agit d'une conséquence inévitable du « modèle standard » dominant aujourd'hui : selon ce modèle, si nous remontons l'évolution de l'Univers vers le passé, nous aboutissons à une *singularité,* à un point sans étendue dans lequel se trouve « concentrée » la totalité de l'énergie et de la matière de l'Univers. La singularité associée au Big Bang s'est imposée grâce aux succès du modèle standard, mais, curieusement, ni ce modèle, ni la physique en général ne nous permettent de la décrire : les lois physiques ne peuvent s'appliquer à un point de densité de matière et d'énergie infinie.

Mais la singularité associée au Big Bang renvoie à un autre problème : comment définir la différence entre un Univers « vide » et notre Univers matériel ? Du point de vue de la relativité, un Univers vide de matière aurait été à priori tout aussi possible : les équations de la relativité générale correspondent en effet à la description d'un Univers où la matière-énergie est *donnée* une fois pour toutes. C'est pourquoi la singularité initiale est une conséquence inévitable du modèle standard : remontant vers le passé, suivant un Univers qui se contracte de manière régulière, il est fatal que nous aboutissions à un point dans lequel la densité de matière-énergie devient infinie.

La question du Big Bang pose donc en fait la question de l'origine de cette matière-énergie au sein de notre Univers. Pourquoi quelque chose plutôt que rien ? A cette question, dont certains ont dit qu'elle était la question philosophique par excellence, l'abîme où se dissout toute connaissance positive, nous chercherons à donner une réponse à l'intérieur de la physique, réponse qui, nous le verrons, est étroitement associée au problème du temps.

Dès 1947, l'un d'entre nous avait souligné la nouveauté essentielle de la physique einsteinienne, qui fait de l'espace et du temps non plus le cadre indifférent des phénomènes physiques, mais un phénomène en soi, pour souligner aussitôt que « dans cette construction du temps à partir des phénomènes, les phénomènes *irréversibles* joueront certainement un rôle fondamental[3] ». Nous pouvons penser aujourd'hui que l'irréversibilité joue en effet ce rôle fondamental, et cela, non pas sous la forme de cette « mort thermique » qui hanta le XIXe siècle, mais, au contraire, comme un aspect essentiel du « passage à l'existence » de notre Univers.

Ainsi que nous le verrons, disparaîtrait alors la notion d'une « origine absolue » de l'Univers, qui heurta bien des physiciens de par sa ressemblance troublante avec celle, théologique, de Création. Le « passage à l'existence », devenu physiquement intelligible, ne serait plus, par là même, un événement unique, mais un processus répondant à des conditions déterminées. Il pourrait devenir concevable que d'autres Univers aient précédé le nôtre et puissent lui succéder.

Avant d'explorer les différentes questions que nous venons de présenter, tournons-nous vers cette physique relativiste porteuse de la possibilité, jusque-là inconcevable, de « définir » l'Univers, de le constituer en objet de science. Nous n'entrerons pas dans les détails de la relativité. Qu'il suffise de rappeler que, contrairement à la théorie newtonienne classique, la théorie einsteinienne ne situe pas la matière au sein d'un espace-réceptacle indifférent, mais décrit une relation mutuelle entre la matière et les propriétés métriques de l'espace-temps qui l'englobe.

Comment comprendre cette « métrique » de l'espace-temps ? Déjà, la physique de Galilée et de Newton supposait une métrique. La structure de l'espace de la physique classique est *euclidienne*. Elle permet de définir la distance entre deux points $s_{12}^2 = (x_2 - x_1)^2 + (y_2 - y_1)^2 + (z_2 - z_1)^2$ comme un invariant par rapport à des changements de systèmes de coordonnées, autrement dit par rapport à des observateurs en mouvement rectiligne uniforme relativement les uns aux autres. Le fait de caractériser une telle structure d' « euclidienne » marque le fait qu'il s'agit d'une structure particulière, correspondant en l'occurrence à un espace à *courbure nulle.* D'autres espaces peuvent être définis. Ainsi, la surface, close sur elle-même, d'une sphère, se caractérise par une courbure positive, alors que celle d'une « hyperboloïde », ouverte, a une courbure négative.

La théorie de la relativité restreinte d'Einstein reste attachée à une métrique caractérisée par une courbure nulle, comme celle de l'espace euclidien ; toutefois cette métrique n'implique pas seulement l'espace, mais le temps. La relativité restreinte définit un nouvel invariant, une nouvelle « distance », non plus cette fois entre deux points dans l'espace, mais entre deux « événements » spatio-temporels. Différents observateurs en mouvement rectiligne et uniforme les uns par rapport aux autres ne pourront plus se mettre d'accord ni sur la distance entre deux événements, ni sur le temps qui s'est écoulé entre eux, mais bien sur l' « intervalle » spatio-temporel qui les sépare. Le nouvel invariant est de la forme : $s_{12}^2 = c^2(t_2 - t_1)^2 - (x_2 - x_1)^2 - (y_2 - y_1)^2 - (z_2 - z_1)^2$. C'est cette grandeur qui est conservée lorsque l'on passe d'un observateur inertiel à un autre. Ce qui implique que chaque observateur verra un front de lumière se déplacer dans le vide de manière telle que l'intervalle $s_{12}{}^2$ s'annule. Dès lors, pour tous ces observateurs, la vitesse de la lumière aura la même valeur c.

C'est par rapport à ce continuum quadridimensionnel qu'Einstein réinterpréta l'accélération déterminée par les forces d'interaction gravitationnelle. De la définition de la courbure en une région de l'Univers dérive la définition du mouvement d'un « corps d'épreuve » dans cette région. Les accélérations que la physique newtonienne expliquait en termes d'interaction gravitationnelle traduisent donc, pour Einstein, la métrique de l'espace-temps courbé, au même titre que le mouvement inertiel traduit le cas particulier d'un espace-temps « plat ». L'Univers où tout corps d'épreuve aurait un mouvement rectiligne et uniforme serait un Univers de courbure nulle. Il correspondrait à un Univers *vide de matière-énergie,* l' « Univers de Minkowski ». C'est l'existence de la matière qui, dans la théorie d'Einstein, détermine la « courbure » de l'espace-temps. Les équations d'Einstein décrivent donc un espace-temps qui « réagit » à la présence de la matière, et une matière « sensible » à la courbure de l'espace-temps. De manière plus précise, l'équation fondamentale de la relativité générale relie deux objets mathématiques appelés « tenseurs » : le tenseur *métrique,* qui décrit la courbure de l'espace-temps dans la région de l'Univers concernée, et le tenseur « impulsion-énergie », qui définit le contenu matériel de cette région en termes de densité et de la pression qui y règne.

Einstein lui-même attira l'attention sur la signification différente des deux membres de son équation. Il la compara à un bâtiment dont une aile serait en marbre, mais l'autre en bois[4]. En effet, la forme du tenseur métrique est déterminée par des considérations théoriques très précises, alors que le tenseur « impulsion-énergie », qui représente la « source » de la courbure de l'espace-temps, est le résultat d'une description phénoménologique et ne prend en particulier une forme simple que si l'on exige que l'équation d'Einstein se ramène, à la limite de champ faible, à l'équation newtonienne de gravitation.

Tout modèle cosmologique basé sur les équations de la relativité incorpore certaines hypothèses phénoménologiques quant au contenu matériel de l'Univers. En particulier, le modèle standard, que nous avons déjà évoqué et auquel sont associés notamment les noms de Lemaître, Friedmann, Robertson et Walker, se fonde sur le « principe cosmologique » qui pose qu'à grande échelle, l'Univers peut être défini comme homogène et isotrope. Ce principe cosmologique permet de définir un temps universel : tous les observateurs qui observent les mêmes valeurs des propriétés de l'Univers vivent le même âge de cet Univers.

L'histoire qui a abouti au modèle standard est un exemple dramatique de l'intrusion du temps dans un domaine dont il semblait par définition exclu : comment penser l'Univers autrement qu'éternellement semblable à lui-même ? Dès 1917, un an seulement après la formulation de la théorie de la relativité, Einstein proposa un premier modèle faisant en effet de l'Univers une entité statique, close sur elle-même, une sphère de volume fini, intemporelle, véritable incarnation de l'idéal d'intelligibilité qui guida toute sa vie. Il est remarquable que, pour obtenir cette solution à ses équations, Einstein ait été amené à introduire dans le second membre de son équation un terme supplémentaire, nommé « constante cosmologique ». Mais, dès 1922, Friedmann montrait que la solution statique proposée par Einstein était instable, que la moindre fluctuation détruirait sa permanence. En revanche, les équations d'Einstein conduisaient très naturellement à des solutions impliquant une dilatation ou une contraction de l'Univers au cours du temps. De plus, ces solutions avaient l'avantage de ne plus faire appel à la constante cosmologique dont l'interprétation restait obscure.

En 1929, Hubble découvrit que la lumière émise par les galaxies est décalée vers le rouge en proportion de la distance entre ces galaxies et la Terre[5]. Ce décalage emporta la conviction de la plupart des physiciens : l'Univers dans lequel nous vivons est un Univers en expansion. En effet, la découverte de Hubble peut s'expliquer par un mouvement de fuite des galaxies, d'autant plus rapide que celles-ci sont éloignées, c'est-à-dire que la lumière que nous recevons d'elles a été émise plus loin dans le passé.

Pourtant, l'expansion de l'Univers décrite par le modèle standard ne doit pas être confondue avec un « devenir » de l'Univers, qui créerait une différence intrinsèque entre le passé et le futur. Les données expérimentales indiquent que notre Univers est aujourd'hui en expansion, mais l'équation d'Einstein, couplée avec le principe cosmologique, admet d'autres solutions. Suivant la densité de l'énergie-matière de l'Univers, il est possible que l'expansion actuelle soit illimitée dans le temps, sans retour, ou bien qu'une phase de contraction succède à la phase d'expansion qui est la nôtre. L'évolution cosmologique impliquée par le modèle standard est donc, comme l'évolution dynamique classique, intrinsèquement réversible et déterministe.

Cependant, contrairement à l'évolution purement dynamique, l'évolution décrite par le modèle standard intègre aussi un élément thermodynamique. A mesure qu'augmente le rayon de l'Univers, non seulement diminue la densité de matière-énergie qui l'habite, mais baisse également sa température. Néanmoins, ce refroidissement progressif de l'Univers, s'il joue, comme nous allons le voir, un rôle essentiel dans les développements contemporains de la cosmologie, est lui aussi décrit comme essentiellement réversible, c'est-à-dire entièrement déterminé par l'évolution géométrique. De manière plus précise, l'évolution cosmologique définie par le modèle standard est adiabatique, c'est-à-dire qu'elle conserve l'entropie de l'Univers.

Revenons maintenant à la question du Big Bang. Si nous remontons l'expansion adiabatique vers le passé, nous rencontrerons une structure de l'espace-temps à la courbure de plus en plus forte, une température, une densité et une pression de la matière qui le constitue de plus en plus élevées. A la limite — et les mesures actuelles de la vitesse de la fuite des galaxies permettent de situer cette limite à il y a quinze milliards d'années —, nous arrivons à la situation *singulière* que nous avons déjà évoquée, où la densité, la température et la courbure prennent une valeur infinie.

La science et les mythes semblent ici se rejoindre dans le mystère de l'origine. Qu'est-ce que le Big Bang? S'agit-il d'un événement unique? Comment, dans ce cas, pourrait-il être pensé par la physique? Celle-ci ne peut traiter que de classes de phénomènes dont elle définit les conditions de production. Certes, nous l'avons dit, aucun « coup de dé », aucun comportement chaotique individuel n'est, à strictement parler, reproductible. Cependant, nous pouvons répéter un coup de dé, nous pouvons préparer un système au comportement chaotique : nous pouvons donc définir ces comportements individuels comme appartenant à une classe qui, elle, est objet de science. Le Big Bang, lui, n'appartient à aucune classe d'événements, il constituerait une singularité absolue.

Certains ont assurément été satisfaits de voir, dans la singularité associée au Big Bang, la « main de Dieu », le triomphe du récit de création biblique, l'acte unique, hors science, dont nous pouvons seulement reconstituer l'existence à partir du monde que nous connaissons. D'autres ont tenté d'éviter cette situation inquiétante. L'une des tentatives les plus remarquables, à ce titre, fut le modèle cosmologique du « *steady state Universe* » de Bondi, Gold et Hoyle[6].

Le modèle du « *steady state Universe* » implique le principe cosmologique « parfait ». Dans l'Univers du modèle standard, tous les observateurs contemporains voient le même Univers. Dans celui-ci, non seulement il n'y a pas de place privilégiée, mais il n'y a pas de temps privilégié. Tout observateur, dans le passé et dans le futur, attribuerait à l'Univers les mêmes valeurs de température et de densité de matière. L'Univers n'a pas d'âge. Le modèle du « *steady state Universe* » décrit en effet une expansion exponentielle de l'Univers *couplée à une création permanente de matière*. La synchronisation entre expansion et création permet de maintenir dans l'Univers une densité constante de matière-énergie. Il s'agit donc d'un Univers éternel, sans âge, mais en état de création continue.

Une conséquence du modèle du « *steady state Universe* » a été peu soulignée : certes, ce modèle élimine la conséquence la plus remarquable du modèle standard, la possibilité de définir un « âge » de l'Univers; mais l'adjonction, au deuxième membre de l'équation d'Einstein, d'un terme correspondant à la création de matière, implique d'autre part que l'évolution cosmologique n'est plus conservative au sens thermodynamique. La relation d'implication mutuelle entre création et expansion définit une flèche du temps, une irréversibilité intrinsèque qui est celle de la création de la matière, c'est-à-dire aussi de l'entropie.

L'Univers d'Einstein n'avait ni âge ni flèche du temps, celui du modèle standard a un âge mais pas de flèche du temps, celui du *steady state* a une flèche du temps, mais pas d'âge. Le modèle que nous proposerons quant à nous est celui d'un Univers qui a tout à la fois un âge et une flèche du temps. Mais n'anticipons pas. Revenons plutôt à la découverte expérimentale qui imposa à la majorité des physiciens la conviction que non seulement l'Univers est en expansion, mais qu'il a aussi un âge, et donc une origine.

C'est, nous l'avons dit, en 1965 que la découverte du rayonnement fossile de 2,7°K par Penzias et Wilson fit de l'hypothèse du Big Bang — et, avec elle, de la notion même de modèle cosmologique — non plus seulement une curiosité mathématique, mais un véritable problème physique[7]. Ce rayonnement avait été prédit théoriquement sur la base de l'idée de Big Bang par Gamow, Alpher et Herman dès 1948. Ceux-ci avancèrent que si l'Univers, par le passé, fut immensément plus dense et plus chaud qu'aujourd'hui, et si l'histoire de son expansion est en même temps celle de son refroidissement progressif, il a dû à l'origine être « opaque », les photons ayant une énergie suffisante pour interagir avec la matière. C'est à la température de 3 000°K que l'équilibre entre matière et lumière se serait rompu et que notre Univers serait devenu transparent, les photons n'ayant plus alors d'autre histoire que celle de leur refroidissement, de la dilatation de leur longueur d'onde. C'est la longueur d'onde que devraient avoir aujourd'hui ces photons que calculèrent Gamow, Alpher et Herman, et que confirma la mesure du rayonnement « fossile » de 2,7°K.

La découverte de Penzias et Wilson détermina le triomphe du modèle standard et l'abandon du modèle rival de Hoyle. Le rayonnement fossile ne nous fait certes pas remonter à la singularité originelle, mais, 300 000 ans plus tard, à la « fin » du Big Bang que marque le découplage entre matière et lumière. Il implique néanmoins, pour la grande majorité des spécialistes, que l'Univers a bien une origine et un âge.

Le modèle standard constitue la toile de fond des études astrophysiques actuelles relatives à la formation et à l'évolution des galaxies et des étoiles. On admet généralement que les théories physiques actuelles permettent de comprendre ce que fut notre Univers après une seconde d'existence. Ce que fut l'Univers pendant sa première seconde d'existence constitue un champ d'exploration conceptuelle pour la physique des hautes énergies. Ce n'est plus aujourd'hui en allant vers l'infiniment petit, mais vers l'infiniment chaud — c'est-à-dire vers des comportements qui furent ceux de la matière aux premiers instants de l'Univers — que les physiciens espèrent découvrir les principes qui permettraient d'unifier la prodigieuse multiplicité des particules élémentaires. Les particules qui se matérialisent lors des événements les plus énergétiques que puissent produire nos accélérateurs existaient, pense-t-on, lorsque l'Univers avait moins d'un milliardième de seconde. Mais les théories actuelles sur l'unification des trois types d'interaction — faible, électromagnétique et forte — nous renvoient, elles, à un Univers « vieux » de quelque 10^{-34} seconde. Pour observer les particules qui existaient à cette époque, il nous faudrait des accélérateurs circulaires dont le diamètre aurait la taille de notre galaxie [8]...

Pourtant, le modèle standard rencontre aussi des difficultés. C'est pour les résoudre qu'ont été proposées récemment des « améliorations » de ce modèle, tel le modèle « inflatoire [9] ». Ce modèle met en scène ce qui constituerait véritablement une « seconde naissance » de l'Univers, environ 10^{-35} seconde après le Big Bang proprement dit. Il s'agirait d'un épisode hautement dissipatif, assez semblable à une transition de phase, par exemple à la brutale cristallisation d'un liquide à une température inférieure à sa température de cristallisation. Dans ce cas — mais nous n'entrerons pas dans les détails —, cette transition caractériserait le brisement de symétrie entre interactions fortes d'une part, faibles et électromagnétiques, de l'autre. Elle se serait accompagnée d'une expansion gigantesque (d'un facteur 10^{50} sur un intervalle de temps de 10^{-32} seconde...), suivie d'un réchauffement brutal.

Nous ne nous attarderons pas sur le modèle inflatoire qui pose à son tour des problèmes difficiles. Ainsi, il conduit à réintroduire dans les équations d'Einstein un terme supplémentaire, la fameuse « constante cosmologique [10] ». Dans la mesure où les observations actuelles semblent exclure l'existence d'une telle constante, il faudrait accepter que celle-ci ait disparu sans qu'aucune raison n'ait été jusqu'ici proposée pour justifier cette disparition. Mais, surtout, le modèle inflatoire n'apporte pas de solution aux questions que nous avons posées au début de ce chapitre. Il laisse intact le problème de la singularité initiale et se borne à décrire un « accident », dû à un retard d'adaptation de l'Univers à son propre refroidissement. Certes, cet accident est hautement dissipatif, mais il scande une histoire cosmologique qui reste conçue comme essentiellement adiabatique. Comme nous le verrons, le modèle que nous allons introduire implique lui aussi un stade inflatoire dissipatif, mais il évite le Big Bang et lie de manière intrinsèque irréversibilité et création de l'Univers.

Nous arrêterons ici cette description, très schématique, de la cosmologie contemporaine, pour en venir à la nouvelle approche que nous proposons.

Comme nous l'avons déjà souligné, la difficulté majeure du modèle standard est son caractère adiabatique, intrinsèquement réversible. L'hypothèse d'une évolution adiabatique était naturelle tant que les modèles d'Univers restaient dominés par la géométrie. Elle ne l'est plus dans le contexte actuel. On l'a vu au chapitre III de ce livre, l'Univers issu du Big Bang, où il existe quelque 10^8 photons pour une particule matérielle, évoque irrésistiblement un événement hautement entropique, producteur à la fois de l' « ordre » des particules matérielles et de la dissipation photonique. L'entropie de l'Univers réside essentiellement dans ces photons. On a récemment calculé que si la totalité de l'Univers « matériel » se dématérialisait sous forme de photons, cela ne modifierait l'entropie de l'Univers que de 0,01 %. Comment comprendre cette gigantesque quantité d'entropie ? Il semble paradoxal de décrire l'évolution de notre Univers riche en entropie en termes d'une évolution adiabatique, conservant l'entropie. A un moment donné un mécanisme créateur d'entropie a dû jouer un rôle essentiel.

Mais posons-nous d'abord la question : une genèse de notre Univers matériel pourrait-elle être compatible avec les lois physiques ? Ne devrait-il pas s'agir d'une création *ex nihilo,* par définition en dehors de ces lois ? C'est ici qu'il faut rappeler une conception aujourd'hui très répandue, qui ferait de la genèse de l'Univers un « *free lunch* », un événement gratuit.

Cette hypothèse, proposée en 1973 [11] par Tryon, reprenait une idée ancienne de Jordan. Dans son autobiographie [12], Gamow raconte la stupeur d'Einstein lorsqu'il lui fit part de la remarque de Jordan : on pourrait admettre que l'énergie totale de notre Univers est nulle. En effet, dans l'Univers, l'énergie se trouve sous deux formes : l'énergie liée à la gravitation, qui est une force d'attraction, et l'énergie liée à la masse par la célèbre formule d'Einstein, $E = mc^2$. Or, au bilan, l'énergie liée à la gravitation apparaît avec un signe négatif, alors que celle qui est liée à la masse a un signe positif. De ce point de vue, on pourrait donc affirmer qu'il n'y a pas de différence énergétique entre notre Univers et un Univers vide, l'Univers de Minkowski auquel nous avons déjà fait allusion : un bilan énergétique nul peut tout aussi bien résulter de la somme de deux zéros (Univers vide) que de la somme de deux quantités égales et de signes opposés (Univers matériel). En d'autres termes, du point de vue de l'énergie, il n'y aurait donc pas de prix à payer pour passer de la non-existence à l'existence.

L'Univers, conclut Tryon, pourrait n'être qu'une autre expression du néant et pourrait donc surgir spontanément de ce néant : sa création *ex nihilo* ne soulève en effet aucune contradiction du point de vue énergétique. La naissance de l'Univers serait alors assimilée à une fluctuation spontanée du vide.

L'idée de l'Univers comme fluctuation du vide rappelle étrangement celle de Boltzmann que nous avons citée au premier chapitre de ce livre : l'Univers comme fluctuation par rapport à l'équilibre thermodynamique. Cependant, elle se heurte au même problème : pourquoi n'observons-nous pas de telles fluctuations, mais un Univers qui existe depuis quinze milliards d'années ? C'est ici que nous retrouvons le problème de l'irréversibilité. Pensons aux superbes tourbillons de Bénard : du point de vue de l'énergie, ils correspondent également à un « *free lunch* ». Mais la conservation de l'énergie ne suffit pas à expliquer leur passage à l'existence. C'est l'entropie, non l'énergie, qui permet d'évaluer le prix dont se paie leur existence.

Le problème de l'origine de l'Univers apparaît ainsi dans une perspective nouvelle. L'irréversibilité ne serait pas une propriété surajoutée, marquant un écart entre l'évolution effective de l'Univers et l'idéal d'une évolution adiabatique, comme c'est le cas dans le modèle inflatoire. Elle serait l'expression essentielle de la genèse de l'Univers. Ce ne serait pas l'énergie, mais l'entropie qui ferait la différence entre l'Univers purement spatio-temporel, vide, de Minkowski, et notre Univers matériel. Les visions traditionnelles d'un Univers voué à la mort thermique se heurtaient à une difficulté fondamentale : comment comprendre l'état initial, hautement ordonné, et donc à priori improbable, dont l'histoire irréversible de l'Univers traduirait la disparition progressive ? L'idée d'une création irréversible de la matière répond à ce problème : l'Univers purement géométrique, spatio-temporel, correspond à un état cohérent que détruit la création, entropique, de la matière. La « mort thermique » se situe à l'origine, au moment où s'est brisée la structure spatio-temporelle de l'Univers vide et où, déchirant le « tissu spatio-temporel » lisse, est apparue la matière, et, avec elle, l'entropie.

Un tel événement devrait correspondre à une instabilité d'un espace vide originel. Comme nous allons le voir, il existe aujourd'hui un scénario qui substitue à l'hypothèse d'une singularité un mécanisme créateur tout à la fois de particules massives et de la courbure de l'espace-temps. Cependant, avant de décrire ce scénario, soulignons les conséquences générales d'une telle création de matière.

Cette création implique une modification des équations cosmologiques d'Einstein (voir aussi Appendice III). En effet, ces équations, à la base du modèle standard, décrivent une évolution adiabatique et réversible : aucun flux de chaleur venu de l' « extérieur » ne fait varier l'entropie de l'Univers ($d_eS = 0$) et celui-ci n'est le siège d'aucun processus producteur d'entropie ($d_iS = 0$). Quant à la conservation de l'énergie, c'est-à-dire au premier principe de thermodynamique, sa formulation usuelle est $dE + pdV = dQ$ où E est l'énergie interne, p la pression, V le volume et dQ la chaleur reçue ; dans le cas adiabatique ($dQ = 0$), cette équation se ramène à $dE + pdV = 0$. La création éventuelle de matière nous force à reformuler les deux principes de la thermodynamique. Il nous faut, d'une part, ajouter à l'équation $dE + pdV = 0$ un terme de source d'énergie interne qui traduise cette création et soit donc proportionnel à dN, la variation du nombre de particules ; d'autre part, ce terme doit être choisi de manière que le second principe corresponde désormais à une production d'entropie, positive ou nulle, due à la création de matière : $d_iS = sdN$, où s est l'entropie par particule créée. Cette transformation se répercute sur l'équation d'Einstein et s'y traduit par l'apparition d'une pression supplémentaire (voir Appendice III). Lorsque s'annule la production de matière dN, et donc la production d'entropie, on retrouve les équations habituelles[13].

La cosmologie einsteinienne, déjà, avait intégré l'espace-temps et la matière, mais elle n'avait retenu de la matière que sa définition newtonienne, en termes de masses et d'interactions. C'est pourquoi, dans cette cosmologie, la flèche du temps était ignorée. Dans la perspective présentée ici, il s'agit d'une approximation, valable seulement lorsque la genèse de l'Univers est achevée, c'est-à-dire après une période dont le scénario que nous allons présenter maintenant permet une estimation.

Venons-en donc à cette phase initiale qui vit se « déchirer » le tissu cohérent de l'espace-temps, à ces « premiers instants » de l'Univers qui intègrent, eux, de manière indissoluble, géométrie, expansion et irréversibilité.

La recherche d'unification en physique a plusieurs aspects. Nous venons de souligner le lien entre géométrie et dissipation, mais l'origine de l'Univers pose également le problème de l'unification des interactions. En effet, indépendamment de la singularité du Big Bang proprement dite, l'Univers primordial nous renvoie à l' « ère quantique » à propos de laquelle Cohen-Tannoudji et Spiro [14] ont évoqué la nécessité d'une « troisième quantification » intégrant la physique des particules, qui fait jouer un rôle essentiel aux constantes c et h, et la relativité générale, qui, outre c, implique une autre constante, la constante de couplage gravitationnel G.

Ceci nous amène à introduire des unités « naturelles » de longueur, de temps, de température, exprimées seulement à l'aide des trois constantes universelles, c, G et h. Ce sont les « unités de Planck ». Ainsi, la longueur de Planck, $(G\hbar/c^3)^{1/2}$, correspond à peu près à 10^{-33} centimètre. Le temps de Planck, construit de manière similaire, est de l'ordre de 10^{-44} seconde, et la température de Planck, de l'ordre de 10^{32} degrés.

On voit que l'échelle définie par ces unités nous renvoie à ce que fut l'Univers au voisinage immédiat de la singularité associée au Big Bang. La description d'un Univers dont le rayon est de l'ordre de 10^{-33} centimètre doit incorporer à la fois la mécanique quantique et la relativité. C'est pourquoi, tant que les physiciens ne disposeront pas de théories unifiées susceptibles d'intégrer les trois constantes universelles, c'est-à-dire le monde quantique et le monde gravitationnel, les modèles qui portent sur les premiers instants de l'Univers resteront seulement phénoménologiques.

Pourtant, l'échelle de Planck nous permet d'ores et déjà de tirer une conclusion assez curieuse quant aux « objets » qui ont pu peupler l'Univers avant la limite fatidique définie par cette échelle. En effet, on peut également définir une masse en termes des trois constantes universelles. Or, curieusement, cette « masse de Planck » est grande par rapport à la masse typique d'une particule élémentaire. Elle est de l'ordre de 10^{-5} gramme, alors que la masse du proton, par exemple, est de l'ordre de 10^{-23} gramme. La masse de Planck correspond ainsi à celle d'un nombre immense de protons (10^{18}). Comment concevoir une particule élémentaire aussi monstrueuse ? Plusieurs raisons conduisent à penser qu'il s'agit de mini-trous noirs.

Lorsque l'on pense à un trou noir [15], on pense généralement à un objet astrophysique extraordinairement dense. Ce sont de tels objets que les astronomes cherchent à repérer, au sein des galaxies notamment, à partir des perturbations qu'ils devraient provoquer sur leur environnement. Pourtant, tout corps massif, étoile ou particule élémentaire, peut être caractérisé par la même grandeur qui permet de définir un trou noir, c'est-à-dire son « rayon de Schwarzschild ». Le rayon de Schwarzschild d'un corps définit la sphère qui, si toute la masse du corps en question y était concentrée, déterminerait une courbure de l'espace-temps telle que même la lumière ne pourrait lui échapper. Usuellement, le rayon de Schwarzschild est beaucoup plus petit que le rayon du corps massif. Ainsi, le rayon de Schwarzschild du Soleil est de 1 kilomètre, et celui de la Terre, de 1 centimètre. C'est lorsqu'il est plus grand que nous avons affaire à un trou noir. Le rayon de Schwarzschild définit alors la « zone de capture » d'un trou noir. Même un photon, s'il est à l'intérieur de cette zone, serait piégé par le trou noir. Une particule élémentaire ayant la masse de Planck, aurait un rayon de Schwarzschild qui serait précisément égal à son rayon « de Compton », c'est-à-dire à la définition que la mécanique quantique donne de sa taille (ce rayon est égal à $\lambda = h/mc$ où m est la masse de la particule). La masse de Planck définit donc le seuil à partir duquel les particules élémentaires sont des mini-trous noirs.

Comment concevoir un mini-trou noir ? Sans entrer dans les détails, notons que notre conception des trous noirs a été renouvelée, à la suite des travaux de Hawking et Bekenstein en particulier[16]. Ceux-ci ont montré que, du point de vue quantique, il est impossible que les trous noirs emprisonnent définitivement la matière-énergie. Les relations d'incertitude quantique conduisent à prévoir un « effet tunnel » à travers la barrière gravitationnelle, la possibilité que des particules et des photons s'échappent du trou noir. Celui-ci est dès lors devenu un objet thermodynamique, caractérisé par le spectre énergétique de son rayonnement, c'est-à-dire par une température et une entropie. Hawking a montré que la température de rayonnement était d'autant plus élevée, et l'entropie d'autant plus basse, que la masse d'un trou noir était petite. Un « petit » trou noir est susceptible d'émettre des particules massives, alors qu'un trou noir de la masse du soleil émettrait essentiellement des particules sans masse. Corrélativement, la durée de vie d'un trou noir augmente avec sa masse (plus précisément avec le cube de sa masse). Un trou noir « solaire » vivrait 10^{66} ans, alors qu'un trou noir ayant la masse de Planck disparaîtrait après un temps de l'ordre du temps de Planck.

La conception d'un « mini-trou noir » caractérisé par les dimensions de Planck nous donne une indication précieuse : les créatures de l'Univers primordial seraient essentiellement dissipatives, caractérisées par une entropie extrêmement élevée. Or, selon le scénario que nous allons maintenant décrire de manière schématique, seules des « particules » ayant environ cinquante fois la masse de Planck, c'est-à-dire des mini-trous noirs, ont pu déchirer le tissu de l'espace-temps correspondant au vide.

Ce scénario, originellement proposé par Brout, Englert et Gunzig[17], et prolongé ensuite par Gunzig et Nardone[18], a pour point de départ l'étude de l'Univers de Minkowski, c'est-à-dire d'un Univers vide, de courbure nulle. Mais le « vide » se trouve ici défini du point de vue de la mécanique quantique. Le vide quantique est le contraire du néant : loin d'être passif ou inerte, il contient en puissance toutes les particules possibles. Sans cesse ces particules surgissent du vide pour disparaître aussitôt. Les « fluctuations quantiques du vide » ne sont pas, en effet, soumises à la conservation de l'énergie, mais leur actualisation, la transformation des particules virtuelles en particules réelles, nécessite, elle, une énergie équivalente à la masse de ces particules. C'est pourquoi, dans notre Univers tiède, nous n'observons que la matérialisation des particules les plus légères : des photons à haute énergie, comme ceux des rayons cosmiques, peuvent « susciter » la création de couples électron-positron. Dans les accélérateurs, des particules bien plus massives peuvent se matérialiser.

Curieusement, les fluctuations du vide quantique peuvent entraîner l'instabilité de l'Univers (vide) de Minkowski. Si une particule virtuelle de masse supérieure à un seuil déterminé (à peu près cinquante fois la masse de Planck) apparaît, elle déclenchera un mécanisme coopératif hautement non linéaire. Ce mécanisme donne son sens physique à la théorie du « *free lunch* ». Il extrait, du réservoir d'énergie négative que constitue la structure géométrique de l'espace-temps décrite par les équations d'Einstein, l'énergie positive nécessaire à la matérialisation des particules virtuelles. Cette transformation de l'énergie négative du champ gravifique en énergie positive de matière a pour conséquence une courbure de l'espace-temps qui, à son tour, entraîne la matérialisation d'autres particules, etc. L'Univers que nous connaissons naîtrait ainsi de l'amplification d'une fluctuation « déchirant » l'espace-temps de Minkowski, d'une production irréversible de particules massives et de la courbure de l'espace-temps.

Cette description fait penser à celle de la cristallisation d'un liquide surfondu, liquide à une température inférieure à sa température de cristallisation. Dans un tel liquide, il se forme de petits germes de cristaux, mais ces germes apparaissent, puis se dissolvent sans entraîner de conséquences. Pour qu'un germe déclenche le processus qui mènera la totalité du liquide à se cristalliser, il faut qu'il ait une taille critique qui dépend, dans ce cas également, d'un mécanisme coopératif hautement non linéaire, le processus de « nucléation ».

Le modèle montre que tant que la production de particules se poursuit, l'Univers connaît une expansion de type exponentiel à densité constante (en termes techniques, il s'agit d'une phase inflatoire, « de Sitterienne »). Une telle expansion résout les problèmes à propos desquels le modèle inflatoire auquel nous avons précédemment fait allusion avait été conçu, mais sans soulever les mêmes difficultés. En particulier, elle n'implique pas l'introduction d'une constante cosmologique. La production de particules et l'inflation prendraient fin avec la « décomposition » des particules massives créées. Or, nous l'avons vu, ces particules devraient être des mini-trous noirs, d'une durée de vie de 10^{-37} seconde environ. Telle serait la « durée » de la naissance de notre Univers, c'est-à-dire la durée pendant laquelle serait produite la quasi-totalité de l'entropie de l'Univers, mesurée par l'entropie des trous noirs créés. Avec l'évaporation des trous noirs commencerait l'évolution de type adiabatique que décrit le modèle standard (voir *fig. 20*).

La naissance de l'Univers correspondrait ainsi à une instabilité qui nous fait passer de l'Univers vide à un Univers en expansion exponentielle (Univers de de Sitter) peuplé de mini-trous noirs. A la mort des trous noirs qui engendrent la matière et le rayonnement, l'expansion exponentielle se transforme en une expansion adiabatique, celle du modèle standard, qui se poursuit aujourd'hui.

Dans cette conception, il n'y a donc plus de singularité initiale, plus de Big Bang, mais une instabilité créatrice de matière. Nous avons décrit un mécanisme possible donnant lieu à une telle instabilité mais la conclusion générale, développée plus en détail dans l'Appendice III, est que *tout mécanisme d'instabilité dissipatif* créant de la matière supprime le Big Bang. Le Big Bang est *structurellement instable.* C'est là une conclusion fondamentale.

L'instabilité structurelle est un phénomène très général. Nous l'avons déjà rencontré au chapitre IV à propos de la modification radicale que l'introduction du moindre terme de friction impose au comportement du pendule idéal. De même ici, l'histoire de l'Univers

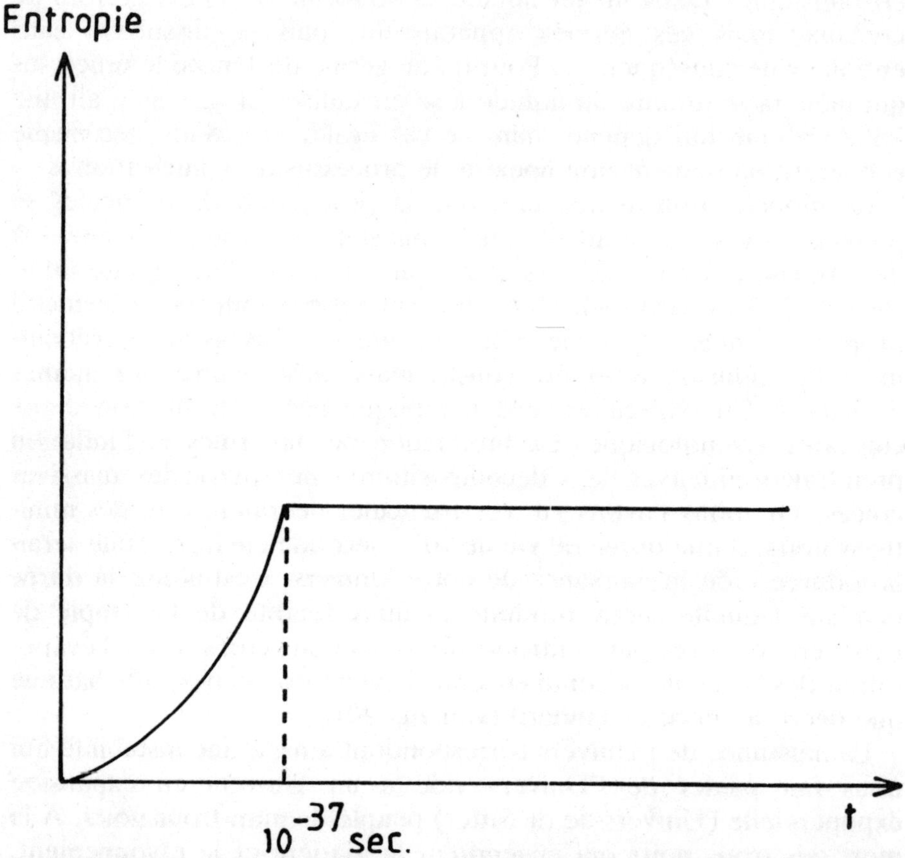

Fig. 20 : Evolution de l'entropie de l'Univers au cours du temps : l'Univers « vide » de Minkowski correspond (conventionnellement) à une valeur nulle de l'entropie ; le décollage par rapport à zéro correspond à l'instabilité. S'engage ensuite une phase de croissance exponentielle de l'entropie suivie de la phase adiabatique (à entropie constante) décrite par le modèle standard.

est radicalement modifiée par l'introduction d'une création dissipative de matière, si petite soit-elle.

Nous reviendrons sur ces questions dans l'Appendice III. Notons ici que les conditions de passage de l'Univers en expansion exponentielle à l'Univers en expansion adiabatique permet certaines prédictions qui sont en accord avec la description de l'Univers actuel[19]. Le calcul de l'entropie des trous noirs créés pendant les 10^{-37} seconde du passage à l'existence de notre Univers permet, à partir de la valeur des trois constantes universelles, une évaluation correcte des données qui caractérisent la structure thermodynamique de notre Univers actuel : l'entropie (mesurée par le nombre des photons dans l'Univers) et surtout le rapport entre le nombre des particules massives et celui des photons qui constituent cet Univers.

Comment comprendre le caractère irréversible de la naissance de la matière à partir de l'espace-temps ? Pourquoi un scénario inverse, où les particules se déferaient alors que s'annulerait la courbure de l'espace-temps, est-il exclu ? Dans le scénario que nous venons de présenter, la création de l'Univers s'accompagne d'un abaissement de l'énergie gravifique. Par définition le vide quantique correspond à un état énergétique de base de valeur nulle. La création de l'Univers matériel donne alors une valeur négative à cet état qui correspond à la courbure de l'espace-temps qui se produit corrélativement. La situation est curieusement similaire à celle de l'atome excité que nous avons analysée au chapitre précédent. On peut comparer l'Univers vide de Minkowski à un état « excité » de l'Univers. De même que l'atome excité rejoint son état fondamental en émettant un photon, l'Univers vide rejoint un état spatio-temporel correspondant à une énergie plus basse, en « rayonnant » de la matière et en se courbant. Et, ce transfert énergétique unidirectionnel, qui ne peut se produire que de l'énergie gravifique vers l'énergie de matière, et non inversement, implique un Univers en expansion.

Le rêve d'Einstein avait été de concevoir une géométrie susceptible d'unifier les lois physiques et de ramener l'ensemble des processus physico-chimiques à cette vérité géométrique fondamentale. Einstein nous a permis de penser l'unité indissociable de l'espace-temps et de la matière. Néanmoins cette unité ne signifie pas équivalence. Dans la perspective que nous présentons ici, la création de la matière, définie comme porteuse de l'entropie, n'est pas plus réductible à un phénomène réversible que l'atome quantique excité n'est réductible à la mécanique. Un nouveau type de cohérence se fait jour, qui offre une certaine analogie avec l'Univers du *steady state*, en ce qu'expansion et création de matière y apparaissent comme inséparables, mais qui distingue la période d'expansion irréversible de la création de l'Univers et la période d'expansion sans création qui correspond aux équations cosmologiques de type Friedmann-Lemaître.

Nous avons intitulé ce chapitre « La naissance du temps ». C'est là, évidemment, une façon de parler. Ce dont nous avons décrit la naissance est le temps de notre Univers. Nous savons que notre Univers a un « temps », un « âge », mais pouvons-nous assimiler ce temps *au* temps, cette naissance à une « naissance du temps » ? Il n'en est rien. Notre conception du « vide quantique originel » implique elle-même un temps irréversible latent, celui que présupposent les fluctuations de ce vide. La situation est similaire à celle que nous avons rencontrée à propos des états d'équilibre. Comme nous l'avons vu, les conditions de non-équilibre ne créent pas la flèche du temps, mais permettent à cette flèche du temps, toujours présente dans la dynamique des corrélations post-collisionnelles, de se manifester au niveau macroscopique. De même, la flèche du temps de notre Univers n'est pas créée, mais actualisée par la fluctuation qui déclenche la naissance de cet Univers. Le temps précède l'existence.

L'expression la plus frappante de la symétrie essentielle du modèle standard était la possibilité qu'il ouvrait d'un Eternel Retour, d'une succession éternelle de phases d'expansion et de contraction, autre formulation de l'idéal d'éternité statique qui fut celui d'Einstein. Cette possibilité est désormais exclue, puisque c'est seulement l'expansion sans création de matière qui est réversible, et non celle qui marque la phase initiale — de création — de notre Univers. Cependant, comme nous l'avons remarqué dès le second chapitre, l'Eternel Retour ne signifie pas forcément la réversibilité. Les saisons reviennent, mais il est inconcevable qu'au printemps puisse succéder l'hiver, puis l'automne. Peut-être pouvons-nous voir se dessiner un modèle cosmologique de cet Eternel Retour intrinsèquement irréversible : en effet, dans la mesure où la naissance de l'Univers répond désormais à un modèle physique, il ne s'agit plus d'un événement unique, mais d'un événement susceptible de se reproduire si se reproduisent ses conditions de possibilité.

Reprenons la question de l'évolution cosmologique du point de vue de la densité de matière-énergie n en fonction du temps.

Dans le « *steady state Universe* », n serait constant dans le temps,

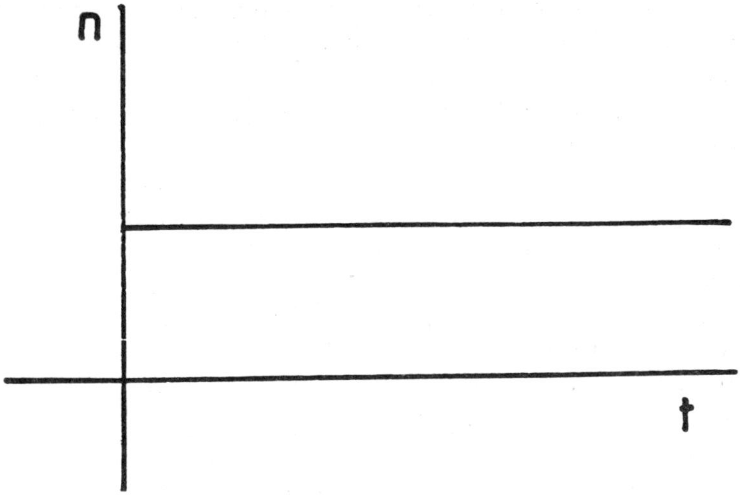

Fig. 21 : Evolution temporelle de la densité de matière-énergie dans le « steady state Universe ». L'origine du temps est conventionnelle.

l'expansion de l'Univers compensant la création de matière (*fig. 21*). Il n'y a donc pas dans ce cas d'instant initial. C'est le règne de l'éternité comme le veut le principe cosmologique parfait.

Dans le modèle standard, il n'y a pas de création de matière et la densité diminue donc avec l'expansion de l'Univers (*fig. 22*).

Lorsqu'il y a instabilité la densité augmente d'abord, atteint une valeur de régime (correspondant à un Univers de de Sitter où création et expansion se compensent) puis diminue comme dans le modèle standard (*fig. 23*).

Cependant, on le voit, la diminution de la densité de matière peut restaurer le vide instable. Il se pourrait donc que dans un avenir lointain une nouvelle instabilité créatrice d'Univers se produise. En ce cas, nous pourrions conférer à l'éternité de l'Univers une nouvelle signification, celle d'une succession d'explosions entropiques se succédant au cours du temps (*fig. 24*).

L'Univers est une sphère dont le centre est partout et la périphérie nulle part : cette conception traditionnelle de l'infini pourrait-elle s'élargir au temps ? Quel meilleur symbole de la fin de la confusion entre irréversibilité et dégradation ! Nous retrouverions ici la flèche du temps associée à l'instabilité et à la probabilité, et elle ne signifierait plus évolution vers la mort thermique, vers la fin de toute histoire, mais possibilité d'un éternel recommencement. L'Univers serait

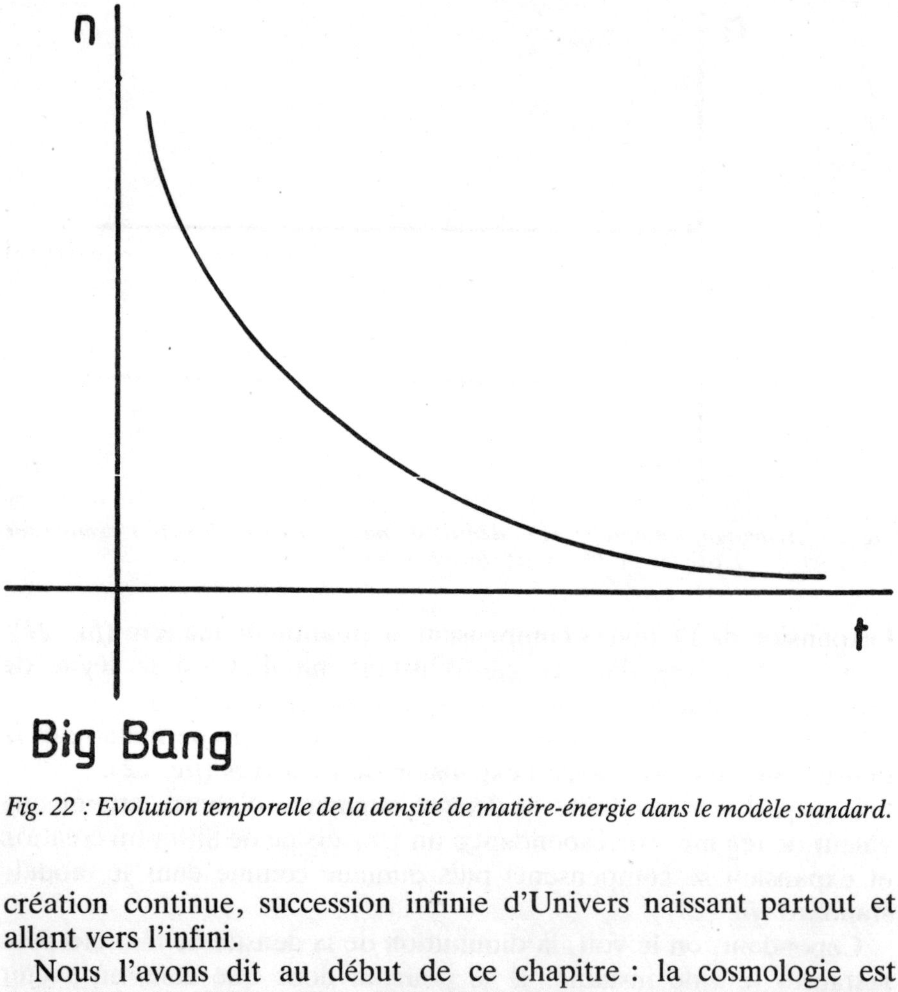

Fig. 22 : Evolution temporelle de la densité de matière-énergie dans le modèle standard.

création continue, succession infinie d'Univers naissant partout et allant vers l'infini.

Nous l'avons dit au début de ce chapitre : la cosmologie est désormais un laboratoire d'expérimentation conceptuelle. Il est étrange que de ce laboratoire surgisse aujourd'hui une construction intellectuelle qui, loin d'opposer le monde céleste et le monde sublunaire, l'Univers éternellement identique à lui-même et le monde changeant des vivants, permette de penser leur affinité. Cette affinité traduit la manière dont nous pouvons désormais approcher la prolifération des temps multiples associés à la création de nouvelles formes d'existence.

Nous ne pouvons penser à une naissance absolue du temps. Nous pouvons parler du temps de notre naissance, de celui de la fondation de Rome, ou de celui de l'apparition des mammifères, et même de

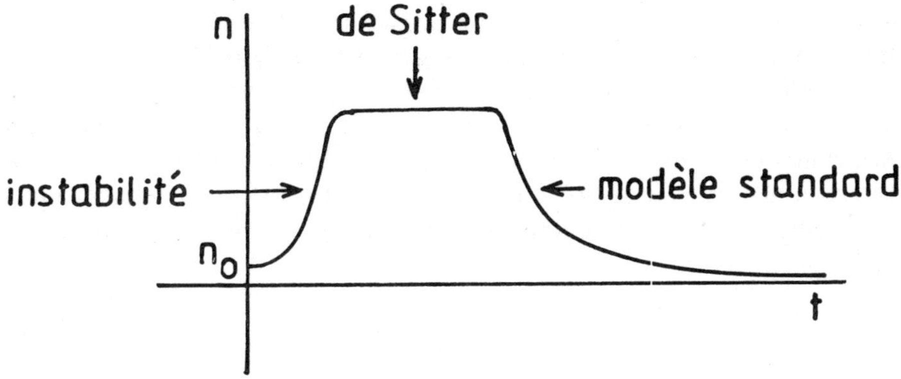

Fig. 23 : Evolution temporelle de la densité de matière-énergie dans un Univers débutant par une instabilité. La valeur attribuée à la fluctuation initiale, n_o, et les unités sont arbitraires.

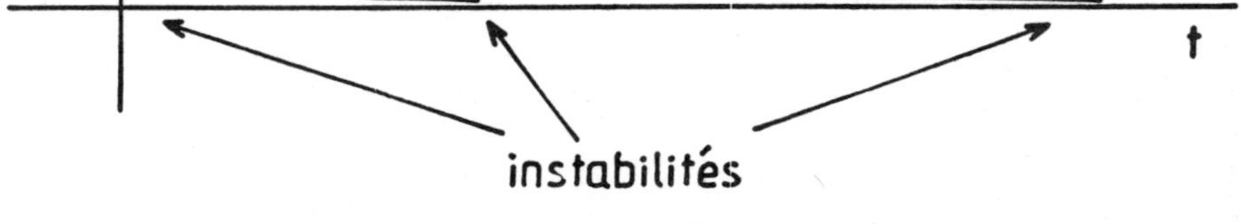

Fig. 24 : L'éternité d'une succession d'instabilités créatrices d'Univers ?.

celui de la naissance de l'Univers. Mais la question de savoir « quand a commencé le temps » échappe plus que jamais à la physique, comme elle échappe sans doute aussi aux possibilités de notre langage et de notre imagination. Nous ne pouvons penser l'origine du temps, mais seulement les « explosions entropiques » qui le présupposent et qui sont créatrices de nouvelles temporalités, productrices d'existences nouvelles caractérisées par des temps qualitativement nouveaux. Le temps « absolu », qui précède toute existence et toute pensée, nous situe donc en ce lieu énigmatique qui hante la tradition philosophique, entre le temps et l'éternité.

CHAPITRE VIII

Entre le temps et l'éternité

« Du monde clos à l'Univers infini »[1] : c'est ainsi qu'Alexandre Koyré caractérisa le bouleversement intellectuel et culturel où s'inscrit la naissance de la physique moderne. La perte de la position privilégiée de la Terre, devenue bolide insignifiant au sein d'un espace infini, sanctionne la destruction des certitudes stables à partir desquelles le cosmos aristotélicien mettait en relation connaissance intellectuelle, ordre politique et idéal éthique. Que savons-nous ? Sur quelles bases établir la différence entre le bien et le mal ? Sur quels principes fonder un ordre social juste ? Grâce à Umberto Eco, des millions de lecteurs ont découvert combien ces questions, qui sont encore les nôtres aujourd'hui, nous lient à ce Moyen Age qui vit la dissolution de l'antique ordre cosmique.

Pourtant, depuis trois cents ans, quel contraste entre cette inquiétude et les certitudes de la physique moderne, entre les incertitudes des hommes et de leurs sociétés et la transparence intelligible des lois qui sont censées gouverner le monde physique !

La vérité est étrangère au temps du devenir. Pour parvenir à la contempler, l'âme, prisonnière du corps, des sens, des apparences, doit se libérer des liens qui l'entravent. L'homme de science doit se dépouiller de son intérêt pour un monde trompeur et changeant, afin d'atteindre à la connaissance véritablement intellectuelle. Ces thèmes platoniciens, nous pouvons les retrouver de manière explicite dans les textes d'Einstein. Mais ils sont également inscrits au cœur de la physique, dans l'opposition traditionnellement affirmée entre les lois « fondamentales », qui décriraient l'éternité objective du monde, et les descriptions « phénoménologiques », irréversibles et probabilistes, qui seraient relatives aux limites pratiques de la connaissance humaine. C'est là un étrange destin : une science qui devait symboliser la rupture avec les anciens jugements de valeur et de signification, l'exploration ouverte, expérimentale, du monde des phénomènes, retrouve une forme de platonisme bien plus radicale que celle qu'avait déchiffrée Koyré. Ce « platonisme » ne se limite pas à juger le monde phénoménal suivant un idéal mathématique, à opposer connaissance intellectuelle et connaissance sensible ; il confère à la majeure partie des lois de la physique le statut inférieur de connaissance « sensible ».

Aujourd'hui, nous pouvons mieux comprendre les raisons de cette situation. La description de Koyré laissait dans l'ombre les limites intrinsèques qui marquent la conception classique d'un Univers infini. L'Univers classique, infini par ses dimensions spatiales, n'en est pas moins clos, au sens où le devenir et la nouveauté en sont exclus, au sens où toute évolution doit idéalement y être ramenée au modèle des mouvements périodiques. Car c'est de ce modèle qu'est implicitement porteuse la notion même de trajectoire dynamique. Nous l'avons vu au cinquième chapitre : tout système dynamique intégrale peut être représenté en termes de mouvements indépendants les uns des autres.

La physique classique a donc perpétué, dans un monde toujours plus marqué par l'inquiétude de l'histoire, l'idéal de cette éternité, de ce mouvement immuablement répétitif qui, pour les Grecs, conférait un caractère divin au monde céleste.

Comment ne pas évoquer les hésitations de Platon lui-même lorsqu'il évoqua, dans *Le Sophiste,* les rapports entre être et devenir ? C'est avec ironie que l'Etranger résume la problématique platonicienne que nous retrouvons aujourd'hui au cœur de la physique : « Et c'est au moyen du corps, dites-vous, que par l'entremise de la perception nous communiquons avec le devenir, tandis que c'est par l'entremise du raisonnement que, au moyen de l'âme, nous nous mettons en relation avec la réalité de l'existence, d'une existence qui, dites-vous encore, compose toujours habituellement les mêmes rapports, le devenir se comportant, de son côté, tantôt d'une façon et tantôt d'une autre[2]. » Au moment d'entraîner son interlocuteur Théétète sur la voie qui les mènera à commettre le « parricide », à enfreindre l'interdit de Parménide et à donner un sens au « non-être », l'Etranger conclura que, « à l'imitation des petits enfants », nous devons à la fois reconnaître la réalité de l'être immobile et celle du devenir.

Vouloir, comme les petits enfants, tout à la fois l'être immobile, éternellement identique à lui-même, et le devenir : peut-être ce défi de l'Etranger est-il celui qui, depuis les Grecs, a mis en mouvement notre pensée, l'a menée aux spéculations les plus subtiles, aux constructions les plus étranges ? Où que nous nous tournions, nous retrouvons la même tension entre l'être et le devenir, entre l'éternité et le temps, que ce soit dans la problématique théologique du péché et du salut, dans la recherche cartésienne d'idées claires et distinctes, dans le refus, sans cesse réitéré depuis Kant, de ramener le jugement éthique à la simple traduction de valeurs créées par l'histoire des hommes.

Cette même tension n'a-t-elle pas trouvé son expression symbolique la plus dramatique avec Einstein ? Combien de moralistes ont médité, depuis 1945, ce contraste simpliste mais éloquent : Einstein, le physicien mystique qui affirma que, pour lui, la seule question véritablement intéressante était de savoir si Dieu, au moment de créer le monde, avait eu un choix, mais dont les recherches seraient responsables du tournant irréversible pris, avec Hiroshima, par l'histoire humaine... Comment intégrer ces deux aspects de la physique, son objet étranger à toute histoire et son rôle historique ? Mais aussi, comment comprendre qu'une science puisse, à la manière d'un savoir mystique, aboutir à nier la réalité de ce qu'elle avait pour fin de comprendre ? Comme l'écrivit Karl Popper à propos de l'interprétation probabiliste de l'irréversibilité : « Je pense que l'idée de Boltzmann est vertigineuse par sa beauté et son audace. Mais je pense aussi qu'elle est tout à fait intenable, du moins pour un réaliste. Elle fait du changement unidirectionnel une illusion. Ceci fait de la catastrophe d'Hiroshima une illusion. Ainsi, notre monde devient illusoire, et, avec lui, *toutes nos tentatives d'en apprendre plus à propos de notre monde*[3]. »

Nous l'avons souligné dès les premiers chapitres de cet essai : ce n'est pas de manière anecdotique, mais intrinsèque, que la physique appartient à cette tradition de pensée « platonicienne », tendue entre le temps et l'éternité. Certains ont pu chercher à réduire toute science à une simple recherche de relations générales, permettant de prévoir et de maîtriser les phénomènes. Mais jamais cette conception « adulte » et désenchantée de la rationalité n'a pu faire taire la conviction où s'enracine la passion des physiciens : leur recherche vise à *comprendre* le monde, à rendre intelligible le devenir de la nature, et non pas à décrire simplement la manière dont elle se comporte « tantôt d'une façon et tantôt d'une autre ». Pourtant, nous l'avons également souligné, cette quête d'intelligibilité ne signifie pas que la physique soit vouée à rester prisonnière de la forme de platonisme que dénonçait déjà l'Etranger, qu'elle soit condamnée à l'incohérence radicale que soulignait Popper : construire un mode d'intelligibilité qui rende illusoires non seulement la vie humaine, marquée par le temps et l'histoire, mais aussi les phénomènes à partir desquels nous construisons cette intelligibilité.

Au moment de conclure cet essai, nous nous sentons tout proches de ces petits enfants platoniciens qui veulent tout à la fois l'intelligibilité de l'être et la réalité sensible du devenir. Mais nous savons aussi que l'articulation de l'être et du devenir n'est pas un de ces problèmes susceptibles de recevoir une solution qui s'impose comme vraie une fois pour toutes. C'est une question insistante, qui ouvre la recherche à de nouveaux problèmes, qui rend plus acérées l'exigence et l'imagination du physicien, plus inattendues les voies qu'il emprunte. Ce que nous avons décrit au long de ce livre n'est pas « la » solution enfin trouvée à l'énigme platonicienne, capable de réconcilier l'être éternellement identique à lui-même de Parménide et le devenir qui, seul, rappelait l'Etranger bien avant Popper, permet de donner sens à la vie et à l'intelligence qui apprend. Mais ce n'est pas non plus un mythe, comme ce que racontait Platon lorsqu'il devait proposer une solution sans pouvoir construire le chemin menant à sa démonstration. C'est au contraire un chemin que nous avons décrit : l'invention de nouveaux rapports cohérents entre les lois intemporelles sur lesquelles se sont fondés jusqu'ici certains des succès les plus remarquables de la physique, et le monde des processus et des événements sans lesquels notre vie et notre activité pratique sont dépouillées de sens.

On souligne souvent de manière trop exclusive la puissance d'innovation des sciences. Pourtant, celles-ci n'innovent pas sans recréer en même temps le sens de leur passé, sans réinterpréter leur tradition. C'est la tradition d'une science, en effet, qui fonde sa démarche, oriente ses questions, confère leur intérêt à ses choix et à ses problèmes. Mais cette tradition constitue moins une limite qu'une contrainte qui provoque et féconde le présent. Une œuvre scientifique ne peut créer de rupture annulant le chemin qui l'a rendue possible, elle est donc à la fois tournée vers le passé dont elle hérite et vers l'avenir qu'elle propose. C'est pourquoi il ne pouvait être question de « déserter » la physique de l'éternité, mais de répondre au défi que constitue son succès.

Comment comprendre la nouvelle cohérence qui se dessine aujourd'hui ? Peut-être pourrait-on invoquer ici une analogie avec la révolution keplérienne. Les Grecs tenaient pour évident que seule la perfection du cercle pouvait donner son sens à celle des mouvements célestes. C'est donc en fonction de l'idéal circulaire qu'ils jugèrent les mouvements qu'ils observaient. Dès lors, depuis Ptolémée jusqu'à Copernic, l'astronomie se voua à « sauver les phénomènes », à construire de manière *ad hoc* les trajectoires complexes, de cercles et d'épicycles, qui permettraient de rendre compatibles l'idéal et l'observation. Mais la physique, depuis Galilée jusqu'à aujourd'hui, a elle aussi été guidée par un idéal de perfection, celui que Leibniz baptisa du nom de « principe de raison suffisante ». A la manière du cercle grec, l'égalité réversible entre cause et effet a constitué une contrainte quasi invisible, fil conducteur qui mène de la physique galiléenne à la mécanique quantique et à la relativité, comme le cercle mène de Ptolémée à Copernic. Kepler renouvela l'idéal d'intelligibilité de l'astronomie : il osa « briser le cercle » et créer les mathématiques qui permettent de comprendre les phénomènes que l'astronomie traditionnelle se bornait à sauver. Briser le cercle de la raison suffisante, créer un langage mathématique qui rende intelligibles les processus et les événements irréversibles que la physique traditionnelle se borne à « sauver » par des approximations phénoménologiques, c'est finalement à ce défi que son intérêt pour la question du temps a conduit l'un d'entre nous.

Tout au long de ce livre, certains thèmes sont revenus comme des leitmotivs, notamment ceux de l'instabilité et de l'événement. Ces deux thèmes inventent en effet le moyen d'échapper au cercle de la raison suffisante.

L'idéal de la raison suffisante supposait la possibilité de définir la « cause » et l' « effet » entre lesquels une loi d'évolution établirait une équivalence réversible. L'instabilité, nous l'avons vu, rend cet idéal illégitime. Mais elle ouvre également un nouveau champ de questions où l'événement joue un rôle central. Dans chacun des domaines que nous avons explorés, nous avons retrouvé, sous des formes différentes, cette notion d'événement. Ainsi en est-il de la fluctuation provoquant une transformation qualitative du régime de fonctionnement des systèmes loin de l'équilibre, de l'apparition hypothétique de macromolécules capables de participer à un nouveau type d'histoire qui serait celle de la vie, de la collision créatrice de corrélations, de la transition spontanée qui mène un atome d'un état excité vers son état fondamental, et enfin de la naissance même de notre Univers. Dans chaque cas, l'événement crée une différence entre le passé et le futur que la raison suffisante définissait comme équivalents. Il est le produit intelligible d'un passé dont il ne pouvait pourtant pas être déduit. Il ouvre à un futur historique où se décidera l'insignifiance ou le sens de ses conséquences. Autour des notions d'instabilité et d'événement se dessine donc la possibilité de dépasser l'opposition entre l'objet soumis aux catégories de la raison suffisante et le sujet qui, par définition, devrait leur échapper.

Bien des penseurs, tel Bergson, ont souligné la nécessité d'échapper à cette opposition. Mais la plupart ont pensé que cela nécessiterait un autre type de science, voire de connaissance. Or, ce n'est pas par une mise en question de la physique, mais au sein même de la tradition physico-mathématique, tradition d'invention et non de réduction, que s'est renouvelée la question de l'objet physique.

Le rôle joué jusqu'ici par le principe de raison suffisante au sein de la physique est rétrospectivement très clair. Ce principe semblait garantir l'indépendance de l'objet par rapport à celui qui l'observe : l'égalité entre cause et effet signifie que la définition n'a rien laissé échapper qui puisse être pertinent pour le comportement de l'objet et ne doit donc rien à un choix arbitraire. Corrélativement, c'est sur l'indépendance de l'objet par rapport au sujet que beaucoup de physiciens, à la suite d'Einstein, ont fondé la notion de « réalité physique ». Une telle réalité s'opposait évidemment à la réalité de l'expérience vécue, au sens de Bergson et des phénoménologues. Elle s'opposait aussi à la réalité que nous attribuons aux autres hommes, qui n'est pas fonction de leur indépendance par rapport à nous, mais des rapports que nous pouvons entretenir avec eux.

Nous revenons ici au thème qui fut celui de la discussion entre Einstein et Tagore (chapitre II). Sommes-nous très loin de la position d'Einstein ? La réponse immédiate semble devoir être positive, dans la mesure où ce dernier a si souvent identifié réalité et déterminisme. Mais l'exigence d'indépendance par rapport à l'observateur a des sens multiples. Le principe de raison suffisante implique que tout écart au déterminisme traduit une définition incomplète de l'objet, c'est-à-dire une définition ouverte à l'arbitraire. C'est parce qu'il se situait dans cette tradition qu'Einstein lutta contre toute forme d'indéterminisme en physique. Mais les notions d'instabilité et d'événement ne doivent rien, nous l'avons vu, à l'arbitraire. Elles traduisent non pas le renoncement au principe de raison suffisante, mais la découverte de situations où celui-ci cesse d'être légitime, où il entre en conflit avec la notion même de connaissance dont il est censé définir l'idéal.

Dans son introduction à la *Critique de la raison pure,* Kant dénonçait l'illusion de l'idéalisme platonicien : de même que la colombe, sentant la résistance que l'air oppose à son vol, pourrait s'imaginer qu'elle volerait mieux dans le vide, Platon crut, quittant le monde sensible et les obstacles qu'oppose ce monde à l'entendement, pouvoir se risquer, sur les ailes des idées, dans le vide de l'entendement pur. De manière quelque peu similaire, Wittgenstein dénonça, dans *Philosophical Investigations,* l'illusion sur laquelle fut construit son *Tractatus* : celle d'un rapport univoque entre l'essence, logique, du langage, et l'ordre *a priori* du monde. Le présupposé selon lequel le langage répond à la pureté cristalline de la logique nous situe sur une surface glacée « où il n'y a pas de friction, et où les conditions sont donc, en un certain sens, idéales, mais où, justement pour cette raison, nous sommes aussi incapables de marcher. Nous voulons marcher : aussi avons-nous besoin de la *friction.* Revenons au sol rugueux[4] ! »

Quelle est la portée de notre connaissance ? Quelles contraintes balisent les champs de nos manipulations ? L'idéal d'omniscience faisait de ces questions, qui ouvrent la notion d'objectivité aux questions de Tagore, la marque de notre imperfection. Or, ce sont elles qui nous permettent d'apprendre, d'explorer les reliefs intrinsèques du « monde » qualitativement différencié qui est le nôtre. La contrainte à laquelle est soumise la dynamique à symétrie brisée que nous avons introduite aux chapitres V et VI — le caractère fini de toute définition — nous ramène vers le sol « rugueux » où nous pouvons marcher, c'est-à-dire observer et apprendre, le sol où nous pouvons prendre appui pour construire une description qui donne un sens intrinsèque à ce qui apparaissait comme un obstacle.

Les limites de validité du principe de raison suffisante que traduisent notamment les notions d'instabilité et d'événement sont objectives au sens d'Einstein : elles sont indépendantes de l'observateur, mais dépendantes seulement des conditions qui définissent *toute* observation. L'abandon de l'idéal déterministe ne conduit donc à négliger aucune information susceptible, en principe, de devenir accessible, fût-ce par expérience de pensée. En revanche, comme nous l'avons vu dans le cas de la dynamique classique, cet idéal, lui, a occulté le problème intrinsèque posé par l'instabilité dynamique. Le langage de la dynamique classique, en renvoyant le physicien à un savoir qui ne pourra jamais devenir le sien, a créé l'illusion d'une ressemblance entre systèmes dynamiques que nous savons désormais qualitativement différenciés.

Peut-être, en ce sens, notre position n'est-elle pas tellement éloignée de celle d'Einstein. Celui-ci craignait avant tout les dangers d'une position solipsiste, d'une connaissance qui ne rencontre pas la réalité, mais la soumette aux croyances, aux désirs, aux besoins des hommes. Aujourd'hui, il est devenu clair que l'idéal qui le guidait constituait en lui-même une telle croyance, dissimulant des aspects essentiels de la réalité que nous cherchons à comprendre.

L'exploration que nous avons décrite au cours de ce livre a été pleine de surprises, scandée par la découverte de perspectives inattendues. Elle nous a conduits à parcourir l'ensemble des domaines de la physique qu'avait dominés la négation de la flèche du temps. Il ne pouvait en être autrement : dans chacun des domaines que nous avons approchés, cette négation était inséparable des catégories de l'objet physique, de la structure conceptuelle qui donne leur sens à la démarche du physicien, aux questions qu'il pose, à l'interprétation qu'il donne des réponses qu'il obtient. Dans chaque domaine, il fallait donc trouver une faille, une difficulté occultée par la théorie, à partir de laquelle pourrait être construite une description plus générale qui situe cette théorie comme cas limite, et permette de comprendre la négation du temps qu'elle avait pu opérer comme relative à cette situation limite.

Notre exploration a commencé avec le monde des processus physico-chimiques, ce monde auquel, selon le jugement traditionnel des physiciens, ne correspond aucune catégorie objective, mais seulement un mode de description déterminé par les limites de nos moyens expérimentaux.

La thermodynamique d'équilibre avait pu, en effet, sembler correspondre à l'image d'une science seulement pratique, déterminée par nos besoins de manipuler et de prévoir. L'état d'équilibre se trouvait alors naturellement privilégié, dans la mesure où il correspond à l'état qu'une description en termes de valeurs moyennes suffit à caractériser entièrement. Mais la science des processus loin de l'équilibre s'ouvre, elle, aux questions d'un monde en devenir, d'un monde dont l'intelligibilité impose la conception de nouveaux rapports de causalité. La possibilité de décrire l'état d'équilibre comme soumis à nos manipulations, loin de le définir comme représentatif des états macroscopiques, renvoie désormais à sa singularité : c'est le seul état que l'on puisse décrire en termes de composants microscopiques essentiellement indépendants les uns des autres. L'objet général de la physique des processus dissipatifs est désormais le comportement de populations de particules corrélées, susceptibles d'engendrer des comportements collectifs cohérents, de connaître des transformations qualitatives qui donnent un sens aux notions de probabilité, d'instabilité, d'événement.

La thermodynamique n'est plus aujourd'hui une science utilitaire qui « sauve » les phénomènes dont dépend notre vie pratique. Elle a pris rang de science fondamentale, où s'expérimentent des questions nouvelles, adressées non plus à des objets passifs et manipulables, mais à une réalité susceptible d'histoire, susceptible de nous permettre de comprendre ce que la physique traditionnelle jugeait illusoire : l'émergence du nouveau.

Loin de l'équilibre, l'activité d'un système peut devenir sensible à certains facteurs de son environnement, telle la force de gravitation, dont l'effet, à l'équilibre, serait insignifiant. La distance est grande, certes, entre un tel énoncé et ceux qui commentent la manière dont les hommes créent le sens du monde où ils vivent. Il n'est pas question, nous n'avons cessé de le souligner, d'annuler cette distance, d' « appliquer » les concepts de la physique loin de l'équilibre aux sciences de la vie et des hommes, mais de définir le germe d'une nouvelle cohérence entre les sciences. Les physiciens savent désormais que leur mode de description, le choix de ce qui peut être négligé ou doit être pris en compte dans la définition de leur objet, n'est pas donné une fois pour toutes mais peut dépendre de manière intrinsèque du régime d'activité de ce qu'ils étudient. Ils découvrent par là même le problème de toute science du devenir, la possibilité qu'une évolution transforme le sens, le rôle, la pertinence des variables en termes desquelles nous voudrions la comprendre.

Longtemps, un idéal d'objectivité issu des sciences physiques a dominé et divisé les sciences. Une science, pour être digne de ce titre, devait « définir son objet », déterminer les variables en fonction desquelles les comportements observés pourraient être expliqués, voire prévus. Aujourd'hui, une nouvelle conception de l' « objectivité scientifique » est en train de naître, qui met en lumière le caractère complémentaire et non contradictoire des sciences expérimentales, qui créent et manipulent leurs objets, et des sciences narratives, qui ont pour problème les histoires qui se construisent en créant leur propre sens.

D'ores et déjà, de nouveaux types de « transfert de connaissance » entre les sciences se multiplient. Ainsi, comme nous l'avons vu, l'étude des « attracteurs » qui caractérisent les systèmes dissipatifs fournit aux autres sciences des instruments conceptuels qui, loin de les réduire aux catégories de la physico-chimie, suscitent dans leurs champs des distinctions nouvelles, des problèmes inattendus. Avec la notion d'attracteur chaotique, par exemple, la question n'est plus d'opposer déterminisme et imprévisibilité, mais de tenter de comprendre *pourquoi* une évolution est imprévisible, pourquoi, comme disait Platon, elle se comporte « tantôt d'une façon et tantôt d'une autre ».

Pourrons-nous aller plus loin ? Pourrons-nous un jour comprendre les devenirs que traduisent et ratifient les distinctions entre sciences différentes ? Bien sûr, la question de l'origine de la vie s'impose à cet égard comme le défi majeur. Comment concevoir une histoire susceptible de transformer des systèmes physico-chimiques en êtres vivants ? Ce défi suscite aujourd'hui des problèmes inverses de ceux d'une réduction du biologique au physico-chimique. Il conduit à une véritable métamorphose de la chimie.

Parmi toutes les formes d'activités dissipatives, l'activité chimique a en effet pour privilège de s'inscrire dans la matière, de créer des molécules susceptibles de devenir elles-mêmes actrices dans de nouveaux types d'histoire. Comment concevoir les conditions de production de molécules « intéressantes », tout à la fois assez diverses et reproductibles pour qu'une histoire puisse se construire à partir d'elles : c'est la question que nous avons posée. Comment imaginer les contraintes, les « règles du jeu » qui susciteraient une histoire dont de telles molécules seraient tout à la fois les actrices et les produits : c'est l'objet des recherches de Manfred Eigen et de son équipe[5]. L'origine de la vie reste encore un mystère, mais il est clair, désormais, que l'articulation entre la physico-chimie et la biologie ne passera pas par une « physicalisation » de la vie, mais par une « historicisation » de la physico-chimie, par la découverte des possibilités d'histoire physico-chimique de la matière.

C'est là, pour nous, l'exemple type de la nouvelle cohérence que nous croyons désormais possible entre les sciences, cohérence fondée non pas sur une définition unitaire de l' « objectivité scientifique », mais sur un problème commun, celui du devenir, auquel renvoient tant la pertinence de nos questions que leurs limites, tant la validité de nos représentations que la nécessité, en certaines circonstances, de les transformer de manière qualitative.

Peut-être sommes-nous ici proches de ce qui fut à la base de l'idée de « dialectique de la nature », tout en étant aussi loin que possible de la vision dogmatique qu'elle suscita. Aucune « loi dialectique » ne peut régler de manière stable les rapports entre les sciences, ni nous donner une interprétation — ou une vision — générale du devenir. Toute loi a en effet pour vocation d'autoriser l'économie des risques de la narration : elle permet de déterminer à priori les questions pertinentes, de séparer ce qu'elle définit comme intelligible de ce qui n'est que circonstances anecdotiques. La cohérence que nous décrivons est de type dialectique, puisqu'elle confronte chaque interrogation, chaque mode d'intelligibilité, chaque instrument de connaissance à la question de ses propres conditions de pertinence. Mais elle n'autorise aucun passage qui mènerait de la multiplicité de ces questions locales à une vision globale. Elle n'a pas pour but une « science » unifiée du devenir, mais une ouverture des sciences au problème du devenir.

Comprendre les phénomènes et non pas les « sauver », c'est-à-dire les soumettre à une norme qui garantirait leur scientificité ? Il peut sembler étrange que le développement de la physique inspire aujourd'hui des conclusions similaires à celles d'un Diderot, par exemple, alors que la physique d'hier avait conduit Kant à des conclusions opposées : le scientifique ne doit pas « apprendre » de la nature, mais s'adresser à elle en juge, sachant à priori comment elle doit répondre, à quels principes elle est soumise. La physique, aujourd'hui, n'est plus science d'un Univers infini mais clos quant à ses comportements et ses modes de connaissance possibles; elle n'est plus étrangère aux hésitations, à l'inquiétude d'un Guillaume de Baskerville déchiffrant des indices ambigus, construisant des interprétations conjecturales qui inventent le sens d'une histoire et guident la recherche. Mais comment réconcilier Diderot et Kant, Guillaume de Baskerville et Einstein, la physique des processus dissipatifs et les théories fondamentales de la physique qui définissent l'irréversibilité, la flèche du temps comme des illusions ?

Un leitmotiv de notre livre a été cette exigence : le temps irréversible doit pouvoir être décrit à tous les niveaux de la physique, ou il ne pourra être compris nulle part. L'héritage de la physique, la découverte de la fécondité remarquable de la « physique de l'éternité », la précision extraordinaire de son accord avec les données expérimentales, nous contraignent, comme les petits enfants de Platon, à articuler le temps et l'éternité. Nous ne pouvons affirmer une physique du devenir sans en même temps « comprendre » l'éternité, comprendre la pertinence de théories fondamentales qui nient la flèche du temps. Mais il est absurde de penser que d'un réel décrit par des lois intemporelles « naisse » le temps irréversible.

Les trois derniers chapitres de notre livre ont donc été consacrés à une « réinvention » du sens de la tradition physique. Il ne s'agissait pas, comme dans le cas de la thermodynamique, de découvrir le mode d'intelligibilité qu'exigeait un domaine encore peu exploré, celui des processus loin de l'équilibre, mais de mettre en question un édifice théorique dont la stabilité et la fécondité symbolisent, aux yeux de tous, le triomphe de la physique. Comment penser que des structures conceptuelles — la relativité et la mécanique quantique — qui, depuis leur création, ont été aussi remarquablement confirmées, jusque dans leurs implications les plus inattendues, par l'expérience, aient pu ignorer la flèche du temps si celle-ci marquait leurs objets ? Comment ne pas lire dans le triomphe de ces sciences, qui ont assimilé intelligibilité et découverte de l' « éternité » au-delà du changement, la condamnation de l'irréversibilité à un statut seulement phénoménologique ?

Dans chaque cas, nous avons cherché à identifier une faille, une limite intrinsèque du mode de conceptualisation classique, limite à partir de laquelle il s'est avéré possible tout à la fois de comprendre son succès et d'en transformer le sens. Dans chaque cas, nous avons vu apparaître cette flèche du temps que notre conviction nous conduisait à rechercher là même où elle semblait avoir été victorieusement niée. Comment ne pas éprouver et reconnaître, au moment de conclure ce livre, un sentiment d'étonnement émerveillé ? Comment aussi ne pas voir rétrospectivement, dans la manière dont les structures conceptuelles fondamentales de la physique ont pu ignorer cette flèche du temps que nous découvrons aujourd'hui à tous les niveaux, le témoignage de la créativité humaine, de la puissance de la pensée symbolique qui crée un monde à la fois « appauvri, simplifié, mais aussi intensifié, magnifié [6] » ?

Dans chacun des trois chapitres qui nous ont menés à la redécouverte de la flèche du temps, notre démarche a été différente, comme sont différentes les théories dont traitaient ces chapitres. Dans le cas de la dynamique classique, le problème consistait en une réinterprétation de la théorie : depuis Poincaré, on savait que la plupart des systèmes dynamiques ne sont pas des systèmes stables, « intégrables ». Nous savons aujourd'hui qu'en général, l'évolution de ces systèmes ne peut être décrite en termes de trajectoires déterministes et réversibles. Curieusement, le formalisme actuel de la mécanique quantique est, lui, *solidaire* de l'idéal de la dynamique classique. La mécanique quantique doit donc subir une modification radicale pour que la flèche du temps puisse être définie au niveau quantique. Enfin, au niveau cosmologique, la question du temps est née d'un problème que ne permettaient pas de traiter les modèles cosmologiques habituels : celui de la création de la matière qui peuple notre Univers actuel et dont les équations d'Einstein définissent la relation avec la structure géométrique de l'espace-temps.

La dynamique classique ne posait, nous l'avons dit, qu'un problème de réinterprétation. Pourtant, ce problème nous a menés aux racines de la physique moderne, à l'idéal d'omniscience qui permit au physicien de comparer sa connaissance à celle du Dieu créateur. C'est ce même idéal qui resurgit de manière explicite à la fin du XIXe siècle, avec les controverses que suscita l'interprétation cinétique de l'entropie proposée par Boltzmann. Si, au lieu d'être seulement des observateurs et des manipulateurs imparfaits, nous avions le pouvoir de « voir » une population de particules comme l'astronome voit le système planétaire, et de conférer à cette population un état initial de notre choix comme nous sommes capables de le faire pour un pendule ou une fusée, l'irréversibilité et les probabilités perdraient leur sens. Nous pourrions calculer le moment où une évolution apparemment irréversible ramènera le système à son état initial et créer des évolutions qui éloignent un système de l'équilibre.

Le développement des techniques de simulation numérique permet aujourd'hui d'expérimenter ce pouvoir qui, au XIXe siècle, renvoyait aux seules expériences de pensée. Mais ces techniques, au lieu de réduire l'écart qui nous sépare de l'idéal d'omniscience, en manifestent au contraire le caractère infranchissable. C'est le sens de la notion d' « horizon temporel » qui est au centre de notre cinquième chapitre. Toute connaissance finie, qu'elle renvoie à un ordinateur, capable de calculer avec un nombre de décimales aussi grand que nous le voulons, ou aux observateurs humains, se heurte, dans le cas des systèmes dynamiques chaotiques, à la même limite : après un temps d'évolution qui renvoie à la dynamique intrinsèque du système, la notion de trajectoire individuelle perd son sens ; seul subsiste le calcul statistique des probabilités d'évolution.

Irréversibilité et probabilités ne sont donc pas relatives aux limites de notre connaissance, mais traduisent l'existence, pour un système dynamique chaotique, d'un horizon temporel qui limite la pertinence de toute information présente au sujet de l'avenir. C'est ainsi que nous avons pu comprendre pourquoi Boltzmann avait raison de faire de la théorie cinétique le pont entre dynamique et thermodynamique, la voie de passage menant du monde des trajectoires à celui des processus physico-chimiques.

Du point de vue de l'idéal dynamique traditionnel, l' « événement » que constitue la collision, à la base de la théorie cinétique, ne pose aucun problème particulier. La modification de l'état du système qu'entraîne une collision est réversible au même titre que toute évolution dynamique : il suffit, « en droit », comme l'avait souligné Loschmidt, d'inverser les vitesses pour que l'effet apparemment irréversible des collisions soit annulé par les collisions inverses. Mais les simulations numériques, qui nous permettent de « réaliser » le rêve d'une inversion simultanée des vitesses, nous montrent que ce droit est illusoire. Plus s'allonge le temps d'évolution précédant l'inversion des vitesses, moins celle-ci aura d'effet. Pour des temps longs, la flèche du temps domine l'évolution du système.

Pour construire un sens intrinsèque à la différence qualitative entre les deux types d'évolution qui, « en droit », apparaissaient comme strictement équivalents, — l'évolution qui éloigne de l'équilibre et celle qui y mène —, il est nécessaire de briser la symétrie temporelle que l'idéal d'omniscience confère à la collision. Les collisions qui font évoluer le système vers l'état d'équilibre et celles qui l'en éloignent sont qualitativement différentes : les premières créent des corrélations entre particules indépendantes ; les secondes se produisent entre particules « pré-corrélées » et détruisent les corrélations entre ces particules. Dès lors, la domination de la flèche du temps trouve son sens dans la dynamique des corrélations créées par les collisions. L'impossibilité effective d'inverser, après un temps long, l'évolution du système, traduit le *flux des corrélations* qui, au cours de ce temps d'évolution, se perdent dans une « mer » de corrélations infiniment multiples et incohérentes.

Mais la dynamique des corrélations ne se limite pas à donner une formulation exacte de la description cinétique de l'évolution vers l'équilibre. Elle est également porteuse d'une nouvelle conception de l'équilibre lui-même. Dans la perspective traditionnelle, la description de l'état d'équilibre était étrangère à toute distinction entre passé et avenir. Cette distinction semblait donc purement relative à une situation macroscopique de non-équilibre. Or, le flux irréversible des corrélations caractérise aussi bien l'état d'équilibre que les états éloignés de l'équilibre. Même à l'équilibre, les collisions créent en effet des corrélations, qui disparaissent sans produire d'effet macroscopique. Nous pouvons donc inverser la perspective traditionnelle : ce n'est pas l'écart (macroscopique) à l'équilibre qui est responsable de la flèche du temps, c'est l'état macroscopique d'équilibre qui est responsable du fait que cette flèche du temps, toujours présente au niveau microscopique, n'ait pas, en cet état, d'effet macroscopique.

La collision, transfert de quantité de mouvement et d'énergie cinétique entre deux particules, constitue, du point de vue dynamique, un exemple de *résonance.* Or, c'est l'existence de points de résonance qui, on le sait depuis Poincaré, empêche de définir la plupart des systèmes dynamiques comme intégrables. La théorie cinétique, qui correspond au cas d'un grand système dynamique ayant des points de résonance « presque partout » dans l'espace des phases, marque donc la transformation de la notion de résonance : celle-ci cesse d'être un obstacle à la description en termes de trajectoires déterministes et réversibles, pour devenir un nouveau principe de description, intrinsèquement irréversible et probabiliste.

C'est cette même notion de résonance que nous avons retrouvée au cœur de la mécanique quantique, puisque c'est elle qu'utilisa Dirac pour expliquer les événements qui ouvrent un accès expérimental à l'atome, l'émission et l'absorption de photons d'énergie spécifique, dont le spectre constitue la véritable signature de chaque type d'atome.

La mécanique quantique a fasciné les physiciens, les philosophes et les historiens. La plupart ont lu dans son histoire la perte — définitive, semblait-il — de l'idéal d'une description physique réaliste s'adressant à un monde indépendant de l'observation. Nous y avons lu le triomphe paradoxal de l'idéal avec lequel s'était identifié traditionnellement le réalisme physique, l'idéal déterministe dont était porteuse la trajectoire dynamique.

C'est pourquoi nous avons mis l'accent sur le contraste entre la première théorie quantique due à Bohr, Sommerfeld et Einstein, et la mécanique quantique actuelle. La première faisait coexister une description « mécanique » de l'atome et une description essentiellement probabiliste des « sauts » entre orbites électroniques qui s'accompagnent de l'absorption ou de l'émission d'un photon. La seconde a donné de l'atome une description purement mécanique, directement calquée sur le modèle des systèmes intégrables. C'est dans cette perspective que les transitions électroniques, induites et spontanées, furent expliquées par Dirac en termes de résonance entre atome et champ électromagnétique.

La mécanique quantique actuelle constitue sans doute le meilleur symbole d'une physique déchirée entre le temps et l'éternité. Pour comprendre que le monde transparent des trajectoires dynamiques rend inintelligible la possibilité de son observation, il faut nous libérer de la représentation idéale de l'astronome observant un ciel indifférent à ses mesures, et nous souvenir que toute mesure suppose l'irréversibilité d'une marque. Mais le monde quantique, lui, ne nous est accessible que par les événements qui l'affectent, par son devenir intrinsèquement probabiliste et irréversible. Or le formalisme actuel, s'il permet des prévisions en accord remarquable avec l'expérience, ne peut donner un sens exact à l'événement probabiliste que constituent, par exemple, les transitions électroniques qui nous donnent accès à l'atome. Le temps de vie, qui caractérise pourtant de manière intrinsèque un niveau excité, dépend, dans ce formalisme, d'une approximation et perd son sens si le calcul est poussé plus loin. Dès lors, la mécanique quantique a dû reconnaître l'événement sans pouvoir, héritière de la physique de l'éternité, lui donner de sens objectif. C'est pourquoi elle a pu paraître mettre en question la réalité même du monde observable qu'elle devait rendre intelligible.

La mécanique quantique constitue donc, de par sa structure singulière, l'illustration de la thèse de l'Etranger de Platon : sans le devenir, l'être ne serait pas connaissable. L'irréversibilité est la condition même de la connaissance et l'évolution réversible et déterministe de la fonction d'onde, qui est au centre du formalisme quantique actuel, ne peut donc décrire l'évolution d'un être observable. La fonction d'onde ne peut prendre un sens physique que par sa « réduction » irréversible, qui permet de définir les probabilités des différentes grandeurs observables que nous sommes susceptibles de mesurer.

La structure dualiste, si controversée, de la mécanique quantique, ne met donc pas en question, dans la perspective qui est la nôtre, la « réalité » du monde quantique. Elle démontre le caractère secrètement contradictoire de l'idéal classique : idéal d'un monde purement intelligible, mais qui rend inintelligible le fait que nous puissions le connaître et l'observer. Ce n'est pas en tentant de restaurer cet idéal, mais en donnant à l'irréversibilité et aux probabilités quantiques un sens indépendant de l'observation, qu'une description réaliste du monde quantique devrait être possible.

Pourtant, la fécondité du modèle des systèmes intégrables en mécanique quantique exprime la spécificité du monde quantique par rapport à celui que décrit la dynamique classique. La possibilité de définir les comportements quantiques par une fonction d'onde traduit leur cohérence singulière, que manifeste d'ailleurs, au niveau macroscopique, des propriétés comme la supra-conductibilité. Comment intégrer la flèche du temps dans un formalisme qui définit tout système quantique fini comme quasi périodique, qui affirme donc de manière explicite l'équivalence entre passé et avenir ?

Mais qu'est-ce qu'un système quantique fini ? Pour expliquer les transitions électroniques spontanées qui confèrent à tout état excité un temps de vie fini, Dirac avait dû faire l'hypothèse d'un champ induit par l'atome et entrant en résonance avec lui. Le système fini que représente l'atome isolé n'est donc qu'une abstraction. L'atome en interaction avec son champ est, lui, un « grand système quantique », et c'est à son niveau que se reproduit la « catastrophe de Poincaré ».

L'atome en interaction avec le champ qu'il induit ne constitue pas, en effet, un système intégrable et ne peut donc pas plus être représenté par l'évolution d'une fonction d'onde qu'un système classique caractérisé par des points de résonance ne peut être caractérisé par une trajectoire. C'est là la faille que recelait l'édifice impressionnant de la mécanique quantique. C'est à partir d'elle que devient possible une modification de cette théorie, l'abandon de la notion de fonction d'onde pour une description à symétrie temporelle brisée qui donne un sens intrinsèque au temps de vie, c'est-à-dire à l'événement quantique. Certaines des conséquences observables d'une telle modification devraient, dans un prochain avenir, être confirmées ou réfutées expérimentalement. Si elles étaient confirmées, nous pourrions affirmer que la flèche du temps, loin d'être une propriété phénoménologique caractérisant un système macroscopique — tel qu'un appareil de mesure, par exemple —, marque le plus simple des objets quantiques, l'atome d'hydrogène.

La nouvelle théorie quantique que nous avons esquissée ici est une théorie réaliste. Elle donne un sens indépendant de l'observation aux événements qui nous permettent de caractériser le monde quantique. Par là même, elle redéfinit la signification de l'éternité inobservable de la fonction d'onde et de la structure dualiste de la mécanique quantique actuelle : la fonction d'onde, héritière de la dynamique des systèmes intégrables, reste valide dans les cas où l'événement, condition de la mesure, est provoqué par l'interaction avec un dispositif expérimental ; mais, dans le cas où l'objet de l'observation est lui-même un événement, il faut abandonner la fonction d'onde, et donc aussi la nécessité de sa réduction. Nous pouvons attribuer à l'atome lui-même le temps de vie qui caractérise ses niveaux excités.

Qui crée l'événement, qui en a l'initiative ? Nous-mêmes, par nos dispositifs expérimentaux, ou l'être que nous interrogeons ? Cette distinction devait être occultée par une théorie qui ne pouvait donner sens à l'événement probabiliste et irréversible, tout comme avait été occultée la distinction entre les probabilités provenant de notre ignorance factuelle et celles qui s'imposent de manière intrinsèque pour caractériser un comportement chaotique. Elle traduit la cohérence retrouvée entre la théorie quantique que nous avons proposée — et qui fait de l'irréversibilité la condition même de toute connaissance — et le type d'accès expérimental qui, depuis le début de ce siècle, a ouvert le monde quantique.

De la thermodynamique à la mécanique quantique, la situation a donc connu un renversement complet. L'irréversibilité n'est plus ce qui doit être expliqué, que ce soit par les conditions macroscopiques de non-équilibre ou par l'acte d'observation. C'est au contraire la singularité des situations auxquelles correspondent les lois réversibles qui se trouve mise en lumière. Reste pourtant le domaine où, dès le début de ce siècle, le temps évolutif fit une irruption inattendue : la cosmologie.

L'histoire des modèles cosmologiques commença en effet avec l'échec rencontré par l'idéal d'éternité là où il semblait devoir connaître son plus éclatant triomphe : dans la conception par Einstein d'un Univers statique, éternellement identique à lui-même. Nous l'avons souligné, l'Univers en expansion du modèle « standard » aujourd'hui dominant n'est pas pour autant un Univers en devenir. Il eût pu tout aussi bien, du point de vue des équations de la relativité générale, être en contraction, et, comme on le sait, l'un des scénarios cosmologiques possibles, selon ces équations, est un éternel retour de phases successives d'expansion et de contraction.

La limite intrinsèque du modèle standard a toujours été considérée par les physiciens comme un problème majeur. A l'éternité statique en effet ne s'est pas simplement substitué un Univers en évolution éternelle, mais un Univers posant le problème de sa singularité originelle, la singularité associée au Big Bang, comme le baptisa par dérision Fred Hoyle. Si nous « remontons » l'évolution de l'Univers telle que la décrit le modèle standard, nous devons aboutir à un état physiquement inconcevable où la totalité de l'énergie et de la matière serait concentrée dans un point.

Depuis vingt ans, la découverte du rayonnement fossile, témoignage parvenu jusqu'à nous de manière presque imperceptible de la « fin » du Big Bang, du découplage de la lumière d'avec la matière, a transformé la cosmologie einsteinienne en une véritable cosmogenèse : l'expansion de l'Univers pendant ses « premiers » trois cent mille ans se double de l'histoire de la transition des objets de la physique des hautes énergies vers ceux de la mécanique quantique usuelle : atomes en interaction avec un champ électromagnétique. Cependant, la singularité elle-même reste impénétrable, et, avec elle, l'Univers « à l'échelle de Planck », dont le temps caractéristique est de 10^{-44} seconde.

La singularité initiale associée au Big Bang est la conséquence directe du caractère statique de la cosmologie einsteinienne, de la symétrie des relations qu'elle établit entre l'espace-temps et la matière. Dans la perspective que nous avons proposée, cette symétrie, héritée de la théorie newtonienne des masses en interaction gravitationnelle, est brisée. La matière se distingue de l'espace-temps en ce qu'elle est porteuse de l'entropie de l'Univers. Son existence n'est plus une donnée, comme le présuppose le modèle standard, mais est le produit d'un processus irréversible de création. A la singularité initiale se substitue ainsi l'instabilité d'un Univers primordial vide, dont l'espace-temps se courberait en rayonnant la matière comme un atome excité rejoint son état fondamental en rayonnant de la lumière.

Ici encore, la signification de l'irréversibilité connaît une mutation radicale. D'apparence liée à une connaissance imparfaite, nous l'avons vue devenir la condition même de toute connaissance. Nous la voyons maintenant associée non plus à la mort thermique de l'Univers, mais à sa naissance ; non plus à une évolution menant sans retour vers un état inerte, mais peut-être à une éternelle succession d'Univers. Comment ne pas s'étonner de ce curieux retour vers une antique conception de l'éternité ? Mais cette conception n'était-elle pas nourrie elle-même par le savoir du retour des saisons, du retour des générations, par les rythmes d'une nature tissée de processus intrinsèquement irréversibles et pourtant sans cesse renaissants ?

L'éternel retour que la cosmologie permet aujourd'hui non pas d'affirmer, mais de concevoir, n'est pas un retour de la physique vers les mythes. Il symbolise plutôt le fait que l'irréversibilité est désormais dépouillée des connotations négatives qui constituaient l'héritage de la physique du XIXe siècle, au sein de laquelle le second principe de thermodynamique se bornait à annoncer l'impuissance humaine à soumettre les processus physico-chimiques au principe de raison suffisante. La distinction entre l'avant et l'après s'est d'abord imposée en physique comme un défaut, un écart à l'idéal. Avec la conception cosmologique de Boltzmann, cet écart s'est identifié à l'existence même de l'Univers : preuve par l'absurde de ce que ni notre connaissance, ni notre existence ne serait concevable sans l'irréversibilité, dans un monde régi par la seule raison suffisante. Aujourd'hui, l'irréversibilité ne signifie plus l'écart à l'idéal, mais le devenir en tant qu'il suppose la flèche du temps, en tant qu'il ne peut être compris par l'égalité réversible de la cause et de l'effet, mais permet, au contraire, de comprendre comme singulières les situations où l'idéal de cette égalité a pu donner à la physique ses premiers objets.

La question de savoir « pourquoi il y a quelque chose plutôt que rien » a été nommée la question philosophique par excellence. On pourrait dire que la physique a aujourd'hui trouvé les moyens d'y répondre. Cependant, la question, au sens philosophique, se trouve en fait déplacée. Elle pourrait se formuler : « Pourquoi existe-t-il une flèche du temps ? » Car, au terme de ce parcours où se sont successivement brisés tant d'idéaux d'éternité, où le devenir irréversible s'est substitué à tous les niveaux à la permanence, la flèche du temps s'impose comme nouvelle pensée de l'éternité. C'est elle, qui avait été jugée comme seulement relative au caractère approximatif de notre connaissance, que nous retrouvons désormais comme condition, elle-même inconditionnée, de tous les objets de la physique, de l'atome d'hydrogène à l'Univers lui-même. C'est elle qui nous permet de penser la solidarité entre les temps multiples qui composent notre Univers, entre les processus qui partagent le même futur, et même peut-être entre ces Univers eux-mêmes dont nous pouvons penser aujourd'hui la succession indéfinie.

La physique, avions-nous dit, découvre aujourd'hui une nouvelle cohérence. Peut-être n'y a-t-il pas de meilleur symbole de cette cohérence que le fait qu'elle retrouve, aux racines mêmes de l'Univers qu'elle a pu, de manière inattendue, prendre pour objet, la différence intrinsèque entre le passé et l'avenir, sans laquelle nous ne pouvons ni penser, ni parler, ni agir.

L'opposition entre temps et éternité qui, depuis l'origine, faisait de la physique l'héritière de l'opposition platonicienne entre le réel intelligible, objet de la connaissance intellectuelle, et les apparences changeantes, intéressant la connaissance sensible, a donc perdu aujourd'hui son caractère statique et hiérarchique. Elle s'est muée en tension inventive qui situe la physique d'aujourd'hui par rapport à un héritage qui la définit et qu'elle redéfinit à son tour.

De ce point de vue, il est significatif que, partout, nous ayons rencontré la notion de « brisement de symétrie ». Cette notion implique une référence apparemment indépassable à la symétrie affirmée par les lois fondamentales qui constituent l'héritage de la physique. Et, en effet, dans un premier temps, ce sont ces lois qui ont guidé notre recherche. C'est à elles que nous avons demandé de définir leurs propres limites. Mais, dans un deuxième temps, la description à symétrie temporelle brisée permet de comprendre la symétrie elle-même comme relative à la particularité des objets autrefois privilégiés par la physique, c'est-à-dire de situer leur particularité au sein d'une théorie plus générale. Le brisement de symétrie permet donc une « genèse conceptuelle » de la flèche du temps à partir des lois qui la nient. Mais cette genèse ne doit pas être confondue avec une « genèse physique », qui « expliquerait » la naissance d'un temps irréversible à partir des lois physiques réversibles. Le brisement de symétrie par lequel prend sens la flèche du temps renvoie, comme le « brisement du cercle » keplérien, non à la « nature », mais à la tradition de la physique.

Qu'est-ce que le temps ? Aristote l'avait défini comme le nombre du mouvement dans la perspective de l'avant et de l'après. Cette définition opératoire séparait le temps du devenir, elle mettait face à face l' « âme » qui compte, qui établit des mises en rapport, et le mouvement périodique des astres, expression fidèle de l'immobilité du premier moteur, étalon commun permettant la mesure des différents mouvements. Elle pouvait donc susciter la question de savoir qui détermine la perspective de l'avant et de l'après. Celle-ci est-elle relative à l'âme qui compte ou bien est-elle inscrite dans le mouvement éternel à partir duquel le compte est possible ? Cette question, dramatiquement amplifiée par l'aveu d'Augustin — je ne peux mettre en mots ce savoir que je croyais pourtant avoir du temps —, a été tout à la fois occultée et tranchée par la physique moderne : occultée, puisque les mouvements dynamiques ne sont plus mesurés de manière extrinsèque par un temps-nombre qui les rapporte à la régularité d'un mouvement périodique, mais définis par une loi intrinsèquement temporelle ; tranchée, puisque cette loi ne permet pas de définir de manière « objective » la différence entre l'avant et l'après. Comme nous l'avons vu, la mécanique quantique s'est trouvée confrontée de manière explicite à la même question. Les difficultés d'interprétation de son formalisme ont été suscitées par le fait qu'à le suivre, ce serait bien l' « âme » qui, pour compter, c'est-à-dire aussi pour observer, introduirait la perspective de l'avant et de l'après que suppose et créerait l'acte d'observation.

Pas plus qu'Augustin, nous ne savons ce qu' « est » le temps, mais c'est à la définition intégrale d'Aristote que nous pouvons désormais rapporter les lois du mouvement. La mesure intrinsèque du mouvement impose la perspective de l'avant et de l'après. Le mouvement « inventé » par Galilée et ses successeurs articulait l'instant et l'éternité. En chaque instant, le système dynamique était défini par un état qui contenait la vérité de son passé comme de son futur. Le mouvement tel que nous le concevons aujourd'hui donne une épaisseur à l'instant et l'articule au devenir. Chaque « état » instantané est mémoire d'un passé qui ne permet de définir qu'un futur limité, borné par un horizon temporel intrinsèque. La définition de l'état instantané brise donc la symétrie entre passé et futur, et les lois de son évolution propagent ce brisement de symétrie. Bergson, pour exprimer la solidarité qui nous unit avec le temps des choses, avait écrit : « Il faut attendre que le sucre fonde. » C'est cette solidarité entre notre temps et celui des phénomènes que traduisent de manière implicite les lois probabilistes, lesquelles nous permettent de prévoir, mais non de reconstituer le passé. C'est elle qu'affirme de manière explicite la dynamique des systèmes chaotiques.

L'image traditionnelle des sciences a été — nous l'avons souligné dans *La Nouvelle Alliance* — écartelée entre deux pôles apparemment contradictoires : quête d'une réalité « objective », au-delà des phénomènes qui « intéressent » les hommes, et entreprise de domination, d'asservissement au calcul et à la prévision. Au-delà de leur contradiction, ces deux images de la rationalité scientifique convergent vers une conclusion unique : il est fatal que cette rationalité sépare les hommes du monde où ils vivent, que ce monde soit déclaré illusoire ou qu'il ne « compte » plus que dans la mesure où il peut être mesuré et manipulé. Dans cette perspective, seule la liberté humaine peut donner ses limites aux entreprises de la raison : liberté transcendantale du sujet kantien, qui donne sens au « devoir » là où les sciences ne peuvent décrire l'homme que comme soumis à l'enchaînement des causes et des effets ; liberté des sociétés humaines qui doivent choisir leurs fins là où les sciences ne peuvent définir que les moyens.

Cette opposition classique entre connaissance rationnelle et liberté — ou volonté — humaine est bien plus ancienne que nos sciences. Elle hante déjà les spéculations théologiques quant aux relations entre la sagesse du Dieu créateur et sa liberté toute-puissante, et elle nous situe dans cette filiation. C'est ce que traduit l'idéal, si curieusement proche du délire, du savoir rationnel qu'elle suppose : c'est parce qu'est reconnu en droit à ce savoir le pouvoir de nous mettre face à un monde transparent à notre intelligence, comme il est censé l'être au regard de Dieu, qu'il « faut » que l'homme soit *absolument* libre pour n'être pas *intégralement* réduit à un phénomène parmi d'autres. C'est parce que les sciences et les techniques sont censées mettre indifféremment à notre portée des avenirs possibles qu'elles permettraient de créer et de prévoir, qu'il « faut » que la société humaine *décide,* au nom de ses valeurs, ce que sera son avenir.

Les sciences ne peuvent être ainsi séparées de l'aventure humaine. Elle ne reflètent pas l'identité statique d'une raison à laquelle il faudrait se soumettre ou résister, elles participent de la création de sens au même titre que l'ensemble des pratiques humaines. Elles ne peuvent nous dire ce qu' « est » l'homme, la nature ou la société de telle sorte qu'à partir de ce savoir, nous puissions décider de notre histoire. Elles explorent une réalité complexe qui associe de manière inextricable ce que nous opposons sur les registres de l' « être » et du « devoir être ». Que peut la nature ? Que peut l'être vivant ? Que peuvent les hommes ? Ces questions sont celles qui hantent nos choix et nos refus. Ce sont aussi celles des sciences du devenir.

La recherche d'une cohérence entre nos savoirs a été un fil conducteur de cet essai. Cette cohérence ne peut plus avoir le caractère statique que garantissait le cosmos aristotélicien, elle ne peut déterminer à priori et une fois pour toutes les limites entre le pensable et l'impensable. Les sciences, comme les techniques, ne cessent de déplacer ces limites, de susciter des possibles qui bouleversent aussi bien l'ordre de la pensée que celui de la société. Nous sommes irréversiblement engagés dans une histoire ouverte où s'expérimente ce que peuvent les hommes et leurs sociétés. Cette cohérence, nous ne pouvons donc chercher à la découvrir à l'instar d'une vérité qui préexisterait à notre histoire, que celle-ci y mène ou l'ait oubliée. Nous ne pouvons que la construire au sein de cette histoire, à partir des contraintes qui nous y situent mais qui nous permettent également d'y créer de nouveaux possibles.

C'est pourquoi, nous l'avons souligné dès l'introduction de cet essai, la physique du devenir, dont nous avons décrit la naissance, n'est pas une nouvelle « vision du monde », coupée de ses racines, s'imposant telle une vérité révélée. Elle n'est pas vérité enfin advenue du temps, mais invention de langages nouveaux, ouverture de nouvelles possibilités de penser et de dire ce que nous vivons. Bergson, en écho à Augustin, avait écrit : « Nous ne *pensons* pas le temps réel. Mais nous le vivons, parce que la vie déborde l'intelligence. Le sentiment que nous avons de notre évolution et de l'évolution de toutes choses dans la pure durée est là, dessinant autour de la représentation intellectuelle proprement dite une frange indécise qui va se perdre dans la nuit[7]. » La construction d'une cohérence entre ce que nous vivons et ce que nous sommes capables de penser est une tâche ouverte, indéfinie, elle constitue le « lieu commun » où nos savoirs et nos expériences peuvent entrer dans des relations qui ne les opposent pas dans leurs certitudes antagonistes, mais les ouvrent à ce qui les déborde.

Peut-être cette tradition occidentale dont nous avons souligné la spécificité reste-t-elle ici, plus que jamais, précieuse. C'est en Europe que s'inventa l'aventure inquiète d'un savoir susceptible de mettre en question toute norme, toute évidence, toute valeur traditionnelle. C'est en Europe aussi que s'inventa l'idée de démocratie, de société ouverte sur un avenir que ne modèle aucun ordre transcendant. Aujourd'hui, chacun le sait, il est devenu essentiel que science et démocratie inventent une nouvelle forme de dialogue. Pour qu'un véritable dialogue entre deux pratiques aux contraintes si différentes soit possible, il faut que se crée un monde dense et multiple d'intérêts partagés. Car c'est l'intérêt qui tout à la fois donne sens aux contraintes, permet de les reconnaître autrement que comme normes arbitraires, et de comprendre, voire de partager la passion des problèmes que conditionnent ces contraintes. L'Europe, où se libérèrent ces intérêts que l'on a trop longtemps définis comme opposés par nature, ceux du « savoir » et ceux de « la vie », comme disait Gaston Bachelard, devrait être singulièrement sensible à ce défi de l'avenir. Peut-être sa richesse culturelle, sa diversité, sa tradition historique nourriront-elles l'invention des pratiques nouvelles qu'appelle la construction du monde de demain.

Appendices

Introduction

Dans ces trois appendices nous voudrions ajouter quelques remarques qui précisent les thèses défendues dans cet ouvrage. La lecture de ces appendices exige des connaissances plus spécialisées quoique nous nous soyons limités à des considérations qualitatives et que nous renvoyions aux publications originales pour les démontrer.

Nous avons choisi trois thèmes fondamentaux dans la perspective de cet ouvrage. Le premier se rapporte à la manière dont les processus dynamiques instables modifient la structure de l'espace-temps. Cette question est au cœur du débat entre Einstein et Bergson[1]. L'issue de ce débat a été désastreuse pour Bergson : il est communément admis que ce dernier s'était trompé quant à l'interprétation de la relativité restreinte d'Einstein. Et pourtant, comme nous allons le montrer, l'existence des processus dynamiques instables réhabilite jusqu'à un certain point l'idée d'un *temps universel* défendue par Bergson.

Le second appendice explicite sur l'exemple du rayonnement ce que nous entendons par irréversibilité intrinsèque (voir chap. VI) et montre pourquoi les processus irréversibles pénètrent jusqu'au niveau de description fondamentale.

Enfin l'appendice III explicite le résultat indiqué au chapitre VII, selon lequel le Big Bang est structurellement instable. En particulier nous y discutons la question des aspects que l'Univers actuel retient des premiers instants de l'instabilité qui serait à son origine.

APPENDICE I
La réalité du temps

Au chapitre VII nous avons rappelé la métrique de l'espace-temps de Minkowski, qui correspond à la relativité restreinte d'Einstein. Un observateur utilise pour mesurer longueurs et temps des coordonnées x, y, z et t ; un autre, en mouvement rectiligne par rapport au précédent, utilise des coordonnées x', y', z', t'. La condition imposée par la théorie de la relativité est que l'intervalle spatio-temporel reste invariant. L'existence de temps multiples t, t'... conduit à des effets remarquables (tel

1. H. BERGSON, *Durée et Simultanéité*, in *Mélanges*, Paris, PUF, 1972.

le célèbre paradoxe des jumeaux). Faut-il donc en conclure avec Minkowski que l'espace et le temps pris séparément sont désormais devenus des ombres ?

C'est la question que nous voudrions discuter en étudiant un exemple simple de processus dynamique instable se déroulant dans l'espace Minkowski. Pour introduire cet exemple, retournons d'abord à la transformation du boulanger discutée au chapitre v. Comme nous l'avons souligné, l'instabilité provient de ce qu'un point contient une information *infinie* alors que nos mesures ou nos calculs impliquent une précision finie. Nous avons déjà fait remarquer que l'instabilité nous force à construire un langage nouveau pour décrire de tels systèmes. C'est ce que nous allons faire tout d'abord en introduisant avec Misra[2] le concept de « temps interne ».

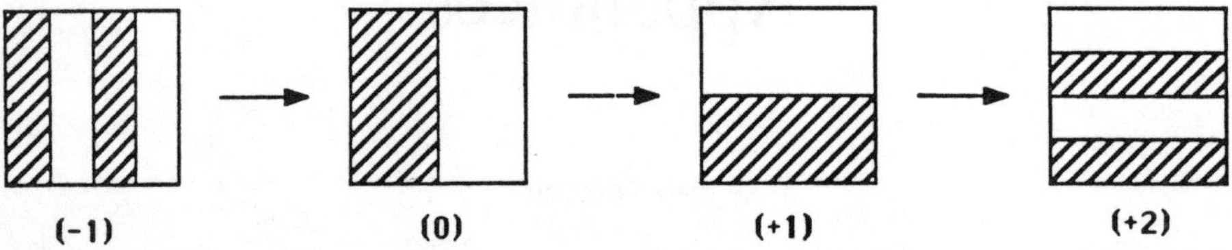

Figure A-I.1 : Partitions successives engendrées par la transformation du boulanger. La partition (0) s'appelle « partition génératrice ».

Considérons un système dynamique et décrivons son évolution dans son espace des phases. Appelons ρ_t (ω) la probabilité de trouver à l'instant t un système dynamique au point ω. L'évolution de ce système est décrite par :

$$\rho_t(\omega) = U_t\, \rho_o(\omega) \qquad (I.1)$$

où U_t est un opérateur unitaire. Considérons une séquence de transformations du boulanger (voir *fig. A-I.1*). A partir de la « partition génératrice » (O), nous pouvons construire toutes les autres en appliquant la transformation un nombre arbitraire de fois. Appelons χ_n la partition obtenue après n applications. La loi dynamique (I.1) s'écrit ici (la transformation est discrète, $U = U_{t=1}$).

$$\chi_{n+1} = U\chi_n \qquad (I.2)$$

Mais nous pouvons aussi introduire un second opérateur, T, qui donne l' « âge de la partition »[3,4].

$$T\chi_n = n\chi_n \qquad (I.3)$$

Les χ_n peuvent être définies comme les « fonctions propres » de T, et l'ensemble des valeurs n comme ses « valeurs propres ». La situation devient alors très semblable à celle de la mécanique quantique (voir chap. VI). Les opérateurs U et T ne commutent pas. Plus précisément (en supposant un temps continu) on trouve :

$$U_t^{+} T U_t = T + t \qquad (I.4)$$

2. B. Misra, *Proc. Nat. Ac. Sci. USA*, vol. 75, 1978, p. 1629.
3. Pour plus de détails voir I. Prigogine, *Physique, temps et devenir*, Paris, Masson, 1980.
4. I. Prigogine et I. Stengers, *La Nouvelle Alliance*, *op. cit.*, chapitre IX.

Figure A-I.2 : Distribution arbitraire différente d'une des partitions χ_n de la figure précédente.

Si nous considérons une distribution arbitraire (voir *fig. A-I.2*), elle ne sera plus une fonction de T mais nous pouvons calculer la valeur moyenne <T> qui (avec une normalisation appropriée) s'écrit :

$$<T>_{\rho_t} = <\rho_t, T\rho_t> \tag{I.5}$$

où <,> correspond à un produit scalaire ($= \int d\omega \rho_t (T\rho_t)$).

Il est alors facile de montrer que :

$$<T>_{\rho_t} = <T>_{\rho_0} + t \tag{I.6}$$

Le temps interne moyen <T> croît de pair avec le temps chronologique mesuré par t. Pourtant ces notions sont très différentes. Le temps interne se rapporte à la distribution à l'intérieur du carré. Il en mesure le fractionnement. C'est un temps « topologique ».

Tout récemment Misra[5] a montré que le concept de temps interne s'applique aussi à une tout autre catégorie d'objets tels que les *champs*. Considérons à titre d'exemple la propagation de la lumière. Nous avons alors l'équation d'onde :

$$\frac{\partial^2 \psi}{\partial t^2} = \frac{1}{c^2} \Delta \psi \tag{I.7}$$

correspondant à la propagation d'une onde lumineuse d'amplitude ψ avec une vitesse c. La fonction ψ décrit un champ (scalaire) en tout point de l'espace-temps. Curieusement la solution de cette équation nous met devant un problème semblable à

5. B. Misra, *J. Stat. Phys.*, vol. 48, 1988, p. 1295.

un certain égard à celui du boulanger. Considérons en effet un observateur au repos au point O (voir *fig. A-I.3*). Un signal lumineux émis au point x_1 lui arrive en t_1, celui émis au point x_2, en t_2. Il est clair que l'avenir lointain de l'observateur sera déterminé par ce qui se passe pour $t = 0$ à des distances croissantes du point où il est situé (nous ne faisons que paraphraser ce qu'on appelle le problème de Cauchy pour la solution de l'équation aux dérivées partielles I.7).

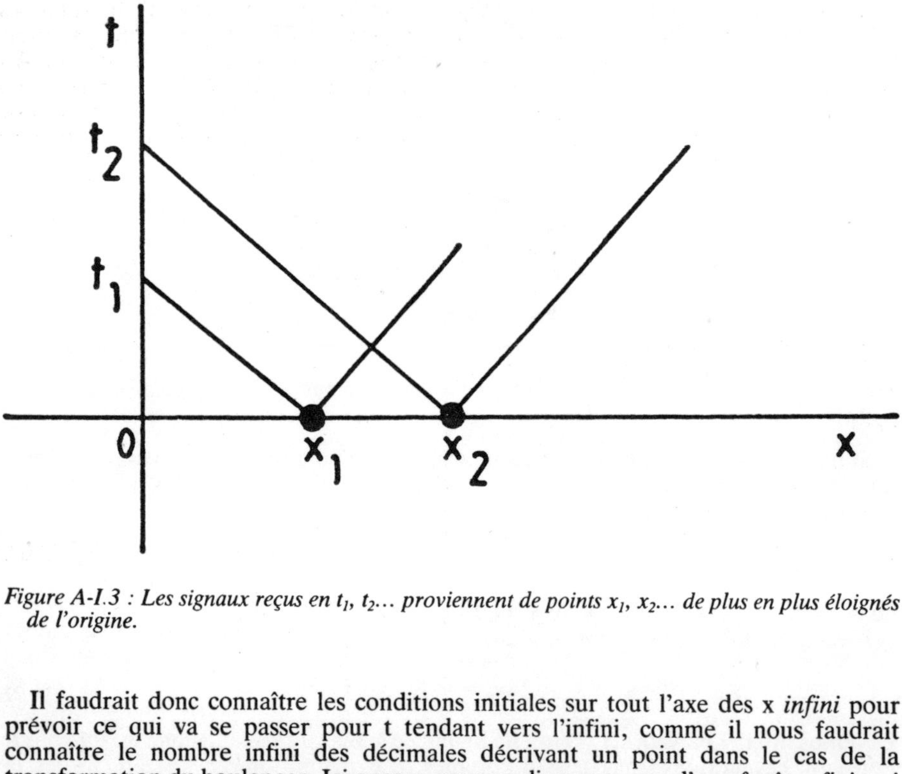

Figure A-I.3 : Les signaux reçus en t_1, t_2... proviennent de points x_1, x_2... de plus en plus éloignés de l'origine.

Il faudrait donc connaître les conditions initiales sur tout l'axe des x *infini* pour prévoir ce qui va se passer pour t tendant vers l'infini, comme il nous faudrait connaître le nombre infini des décimales décrivant un point dans le cas de la transformation du boulanger. Ici encore nous ne disposons que d'une fenêtre finie, si grande soit-elle. Il en résulte, comme l'a démontré Misra, une instabilité semblable à celle du boulanger (nous retrouvons un K-flow, voir chap. v).

Une des conséquences de cette instabilité est que nous pouvons ici aussi définir un temps interne T. Sa valeur moyenne prise sur le champ sera donnée, tout comme en I.5, I.6, par :

$$<T>_{\psi_t} = <\psi_t, T\psi_t> = <T>_{\psi_o} + t \qquad (I.8)$$

Montrons maintenant que l'existence de ce temps interne associé au champ change radicalement les propriétés de l'espace-temps[6,7].

6. I. ANTONIOU, *Internal Time and Irreversibility of Relativistic Dynamical Systems*, thèse présentée à l'Université libre de Bruxelles, 1988.
7. B. MISRA, I. ANTONIOU et I. PRIGOGINE, à paraître 1988.

Plaçons-nous dans le cadre de la relativité restreinte. Comme nous l'avons rappelé au chapitre VII, l'intervalle spatio-temporel s_{12}^2 donné par

$$s_{12}^2 = c^2 (t_2 - t_1)^2 - (x_2 - x_1)^2 - (y_2 - y_1)^2 - (z_2 - z_1)^2 \qquad (I.9)$$

y joue un rôle fondamental. Un diagramme (voir *figure A-I.4*), reproduit dans tous les ouvrages qui traitent de ces problèmes, indique la *classification* des événements spatio-temporels qui résulte de l'intervalle (I.9). Le cône de lumière $\pm$ ct = x détermine les régions « *causales* ». Pour tout observateur inertiel l'événement A appartient au futur de O, l'événement B au passé de O (l'intervalle s_{AO} ou s_{BO} est « temporel »). Au contraire C n'est simultané avec O que pour un choix particulier de référentiel (l'intervalle s_{CO} est « spatial »). Si nous changeons de référentiel, C peut devenir antérieur à O, ou postérieur. Il en est de même pour D, qui dans le choix particulier représenté ici est antérieur à O.

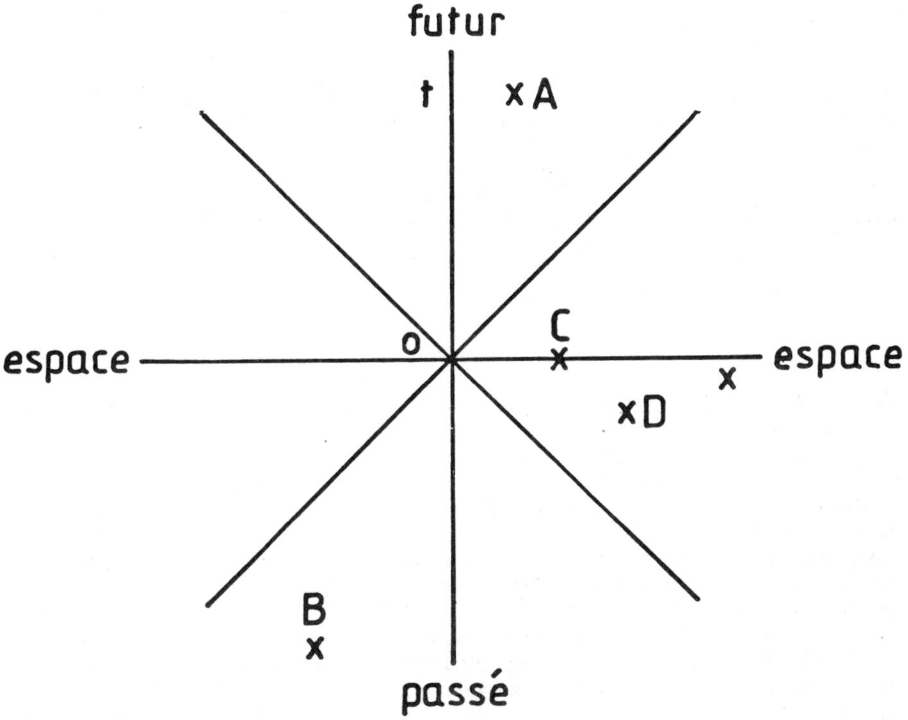

Figure A-I.4 : Classification des événements spatio-temporels. Le « cône causal » définissant les régions causales (où les événements sont temporellement ordonnés) est limité par les droites ct = x et − ct = x.

La notion de simultanéité devient relative à l'observateur. C'est un exemple des temps « multiples » de la relativité restreinte.

Voyons comment les choses changent si nous tenons compte de ce que chaque observateur peut mesurer le champ scalaire ψ et en déduire le temps moyen $<T>$ correspondant à ce champ.

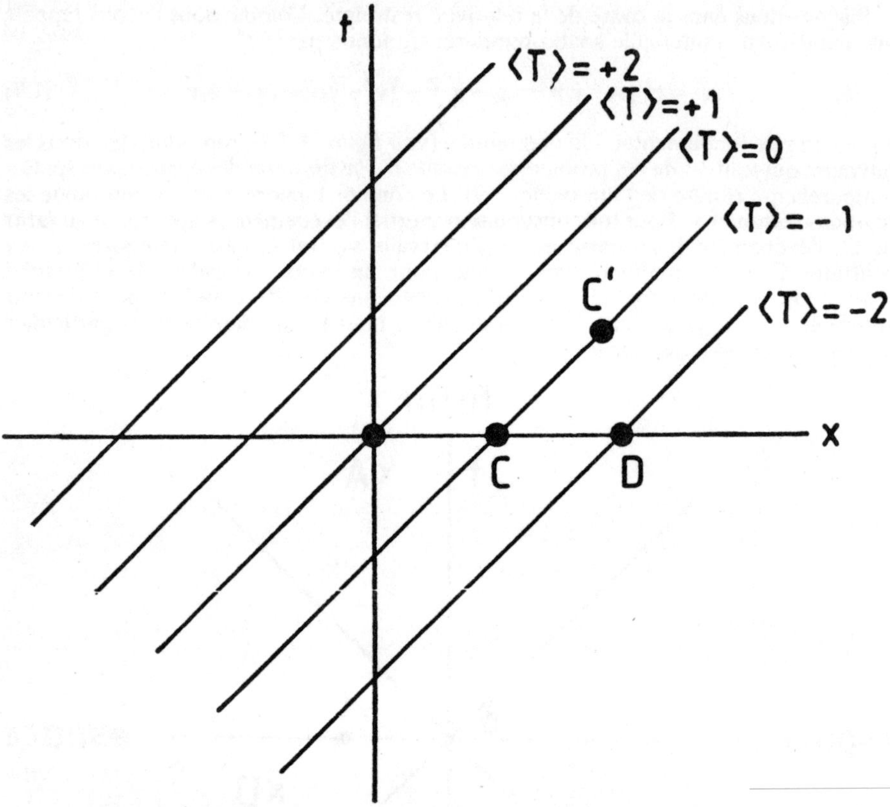

Figure A-I.5 : Exemple de distribution des temps internes moyens. L'âge moyen diminue vers la droite. Les lignes d'âge égal sont parallèles à ct = x. Les unités sont arbitraires.

Le champ lui-même est Lorentz-invariant (c'est-à-dire invariant par rapport aux transformations qui laissent I.9 invariant). Mais le temps interne moyen <T>, lui, est modifié non seulement quand on change le temps, comme l'indique I.8, mais aussi quand on change de position, un peu comme un paysage change quand il est vu d'un point d'observation différent. Ceci signifie, réciproquement, que, observant le champ et son temps interne moyen, un observateur peut avoir une information quant à sa position, contrairement à ce que suppose la relativité restreinte. Cependant, en tout point le temps interne augmente avec le temps t de telle sorte qu'il reste dans l'intervalle (I.9).

Un exemple de la distribution des temps moyens dans l'espace-temps est donné par la *figure A-I.5.* Cette figure représente, pour un champ donné, les « lignes » d'âge, c'est-à-dire les lieux des points ayant le même temps interne moyen. Comme on peut le voir, les lignes d'âges sont parallèles au cône de lumière défini par ct = x. Un observateur se déplaçant avec la même vitesse que celle de la propagation du champ qu'il observe, en l'occurrence avec la vitesse de la lumière, attribuera donc toujours le même temps interne moyen au champ qu'il observe. D'autre part, l'âge moyen diminue vers la droite, alors que le cône causal de la *figure A.I.4* était parfaitement symétrique par rapport à l'axe des x. La symétrie de l'espace-temps relativiste est donc brisée. La *figure A-I.4* illustrait la classification des événements spatio-temporels telle que la définit la relativité. Considérons les événements C et D dans les *figures A-I.4* et 5. Ils étaient tous deux en dehors du cône causal de la première figure. Ce qui signifie qu'il n'était pas possible de leur conférer un ordre temporel unique pour tout référentiel. Par contre, la *figure A-I.5* permet de les ordonner de manière univoque car :

$$\langle T \rangle_C > \langle T \rangle_D \qquad (I.10)$$

Figure A-I.6 : L'observation de l' « onde de modernisation » permet de briser l'homogénéité de l'espace-temps de l'île...

L'âge moyen attribué au champ par l'observateur C est plus grand que celui que l'observateur D attribue à ce champ. L'observateur C voit un monde qui a vieilli davantage ! Cette succession est Lorentz-invariante. De même, la condition de simultanéité :

$$\langle T \rangle_C = \langle T \rangle_{C'} \qquad \text{(I.11)}$$

est Lorentz-invariante. Tous les observateurs situés sur la même ligne d'âge, quel que soit leur système de référence, attribuent le même âge moyen $\langle T \rangle$ au champ.

Contrairement à ce qui semble découler de la relativité restreinte il existe donc un temps universel qui part de l'observation d'un phénomène physique relativiste, ici la propagation de l'onde. Dans la description minkowskienne, les observateurs s'observent mutuellement. Ici ils observent, de plus, l'évolution du champ, système dynamique instable qui permet l'introduction d'un temps interne.

Pour bien se visualiser ce qui se passe, il peut être amusant de superposer la *figure A-I.5* avec la représentation d'une île dont le pourtour est bâti d'hôtels modernes mais dont l'intérieur contient des cases ancestrales *(fig. A-I.6)*. Il est naturel que l'appréciation de la séquence temporelle pour tous les observateurs soit bien la même.

Ainsi, l'introduction de processus dynamiques instables permet-elle de réconcilier l'idée fondamentale d'Einstein de temps multiples attachés à différents observateurs avec l'existence d'un devenir universel défendu par Bergson.

APPENDICE II

Irréversibilité intrinsèque

Au chapitre VI nous avons introduit la notion d'irréversibilité intrinsèque pour distinguer les phénomènes dont l'irréversibilité apparente pourrait être introduite par notre observation (et correspondre dès lors à la réduction du paquet d'onde), et les phénomènes dont l'irréversibilité est intrinsèque et qui demandent une description différente.

Nous avons discuté à titre d'exemple le problème de l'émission du rayonnement lors des sauts d'un électron d'une orbite à l'autre. Ce problème a évidemment une analogie classique[1]. Toute particule chargée accélérée rayonne et ce rayonnement produit à son tour un freinage de rayonnement. C'est ce problème que nous allons approfondir car il illustre bien la notion d'irréversibilité intrinsèque au niveau microscopique.

Examinons d'abord comment se pose le problème de l'interaction entre une particule matérielle et une charge électromagnétique[1,2].

Une particule est caractérisée par l'hamiltonien H. Si c'est une particule libre, c'est simplement $H_p = p^2/2m$. Si c'est un oscillateur nous avons

$$H_p = p^2/2m + \frac{m\omega_0^2}{2} q^2 \qquad \text{(II.1)}$$

1. Voir tout ouvrage d'électrodynamique par exemple, L. LANDAU et E. LIFCHITZ, *Théorie des champs,* Moscou, édition Mir, 3e éd., 1970, ou J. D. JACKSON, *Classical Electrodynamics,* New York, J. Wiley & Sons, 2e éd., 1975.

2. W. HEITLER, *The Quantum Theory of Radiation,* New York, Dover Publication, 1984.

où ω_0 est la fréquence de l'oscillateur. D'un autre côté un champ libre peut être décrit par un ensemble d'oscillateurs[3] et par un hamiltonien H_{ch} qui est la somme des hamiltoniens correspondants :

$$H_{ch} = \sum_l \frac{1}{2} (p_l^2 + \omega_l^2 q_l^2) \tag{II.2}$$

Si la particule est chargée il s'établit un couplage entre la particule et les oscillations du champ[2]. Il se crée un « nuage de polarisation » autour de la particule. Si la particule est au repos (ou en mouvement uniforme) ce nuage conduit à une énergie supplémentaire qui peut être absorbée dans la masse de la particule. C'est un exemple de la procédure de renormalisation que nous avons évoquée au chapitre VI (qu'il apparaisse un infini dans le cas d'une particule ponctuelle est sans importance ici). Dans le cas d'un oscillateur, la situation devient plus compliquée car nous aurons *résonance* entre la particule et les modes du champ pour $\omega_l \approx \omega_0$. Le théorème de Poincaré (voir chap. V) s'applique et nous pouvons même nous attendre à un comportement cinétique dans le cas où l'enceinte dans laquelle nous plaçons la particule devient grande (alors, la somme de II.2 devient une intégrale).

Nous avons ici un exemple du changement radical que connaît aujourd'hui la distinction entre ce qui est simple et ce qui est complexe (voir chap. IV). Les propriétés d'une particule dépendent à travers le champ d'un nombre infini de variables et la complexité de son mouvement devient comparable à celle d'un gaz ou d'un liquide formé d'un nombre immense de particules.

L'effet de la résonance peut être illustré par des calculs à l'ordinateur[3]. Nous pouvons suivre l'énergie de l'oscillateur matériel au cours du temps. La théorie classique[1,2] introduit un temps caractéristique de freinage $1/\gamma$, avec

$$\gamma = \frac{2}{3} \frac{e^2}{mc^3} \omega_0^2 \tag{II.3}$$

γ ne dépend, en dehors de la masse de l'oscillateur et de sa fréquence, que des constantes universelles e et c. Comme dans la théorie quantique, ce temps $1/\gamma$ est très long par rapport à la fréquence ω_0 de l'oscillateur. Si, comme dans le chapitre VI, nous introduisons le rapport entre temps « réversible » ($1/\omega_0$) et temps « irréversible » ($1/\gamma$) nous trouvons pour un électron ($\omega_0 \approx 10^{14}\ \text{sec}^{-1}$)

$$\rho = \gamma/\omega_0 \approx 10^5/10^{14} \approx 10^{-9} \tag{II.4}$$

Mais les calculs à l'ordinateur (faits sur un modèle à une seule dimension spatiale) nous permettent d'amplifier les effets du freinage de rayonnement en choisissant notamment d'autres valeurs pour les constantes universelles e et c.

La théorie classique nous conduit à prévoir que nous observons une décroissance exponentielle de l'énergie de l'oscillateur.

$$E_t = E_0\, e^{-\gamma t} \tag{II.5}$$

Curieusement les calculs montrent un comportement différent, qui dépend crucialement des conditions initiales. Si nous partons de la particule « nue » (c'est-à-dire si aucun oscillateur du champ n'est excité, $p_l = q_l = 0$ pour $t = 0$), nous trouvons le résultat représenté schématiquement sur la *figure A-II.1*.

Ce n'est que pour un temps t_c de l'ordre de dix périodes que l'amortissement

3. T. Y. Petrosky, communication personnelle.

s'installe et que l'oscillateur se met à rayonner. Il atteint alors rapidement sa valeur théorique (II.3). Mais ce comportement n'est pas universel. Il dépend des conditions initiales. Toutefois, quelles que soient ces conditions initiales, nous atteignons au bout d'un certain temps la même valeur γ_{th} (voir *fig. A-II.2*). La situation (a) représentée sur cette figure correspond au résultat déjà donné sur la *figure A-II.1*. Dans le cas (b) nous partons *directement* de la bonne valeur du freinage. Dans le cas (c) l'oscillateur rayonne d'abord *plus* que ne prédit la théorie classique. Dans le cas (d) il commence par *absorber* de l'énergie avant de se mettre à rayonner.

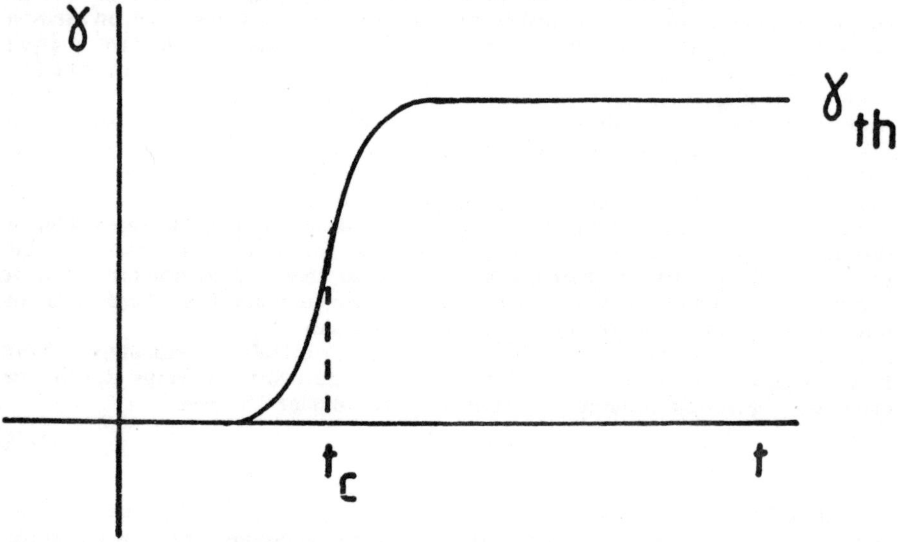

Figure A-II.1 : Simulation du freinage de rayonnement d'un oscillateur chargé[3]*. Les conditions initiales correspondent à une particule « nue ». Les unités sont arbitraires.*

L'analogie avec la *figure 16* relative au comportement d'un gaz est frappante. La fonction $\mathscr{H}$ elle aussi tend vers sa valeur d'équilibre quelles que soient les conditions initiales. La situation (d) dans la *figure II.2* est analogue à l'expérience de l'inversion des vitesses de la *figure 17.* Pendant un certain temps le système s'écarte de l'équilibre puisque l'oscillation s'auto-excite (comme si l'oscillateur remontait vers son passé).

Mais la chose essentielle est que, indépendamment de notre préparation initiale, nous atteignons le même régime au bout d'un certain temps. Le système échappe ainsi à notre contrôle. Tout comme, en accord avec le second principe, nous ne pouvons pas empêcher la grandeur $\mathscr{H}$ d'atteindre sa valeur d'équilibre. Quel meilleur exemple d'*irréversibilité* intrinsèque, et cela dans le domaine microscopique car nous n'avons invoqué ici que les lois fondamentales qui lient la matière et le rayonnement.

Que se passe-t-il dans l'intervalle du temps avant que γ n'atteigne sa valeur de régime γ_{th} ? C'est pendant ce temps que se constitue l' « habillage de non-équilibre ». La différence essentielle entre cet habillage et l'habillage d'équilibre d'une particule stable, défini par la procédure de renormalisation habituelle, est la localisation de l'énergie des modes normaux dans la région des fréquences autour de la résonance (à une *localisation* dans l'espace des longueurs d'onde correspond une *délocalisation* dans l'espace).

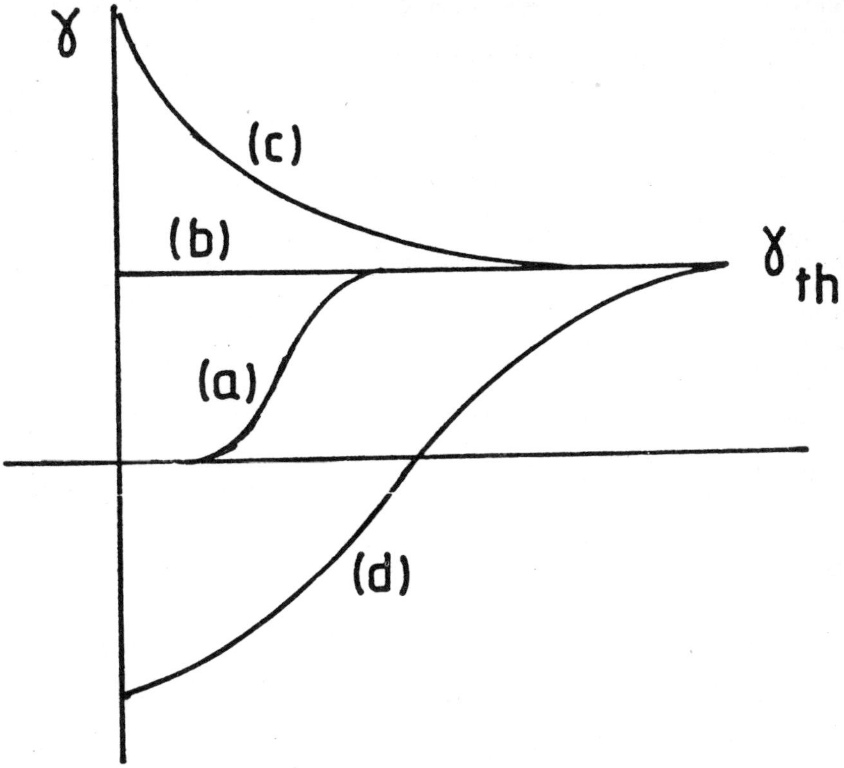

Figure A-II.2 : Simulation du freinage de rayonnement pour différentes conditions initiales[3]. *Les unités sont arbitraires.*

Nous pouvons comprendre sur cet exemple la différence entre une transformation unitaire conduisant à des variables d'angles et d'action et la transformation non unitaire que nous avons évoquée à plusieurs reprises aux chapitres V et VI. Dans le premier cas nous passons de la particule stable « nue » à la particule « habillée » par les modes du champ, dans le second de la particule « nue » à la particule avec son habillage de *non-équilibre* permettant au rayonnement de s'échapper. Une preuve est que si nous effectuons d'abord la transformation non-unitaire, c'est-à-dire, si nous partons non de particules nues mais de particules avec leur habillage de non-équilibre, nous obtenons la courbe (b) de la *figure II.2* dans laquelle γ a instantanément (à la précision de l'ordinateur) sa valeur γ_{th}.

Ce comportement du freinage de rayonnement n'est pas compatible avec une description en termes de trajectoires, dans laquelle il y a une relation biunivoque entre l'état initial et l'état final. L'existence de la résonance introduit, comme au chapitre V, un horizon temporel et nous conduit à perdre le contrôle des trajectoires. Elle amène le système à un régime cinétique (analogue à celui du mouvement brownien ou de l'équation cinétique de Boltzmann).

Ces considérations s'étendent au cas quantique car là aussi nous nous attendons à ce que la résonance nous fasse perdre le contrôle de la fonction d'onde et nous conduise à un type de comportement quantique « cinétique » tel que nous l'avons décrit au chapitre VI. Il faut souligner d'autre part l'analogie entre le retard que manifeste l'oscillateur à rayonner quand nous partons de la particule nue (*fig. A-II.1*) et le paradoxe de Zenon décrit au chapitre VI.

Appendice III

L'origine de l'Univers : singularité ou instabilité ?

La fascination qu'exerce sur nous la question de l'origine de l'Univers nous incite à revenir sur le problème posé au chapitre VII de ce livre : devons-nous associer à cette origine une *singularité* (tel le Big Bang) ou une *instabilité ?* Nous avons décrit une approche récente qui inclut la production de matière en tant que processus irréversible. Cette production de matière donne lieu à une instabilité qui, par amplification, conduit à l'Univers actuel. Nous voudrions reprendre ici ces questions en insistant sur leur aspect thermodynamique, et préciser ce que signifie exactement l'instabilité structurelle du Big Bang déjà notée au chapitre VII [1].

Rappelons d'abord brièvement les idées de base de la cosmologie traditionnelle (le modèle standard) [2]. Celle-ci est basée sur l'équation fondamentale de la relativité générale, qui lie le tenseur métrique et le tenseur d'impulsion-énergie. Dans le cas le plus simple, celui d'un Univers isotrope, homogène et sans courbure spatiale, on obtient ainsi pour la métrique [2] :

$$ds^2 = dt^2 - R^2\ (t)\ (dx^2 + dy^2 + dz^2) \qquad \text{(III.1)}$$

La seule différence avec la métrique de Minkowski est l'apparition d'un « rayon » de l'Univers R(t). Un rôle très important est joué par la fonction de Hubble :

$$H = R/\dot{R} \qquad \text{(III.2)}$$

où le point désigne une dérivée par rapport au temps.

Dans ce cas, l'équation d'Einstein donne le lien entre la densité d'énergie ρ et le rayon de l'Univers R :

$$\kappa\rho = 3H^2 \qquad \text{(III.3)}$$

avec :

$$\kappa = 8\pi G/c^4 \qquad \text{(III.4)}$$

où G est la constante de gravitation universelle et c la vitesse de la lumière.

Nous avons vu que l'équation d'Einstein prédit une évolution adiabatique de l'Univers. Nous avons donc :

$$dE + pdV = 0 \qquad \text{(III.5)}$$

ou, en prenant un élément de volume proportionnel à R^3,

$$d\rho R^3 + pdR^3 = 0 \qquad \text{(III.6)}$$

1. Nous suivons l'exposé de I. PRIGOGINE, J. GÉHENIAU, E. GUNZIG et P. NARDONE, à paraître (1988).
2. Voir tout ouvrage de cosmologie, notamment S. WEINBERG, *Les Trois Premières Minutes de l'Univers*, *op. cit.*

Dans le cas simple où la matière est « incohérente », c'est-à-dire où le contenu matériel de l'Univers est caractérisé par une pression p nulle, (III.6) se réduit à :

$$\rho R^3 = \text{constante} \qquad \text{(III.7)}$$

En portant cette relation dans (III.3) nous obtenons une équation pour le rayon R(t). Sa solution montre que l'expansion part d'un point singulier $R=0$ (le Big Bang).

Dans la cosmologie traditionnelle, il n'y a pas de création de matière. Dès lors aussi (voir III.7) nous avons, n étant la densité de particules,

$$nR^3 = \text{constante} \qquad \text{(III.8)}$$

Nous avons déjà fait allusion à plusieurs reprises à l' « Univers de de Sitter ». C'est un Univers remarquable dans lequel toutes les valeurs des variables thermodynamiques intensives telles que ρ, p, n sont constantes dans le temps. L'équation (III.6) nous montre qu'il ne peut en être ainsi que si :

$$\rho + p = 0 \qquad \text{(III.9)}$$

ce qui, pour $\rho>0$, implique $p<0$, situation curieuse car normalement la pression est positive. Si nous admettons (III.9), (III.2) nous donne

$$H = \pm \sqrt{\kappa\rho/3} \text{ ou } R = R_0 e^{\pm \sqrt{\kappa\rho/3}\, t} \qquad \text{(III.10)}$$

L'Univers de de Sitter est donc un Univers en expansion (ou en contraction) exponentielle. La difficulté est que pour justifier (III.9) on doit introduire une constante cosmologique dans l'équation d'Einstein et que l'observation de l'Univers actuel ne livre aucune trace d'une telle constante.

Nous voulons maintenant modifier l'équation thermodynamique (III.5 ou III.6) en tenant compte de la création de matière. Cela revient à ajouter un terme de *source d'énergie interne*. Des arguments élémentaires[3,4,5] montrent que la nouvelle équation est :

$$d\rho R^3 + p dR^3 - h/n \, dnR^3 = 0 \qquad \text{(III.11)}$$

où h est l'enthalpie, $h = \rho + p$ (III.12)

Notons que nous ne faisons aucune hypothèse sur l'origine microscopique de ce terme. Comme indiqué dans le chapitre VII, il pourrait être lié à la transformation d'énergie gravifique négative en énergie positive de la matière.

Nous pouvons aussi écrire (III.11) sous la forme

$$d(\rho R^3) + (p + p_{cr})\, dR^3 = 0 \qquad \text{(III.13)}$$

avec

$$p_{cr} = - h/n \, dnR^3/dR^3 = - h/3nH\,(\dot{n} + 3nH) \qquad \text{(III.14)}$$

3. I. PRIGOGINE, *Etude thermodynamique des phénomènes irréversibles*, thèse d'agrégation, Liège, Desoer, 1947.
4. P. GLANSDORFF et I. PRIGOGINE, *Structure, stabilité et fluctuation*, Paris, Masson, 1971.
5. S. de GROOT et P. MAZUR, *Non Equilibrium Thermodynamics*, Amsterdam, North Holland Pub. Comp., 1962.

L'inclusion de la création de matière conduit donc à une *pression additionnelle* p_{cr}. Il est intéressant d'observer que dans le cas de l'Univers de de Sitter $\dot{n} = 0$ et on a simplement :

$$p_{cr} = -h \qquad \text{(III.15)}$$

Pour calculer la production d'entropie, nous partons comme toujours en thermodynamique macroscopique de la différentielle totale de l'entropie (à un seul constituant)

$$TdS = dE + pdV - \mu dN \qquad \text{(III.16)}$$

où μ est le potentiel chimique par particule

$$\mu n = h - Ts \qquad \text{(III.17)}$$

En tenant compte du terme supplémentaire dû à la création de particules (voir III.11) qui fait de l'Univers un système thermodynamique ouvert, nous obtenons comme expression du second principe :

$$d_iS = s/n \; d\,(nR^3) \geqslant 0 \qquad \text{(III.18)}$$

Notons que la variation d'entropie dS se réduit ici à la production d'entropie d_iS car dans un Univers isotrope et homogène il n'y a pas de flux d'entropie.

L'inégalité (III.18) exprime que la création de particules est un processus *irréversible.* L'espace-temps peut créer de la matière, mais pas inversement. Cette inégalité peut s'écrire plus explicitement :

$$\dot{n} + 3Hn \geqslant 0 \qquad \text{(III.19)}$$

et permet d'établir un lien entre création de matière ($\dot{n}$) et fonction de Hubble. En particulier pour l'Univers de de Sitter, $\dot{n} = 0$ et nous obtenons :

$$H \geqslant 0 \qquad \text{(III.20)}$$

En comparant avec (III.10) nous voyons que seul un Univers de de Sitter *en expansion* est thermodynamiquement possible.

L'extension de l'équation d'Einstein au cas de la création de matière est maintenant facile : il suffit de remplacer dans le tenseur d'impulsion-énergie la pression p par la somme $p + p_{cr}$. Ceci a de nombreuses conséquences. Dans le cas de l'Univers de de Sitter la difficulté associée à l'équation d'état (III.9) disparaît puisque nous trouvons maintenant (voir III.15)

$$\rho + p + p_{cr} = 0 \text{ ou } \rho + p = h \qquad \text{(III.21)}$$

L'Univers de de Sitter devient compatible avec une équation d'état « normale » à pression *positive.*

Voyons maintenant comment introduire l'*instabilité structurelle* du Big Bang. Pour cela nous devons préciser la cinétique de la création de matière. L'équation cinétique la plus simple compatible avec l'inégalité (III.18) est :

$$1/R^3 \; dnR^3/dt = \alpha H^2 \qquad \text{(III.22)}$$

Cette équation joue ici le même rôle que les équations de Fourier ou de Fick pour les phénomènes de transport. Elle lie la création de matière au *carré* de la fonction de Hubble. Pour $\alpha = 0$ nous retrouvons le modèle standard.

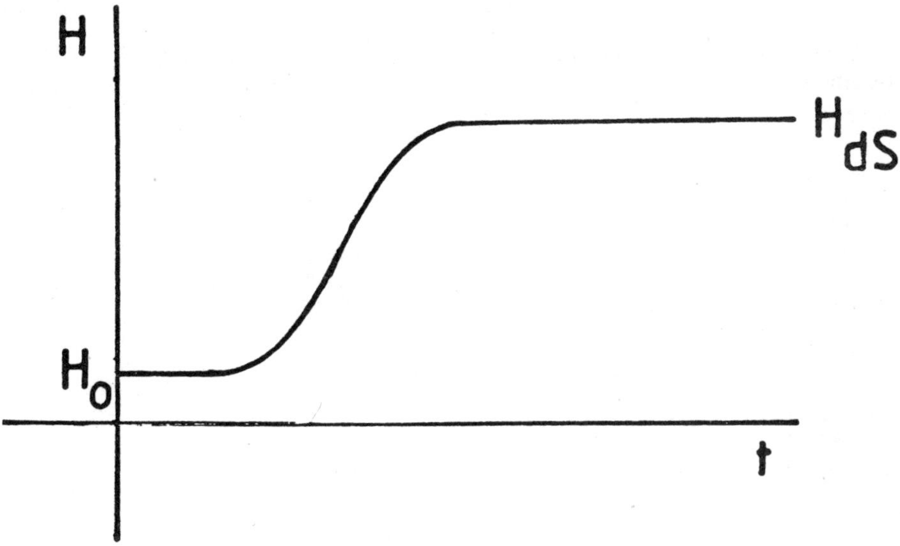

Figure A-III.1 : Evolution de la fonction de Hubble, à la suite d'une instabilité lui conférant la valeur H_0, vers sa valeur stationnaire « de Sitterienne » H_{dS}. Les unités sont arbitraires.

Comme nous allons le montrer, pour $\alpha \neq 0$, si petit soit-il, la singularité (le Big Bang) est remplacée par une instabilité. C'est en ce sens que le Big Bang est structurellement instable comme l'est un pendule perturbé par la moindre friction (voir chap. IV).

Supposons que la densité d'énergie est due à la présence de particules de masse fixe M, donc :

$$\rho = Mn \qquad \text{(III.23)}$$

Pour obtenir notre cosmologie « non traditionnelle », nous combinons (III.3), (III.22) et (III.23). Cela conduit immédiatement à la solution

$$(nR^3)_t = (nR^3)_0 \, e^{\frac{\kappa M}{3}\alpha t} \qquad \text{(III.24)}$$

La création de matière donne lieu à une instabilité.

Nous pouvons résoudre facilement les équations pour n(t) et R(t) et calculer ainsi la fonction de Hubble. Les résultats sont reportés schématiquement sur la *figure A-*

III.1. Il est intéressant d'indiquer la valeur initiale de H, H_0 et sa valeur stationnaire H_{dS} :

$$H_0 = \sqrt{\kappa M n_0/3} \qquad \text{(III.25)}$$

$$H_{dS} = \kappa M\alpha/9 \qquad \text{(III.26)}$$

A l'état stationnaire, nous sommes dans un Univers de de Sitter à expansion exponentielle (voir III.10). La valeur stationnaire H_{dS} est atteinte au bout d'un temps

$$t_{cr} = \frac{6}{\kappa M\alpha} \qquad \text{(III.27)}$$

Quant à la variation de n(t), elle est représentée par une courbe similaire à celle de H (*fig. A-III.1,* voir aussi *fig. 23* du chap. VII).

L'Univers de de Sitter joue ainsi le rôle d' « *attracteur* ». Quel que soit la valeur de α, l'instabilité conduit au bout d'un temps t_{cr} à l'Univers de de Sitter. Ce n'est que pour $\alpha = 0$ que nous retrouvons la cosmologie traditionnelle.

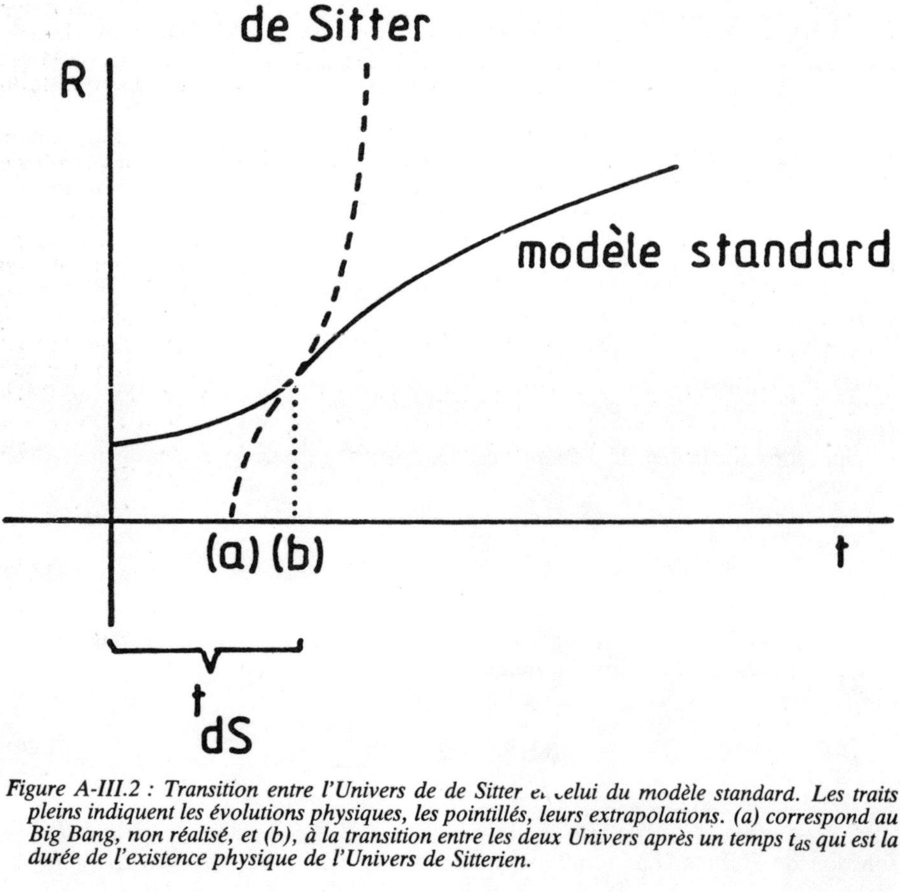

Figure A-III.2 : Transition entre l'Univers de de Sitter et celui du modèle standard. Les traits pleins indiquent les évolutions physiques, les pointillés, leurs extrapolations. (a) correspond au Big Bang, non réalisé, et (b), à la transition entre les deux Univers après un temps t_{dS} qui est la durée de l'existence physique de l'Univers de Sitterien.

L'Univers de de Sitter n'a pas pu durer indéfiniment puisque toutes les données indiquent que l'Univers se trouve aujourd'hui dans une phase d'expansion adiabatique. Il faut donc, comme nous l'avons indiqué au chapitre VII, introduire une transition entre l'Univers de de Sitter et un Univers adiabatique (voir *fig. A-III.2*).

Si nous nous donnons une représentation idéalisée de l'Univers standard, c'est-à-dire si nous considérons qu'il ne contient que des photons (rayonnement) et des baryons, il devient facile de calculer les conditions de jonction. Nous obtenons ainsi les densités d'énergie de rayonnement et de matière au moment de la naissance de l'Univers adiabatique :

$$\rho_\gamma \approx 3/\kappa\, H_{dS}^2 \qquad \text{(III.28)}$$

$$\rho_m = 6/\kappa\, H_{dS}^2\, e^{-H_{dS}t_{dS}} \qquad \text{(III.29)}$$

C'est à partir de ces conditions initiales que l'Univers adiabatique évolue (voir pour plus de détails la note 1). Bien entendu, c'est une idéalisation car au point de jonction l'Univers contient un nombre immense de particules « exotiques » disparues aujourd'hui.

En comparant avec (III.26) nous voyons que les détails de l'instabilité initiale (c'est-à-dire les valeurs de n_0, R_0 et H_0) ont disparu. Tout comme dans le cas d'une instabilité chimique conduisant à un cycle limite, les détails de la perturbation initiale ne comptent pas. *Trois* paramètres de l'ère de Sitterienne subsistent : la masse M des particules créées, la « vitesse de création » α et la durée d'existence de l'Univers de de Sitter t_{dS}.

Nous voyons maintenant pourquoi l'hypothèse des mini-trous noirs est si séduisante. Grâce à elle, le nombre des paramètres qui déterminent la cosmologie standard, et donc la structure thermodynamique de l'Univers actuel, se ramène à un seul, la masse M des mini-trous noirs, car à partir de celle-ci nous pouvons calculer la fonction de Hubble de l'Univers de de Sitter (et donc α) et sa durée t_{dS}). Il est remarquable qu'avec un M de l'ordre de 50 masses de Planck nous obtenons un bon accord avec les données thermodynamiques actuelles. Or, nous l'avons vu au chapitre VII, c'est la valeur déduite théoriquement par Brout, Englert, Gunzig *et al.* à partir de leur approche basée sur une théorie quantique du champ. Cet accord est d'autant plus inattendu que nous sommes encore loin d'une théorie unitaire satisfaisante liant gravitation et théorie quantique. Insistons encore une fois sur le fait que nos arguments conduisant à une modification des équations d'Einstein par l'introduction de la pression supplémentaire p_{cr} sont, eux, macroscopiques et donc indépendants de toute théorie microscopique de la création de la matière.

Notes

Introduction

1. I. Prigogine et I. Stengers, *La Nouvelle Alliance,* p. 8. Nous nous référons ici à l'édition de 1986, complétée par une préface et deux appendices, Paris, Gallimard, Folio Essais.
2. H. Bergson, *L'Evolution créatrice,* in *Œuvres,* Paris, PUF, 1970, p. 534.
3. K. Popper, *Quantum Theory and the Schism in Physics,* Totowa, New Jersey, Rowman and Littlefield, 1982, p. 177.
4. E. Schrödinger, *Ma conception du monde — Le Veda d'un physicien,* coll. « Science et Conscience », Paris, Mercure de France-Le Mail, 1982.

Chapitre I

1. H. Bergson, *Vocabulaire technique et critique de la philosophie,* article « Inconnaissable », cité par H. Gouhier dans son introduction aux *Œuvres* de Bergson, Paris, PUF, 1970, p. XXIII.
2. H. Bergson, *L'Evolution créatrice,* in *Œuvres, op. cit.*, p. 534.
3. H. Bergson, *La Pensée et le Mouvant,* in *Œuvres, op. cit.*, p. 1286.
4. Pour plus de détails, voir le cinquième chapitre, ainsi que *La Nouvelle Alliance, op. cit.*, p. 272-276.
5. L'expression « flèche du temps » est due à Eddington dans *The Nature of the Physical World* (publié en 1928 et réédité à partir de 1958 par The University of Michigan Press, Ann Arbor). Dans ce livre remarquable, Eddington prévoit que l'avenir pourrait bien voir la fin de la prééminence en physique des lois « primaires » (déterministes) au profit des lois « secondaires » (statistiques et donnant sens à l'irréversibilité thermodynamique).
6. H. Poincaré, in *Comptes Rendus de l'Académie des sciences,* vol. 108, Paris, 1889, p. 550.
7. Ce texte de Boltzmann figure dans sa seconde réponse à E. Zermelo. Celui-ci avait invoqué, contre le théorème $\mathcal{H}$, le « théorème de récurrence » dû à Poincaré, montrant que l'évolution d'un système dynamique le fera toujours repasser par des états aussi voisins que l'on veut de son état initial. Cet extrait est cité par K. Popper dans *Unended Quest,* La Salle, Ill., Open Court Pub. ; trad. française : *La Quête inachevée,* Paris, Calmann-Lévy, 1981.
8. Norbert Wiener a montré qu'en tout état de cause, nous ne pourrions

communiquer avec un univers dont la flèche du temps serait opposée à la nôtre. Tout signal qu'il nous enverrait nous apparaîtrait comme un processus naturel curieux, que nous expliquerions à partir de ce qui sont en fait ses conséquences. Ainsi, si un carré nous était tracé (dans le sable), nous verrions les restes de cette figure comme ses précurseurs, et le carré nous apparaîtrait comme une curieuse cristallisation — parfaitement explicable — de ces restes. Sa signification nous apparaîtrait comme « aussi fortuite que les figures que nous lisons dans les montagnes ou les falaises » (*Cybernetics,* 2e éd., Cambridge, Mass., The MIT Press, 1961, p. 34).

9. Il faut souligner d'ores et déjà que cette nouvelle image de la physique, avec sa discrimination caractéristique entre les théories « fondamentales », qui ignorent la flèche du temps, et les théories « seulement phénoménologiques », qui lui donnent sens, a résisté à ce que Bernard d'Espagnat a appelé la découverte, par la mécanique quantique, de ce que le « réel » est « voilé ». Ainsi, pour d'Espagnat lui-même, la mécanique quantique ne nous donne pas accès au « réel », mais elle nous en donne cependant une traduction assez fidèle pour que nous prenions au sérieux les informations négatives qu'elle nous apporte : la « flèche du temps » désigne une réalité seulement empirique.

Chapitre II

1. *Correspondance Leibniz-Clarke,* éditée par A. Robinet, Paris, PUF, 1957.
2. Voir, pour une analyse du concept newtonien de force comme traduisant un principe d'activité irréductible à la mécanique, E. McMullin, *Newton on Matter and Activity,* Notre Dame, Indiana, University of Notre Dame Press, 1978.
3. G. Bruno, Cinquième dialogue, « De la causa », *Opere Italiane,* I, Bari, 1907, cité par I. Leclerc, *The Nature of Physical Existence,* Londres, George Allen and Unwin, 1972.
4. M. Jammer, *The Philosophy of Quantum Mechanics,* New York, Wiley-Interscience Pub., 1974, p. 120-121.
5. W. Heisenberg, *Physics and Beyond. Encounters and Conversations,* New York, Harper Torchbooks, 1972, p. 51.
6. R. Tagore, « The Nature of Reality », in *Modern Review,* vol. XLIX, Calcutta, 1931, p. 42-43.
7. R. Thom, préface à l'*Essai philosophique sur les probabilités* de Laplace, réédité dans la collection « Epistémè », Paris, Christian Bourgois, 1986, p. 22.
8. Voir à ce sujet Leibniz, *Essais de Théodicée,* Paris, Garnier-Flammarion, 1969, ainsi que le *Discours de métaphysique* et la *Correspondance avec Arnauld,* Vrin, 1970.

Chapitre III

1. J. Monod, *Le Hasard et la Nécessité,* Paris, Seuil, 1970, notamment p. 160-161.
2. Nouvelle reprise dans *Robot Dreams,* New York, Berkley Books, 1986.
3. M. Mareschal et E. Kestemont, « Experimental Evidence for Convective Rolls in Finite Two-Dimensional Molecular Models, in *Journal of Statistical Physics,* vol. 48, 1987, p. 1187.
4. Voir M. Malek Mansour et C. Van den Broeck, « Inhomogeneous Fluctuations in Reaction-Diffusion Systems », in *Instabilities, Bifurcations and Fluctuations in Chemical Systems,* L. E. Reichl ed. at W. C. Schieve, Austin, University of Texas Press, 1982.
5. S. Chandrasekhar, *Hydrodynamic and Hydromagnetic Stability,* Oxford,

University Press, 1961. Voir aussi D. KONDEPUDI et G. NELSON, in *Nature,* vol. 314, 1985, p. 438.

6. Figures construites à partir de celles dues à I. R. Epstein (in *Chemical Instabilities,* ed. G. Nicolis et F. Baras, Dordrecht, D. Reidel Pub. Comp., 1983).

7. A. BLOOM, *L'Âme désarmée,* Paris, Julliard, 1987.

Chapitre IV

1. B. MANDELBROT, *Les Objets fractals,* Paris, Flammarion, 1984.

2. Voir S. LOVEJOY, in *Science,* vol. 216, 1982, p. 185, et B. MANDELBROT, *The Fractal Geometry of Nature,* San Francisco, Freeman, 1982.

3. Dans « Empirical Reality, Empirical Causality and the Measurement Problem » (*Foundations of Physics,* vol. 17, p. 507-529, 1987), Bernard D'ESPAGNAT propose de maintenir une relation privilégiée entre ce qu'il appelle causalité — ou réalité — « empirique », et intersubjectivité. Le domaine de l'empirique serait celui où nous attribuons à un système physique des propriétés qui ne prennent sens, du point de vue de nos théories fondamentales, que par approximation. Ces propriétés dépendent donc du fait que les sujets se mettent d'accord pour ne pas prendre en considération certaines expériences *en principe possibles* qui permettraient de les falsifier. L' « axiome de la réalité empirique »... « limite la sophistication des mesures qui sont prises en compte par référence soit à une décision libre de notre part, soit à des limitations pratiques des aptitudes de l'espèce humaine ». La notion de comportement chaotique, caractérisé par un horizon temporel, échappe cependant à cette analyse. En effet, elle n'implique aucune limite à la sophistication de nos mesures. L'horizon temporel peut reculer, mais il ne peut être annulé par les mesures de précision croissante qu'autorise la théorie. Il permet donc de substituer à l'accord intersubjectif sur une limite pourtant conceptuellement dépassable, la reconnaissance d'une limite intrinsèquement solidaire de la notion même de mesure.

4. Cet exemple a été étudié par JOHN MILES (*Physica* D 11, 1984, p. 309). Il est exposé dans l'article de J. LIGHTHILL, « The Recently Recognized Failure of Predictability in Newtonian Dynamics », in *Proceedings of the Royal Society,* London, A 407, 1986, p. 35-50.

5. P. GRASSBERGER et I. PROCACCIA, in *Physica,* 9 D, 1983, p. 189-208.

6. C. NICOLIS et G. NICOLIS, « Is there a Climatic Attractor ? », in *Nature,* vol. 311, 1984, p. 529-532.

7. A. BABLOYANTZ, J. M. SALAZAR et C. NICOLIS, « Evidence of Chaotic Dynamics of Brain Activity During the Sleep Cycle », in *Physics Letter,* vol. 111 A, 1985, p. 152-156. A. BABLOYANTZ et A. DESTEXHE, « Low Dimensional Chaos in Epileptic Seizure », in *Proc. Natl. Acad. Sci. USA,* vol. 83, 1986, p. 351.

8. Voir notamment *Laws of Nature and Human Conduct,* ed. I. Prigogine et M. Sanglier, Bruxelles, C.O.R.D.E.S., 1987.

9. Voir notamment J. B. CORLISS, J. A. BAROSS et S. E. HOFFMAN, actes du 26ᵉ Congrès international de Géologie, Paris, juillet 1980, *Oceanologica Acta Special Issue.*

10. Voir C. E. SHANNON et N. WEAVER, *The Mathematical Theory of Communication,* Urbana, University of Illinois Press, 1949.

11. Voir G. CHAITIN, in *Scientific American,* mai 1975, p. 47.

12. G. NICOLIS et S. SUBBA RAO, « Generation of Spatially Asymetric Information-Rich Structures in far from Equilibrium Systems », in *Coherence and Chaos in Dynamical Systems,* Manchester University Press, 1987.

13. O. RÖSSLER, in *Annals of the New York Academy of Sciences,* vol. 316, 1979, p. 376.

Chapitre V

1. J. Lighthill, « The Recently Recognized Failure of Predictability in Newtonian Dynamics », *op. cit.*, p. 38.
2. P. Duhem, *La Théorie physique. Son objet. Sa structure,* réédité chez Vrin, Paris, 1981, 2e partie, chapitre III.
3. Pour plus de détails, voir *La Nouvelle Alliance, op. cit.*, pp. 329-343 et 401-407.
4. In *Vorträge über die kinetische Theorie der Materie und Elektrizität,* 1914. Cité in H. Weyl, *Philosophy of Mathematics and Natural Science,* Princeton, University Press, 1949, p. 204.
5. Voir *La Nouvelle Alliance, op. cit.*, p. 280-284.
6. Pour plus de détails sur cette transformation introduite ici à propos de la transformation du boulanger, et que l'on retrouvera dans les pages qui suivent à propos des systèmes chaotiques « hamiltoniens », voir B. Misra et I. Prigogine, « On the Foundations of Kinetic Theory », in *Suppl. Prog. Theor. Phys.*, vol. 69, 1980, p. 101-110 ; S. Goldstein, B. Misra et M. Courbage, « On Intrinsic Randomness of Dynamical Systems », in *J. Stat. Phys.*, vol. 25, 1981, p. 111-126 ; B. Misra et I. Prigogine, « Irreversibility and Non-Locality », in *Lett. Math. Phys.,* vol. 7, 1983, p. 421-429 ; M. Courbage, « Intrinsic Irreversibility of Kolmogorov Dynamical Systems », in *Physica,* vol. 122 A, 1983, p. 459-482 ; Y. Elskens et I. Prigogine, « From Instability to Irreversibility », in *Proc. Natl. Acad. Sci. USA,* vol. 83, 1986, p. 5756-5760 ; I. Prigogine et Y. Elskens, « Irreversibility, Stochasticity and Non-Locality in Classical Dynamics », in *Quantum Implications. Essays in Honour of David Bohm,* Londres, Routledge and Kegan Paul, 1986, p. 205-223.
7. Voir aussi, à ce sujet, I. Ekeland, *Le Calcul et l'Imprévu,* Paris, Seuil, 1984.
8. Voir notamment I. Ekeland, *op. cit.*, J. Moser, *Stable and Random Motions in Dynamic Systems,* Princeton, University Press, 1973, A. Lichtenberg et M. Lieberman, *Regular and Stochastic Motion,* Berlin, Springer, 1983.
9. A. Bellemans et J. Orban, in *Physics Letters,* vol. 24 A, 1967, p. 620.
10. T. Kuhn, *Black-Body Theory and the Quantum Discontinuity, 1894-1912,* Oxford, Clarendon Press, 1978.
11. I. Prigogine, *Non-Equilibrium Statistical Mechanics,* New York, Interscience Pub., Wiley, 1962.
12. I. Prigogine, E. Kestemont et M. Mareschal, *Velocity Correlations and Irreversibility : a Molecular Dynamics Approach,* à paraître.
13. I. Prigogine, C. George, F. Henin, L. Rosenfeld, *Chemica Scripta,* vol. 4, 1973, p. 5-32.
14. H. Mehlberg, « Physical Laws and Time's Arrow », in *Current Issues in the Philosophy of Sciences,* éd. H. Feigl et G. Maxwell, New York, Holt, Rinehart and Winston, 1961, p. 108.

Chapitre VI

1. J. Von Neumann, *Mathematische Grundlagen der Quantenmechanik,* Berlin, Springer, 1932.
2. K. Popper, *Quantum Theory and the Schism in Physics,* Totowa, New Jersey, Rowman and Littlefield, 1982, p. 175.
3. A. Einstein, *Verh. Deutsch Phys. Ges.,* vol. 18, 1916, p. 318.
4. Voir, pour la description statistique des sauts quantiques, R. J. Cook et H. J. Kimble, in *Phys. Letters,* vol. 54, 1985, p. 1023-1026 ; pour les premières observations, T. Sauter, W. Neuhauser, R. Blatt, P. E. Toschek, *Phys. Letters,* vol. 57,

1986, p. 1696-1698, et J. C. BERGQUIST, R. G. HULET, W. M. ITANO, D. J. WINELAND, *ibid.*, p. 1699-1702.

5. Alors qu'en dynamique classique, une transformation unitaire permet, lorsqu'elle peut être définie, de passer de H (p,q) à H (J), en mécanique quantique une transformation unitaire « diagonalise » la matrice qui représente l'opérateur hamiltonien, c'est-à-dire la met sous une forme telle que tous ses termes non diagonaux soient nuls.

6. A. I. M. RAE, *Quantum Physics : Illusion or Reality ?,* Cambridge, University Press, 1986, p. IX-X.

7. Cette interprétation a été proposée en 1956 par Everett dans une thèse dirigée par J. Wheeler, et reprise en 1967 par DeWitt et Graham. Voir *The Many Worlds Interpretation of Quantum Mechanics,* B. DeWitt et N. Graham ed., Princeton, University Press, 1973.

8. Le fait que, dans cette théorie, une notion expérimentale comme celle de temps de vie ne puisse recevoir de sens théorique exact, mais apparaisse comme lié à une approximation a été souligné avec beaucoup de force par N. CARTWRIGHT dans *How the Laws of Physics Lie,* Oxford, Clarendon Press, 1983.

9. E. SCHRÖDINGER, « Die Gegenwärtige Situation in der Quantenmechanik », in *Naturwissenschaften,* vol. 23, 1935, pp. 807-812, 823-828, 844-849 ; l'article a été traduit en anglais dans *Proceedings of the American Philosophical Society,* vol. 124, 1980, p. 323-338.

10. B. MISRA et E. C. G. SUDARSHAN, « The Zeno's Paradox in Quantum Theory », in *Journal of Mathematical Physics,* vol. 18, 1977, p. 756-763.

11. Remarque faite à la cinquième conférence Solvay, « Electrons et Photons », dont les actes ont été publiés chez Gauthiers-Villars en 1928.

12. Dans *Albert Einstein, Philosopher Scientist,* éd. par P. A. Schlipp, The Library of Living Philosophers, Evanston, Illinois, 1949, p. 669-671.

13. Lettre de Pauli à Max Born citée par ce dernier dans « The Interpretation of Quantum Mechanics », in *British Journal for the Philosophy of Science,* vol. 4, 1953, p. 106 ; cité dans K. POPPER, *Quantum Theory and the Schism of Physics,* op. cit., p. 175.

14. K. POPPER, *op. cit.,* p. 177.

15. L. ROSENFELD, « L'Evolution de l'idée de causalité », in *Mémoires de la Société Royale des Sciences de Liège,* 4e série, t. VI, fasc. 1, 1942, p. 57-87.

16. T. Y. PETROSKY et I. PRIGOGINE, « Poincaré's Theorem and Unitary Transformations for Classical and Quantum Systems », in *Physica,* vol. 147 A, 1988, p. 439.

17. I. PRIGOGINE et T. Y. PETROSKY, « An Alternative to Quantum Theory », in *Physica,* vol. 147 A, 1988, p. 461.

18. T. KUHN, *Black-Body Theory and the Quantum Discontinuity, 1894-1912,* Oxford, Clarendon Press, 1978.

Chapitre VII

1. Cité in H. PAGELS, *Perfect Symmetry,* Bantam Books, New York, 1986, p. 165.

2. A. REY, *Le Retour éternel et la Philosophie de la physique,* Paris, Flammarion, 1927.

3. I. PRIGOGINE, *Etude thermodynamique des phénomènes irréversibles,* Liège, éd. Desoer, 1947, p. 136.

4. A. EINSTEIN, « Physik und Realität », in *Journ. Franklin Institut,* vol. 221, 1936, p. 313-347.

5. Voir S. WEINBERG, *Les Trois Premières Minutes de l'Univers,* Paris, Seuil, 1978.

6. Voir H. Bondi, *Cosmology,* Cambridge, University Press, 1960.
7. Voir S. Weinberg, *op. cit.* et H. Pagels, *Perfect Symmetry, op. cit.*
8. Voir S. Weinberg, *op. cit.,* ainsi que G. Cohen-Tannoudji et M. Spiro, *La Matière-Espace-Temps,* Paris, Fayard, 1986.
9. R. H. Brandenberger, « Quantum Field Theory Methods and Inflationary Models », *Rev. Mod. Phys.,* vol. 57, p. 1, 1985 et A. D. Linde, « The Inflationary Universe », *Rep. Progr. Phys.,* vol. 47, p. 925, 1984.
10. Voir R. Brout et F. Englert, « Cosmologie quantique », in *Aux confins de l'Univers. Faut-il croire au Big Bang ?,* éd. J. Schneider, Paris, Fayard, 1987.
11. E. P. Tryon, *Nature,* vol. 246, p. 396, 1973.
12. G. Gamow, *My World Line : An Informal Autobiography,* New York, Viking Press, 1970.
13. I. Prigogine, J. Géheniau, E. Gunzig et P. Nardone, à paraître.
14. *La Matière-Espace-Temps, op. cit.,* conclusion ; voir aussi R. Brout et F. Englert, *Cosmologie quantique, op. cit.*
15. Voir pour ce qui suit, J.-P. Luminet, *Les Trous noirs,* Paris, Belfond, 1987.
16. S. Hawking, *Comm. Math. Phys.,* vol. 43, 1975, p. 199 ; J. Bekenstein, *Physical Review,* vol. D12, 1975, p. 3077.
17. R. Brout, F. Englert et E. Gunzig, *Ann. Phys.* vol. 115, p. 78, 1978 et *Gen. Rel. Gravit.,* vol. 10, p. 1, 1979 ; R. Brout *et al., Nucl. Phys. B,* vol. 170, p. 228, 1980.
18. E. Gunzig et P. Nardone, *Phys. Letter B,* vol. 188, p. 324, 1982 et vol. 134, p. 412, 1984, et « Self-Consistent Cosmology, the Inflationary Universe, and all that... » in *Fundamentals of Cosmic Physics,* vol. 11, p. 311, 1987.
19. E. Gunzig, J. Géheniau, I. Prigogine, « Entropy and Cosmology », *Nature,* vol. 330, 1987, p. 621.

Chapitre VIII

1. Collection Idées, Paris, Gallimard, 1973.
2. Platon, *Le Sophiste,* 248 a, traduction de L. Robin (*Œuvres complètes,* Paris, Gallimard, Bibliothèque de La Pléiade, vol. 2).
3. K. Popper, *Unended Quest, op. cit.,* p. 160.
4. L. Wittgenstein, *Philosophical Investigations,* § 107, Oxford, Blackwell, 1953.
5. Voir notamment J. S. McCaskill, *Biol. Cybern.,* vol. 56, 1984, p. 63.
6. I. Prigogine, « Symboles en physique », in *Cahiers internationaux du symbolisme,* n° 3, 1962, p. 2.
7. H. Bergson, *L'Evolution créatrice, op. cit.,* p. 534.

INDEX

Cet index reprend les personnes citées dans le corps du texte, ainsi que les principaux concepts. En ce qui concerne ces derniers, les pages où ils se trouvent définis ou approfondis sont indiquées en gras.

Table des matières

Achevé d'imprimer en mai 1991
sur presse CAMERON
dans les ateliers de la S.E.P.C.
à Saint-Amand-Montrond (Cher)
pour le compte de la librairie Arthème Fayard
75, rue des Saints-Pères - 75006 Paris

35-10-7944-05
ISBN : 2-213-02172-4

Dépôt légal : mai 1991.
N° d'Édition : 3414. – N° d'Impression : 1264.

Imprimé en France

35-7944-8